KiWi 113

Günter Wallraff
Reportagen 1963–1974

Günter Wallraff

Reportagen 1963–1974

Mit Materialien und einem
Nachwort des Autors

Herausgegeben von Dorlies Pollmann

Kiepenheuer & Witsch

Umschlag Hannes Jähn, Köln
Gesamtherstellung Clausen & Bosse, Leck
ISBN 3 462 01796 9

Inhalt

Materialien

»Die Literatur hat ihre eigenen Gesetze. Es gab eine Zeit der Poesie, eine Zeit des Dramas, eine Zeit der Prosa. Jetzt ist die Zeit der Publizistik gekommen. Das war vorauszusehen, und es ist gut, daß es so gekommen ist. Jeder Schriftsteller, der sich selber achtet, kann nicht anders, als sich der Publizistik zuzuwenden.«

(Valentin Rasputin, auf dem Schriftstellerkongreß der UdSSR, 1986. – Zit. nach: SZ 28.2./1.3.1987)

Mein Tagebuch aus der Bundeswehr

Auszüge (1963/64)

Meine Dienstgradbezeichnung ist »Schütze«, ich trage Uniform. Aber ich habe das Gewehr nicht genommen. Ich bin Kriegsdienstverweigerer.

»Wallraff hat sich trotzdem zur Stelle gemeldet!«

»Stehen Sie erst einmal stramm, wenn Sie mit mir reden, und melden Sie sich gefälligst richtig! Das heißt: Schütze Wallraff meldet sich zur Stelle, verstanden!«

»Ja, schon, aber wieso Schütze? Ich nehme doch kein Gewehr in die Hand und werde niemals schießen, auch nicht so zum Spaß.«

»Sind Sie blöde? Ihre Dienstgradbezeichnung ist Schütze, und so haben Sie sich ein für allemal zu melden, sonst werde ich Sie melden, und Sie kommen wegen Befehlsverweigerung in den Bau!«

»Ach so. Ein Schütze, der nicht schießt... aber wenn Sie Wert darauf legen: Schütze Wallraff meldet sich zur Stelle!«

So fing es an. Ich hatte meinen Antrag nicht früh genug gestellt. Bei der Musterung war mein Entschluß noch nicht fest gewesen. So stellte ich meinen Antrag auf Kriegsdienstverweigerung beim Kreiswehrersatzamt Köln zwei Monate vor der Einberufung und wies darauf hin, daß das Gewissen zu jeder Zeit wach werden kann und nicht an amtliche Fristen gebunden ist. Ich erhielt die Einberufung mit dem Zusatz: Wenn ich mich nicht zum anbefohlenen Zeitpunkt bei meiner Einheit einfände, gälte ich als fahnenflüchtig und würde strafrechtlich verfolgt. Mein Antrag würde an den zuständigen Prüfungsausschuß für Kriegsdienstverweigerer weitergeleitet. (...)

Am nächsten (vierten) Tag erscheine ich nicht zur Gewehrausteilung. Der Hauptmann sagt mir nachher vor Unteroffizieren und Mannschaft, ich sei nicht würdig und vertrauenerwekkend genug, überhaupt eine Waffe zu tragen. Später bekomme ich von meinem Gruppenführer einen Stock mit Tragekordel. Ich schmücke ihn jeden Tag mit einer frischen Feldblume und stelle ihn jeden Abend in den Gewehrständer neben die blitzenden Flinten meiner Stubengefährten. Damit sie sich neben mir nicht zu schämen brauchen, pflanze ich ihren Gewehrmündungen ebenfalls Blumen auf. – Man verbot mir den Blumenzauber. Meinen Stecken durfte ich auch nicht mehr öffentlich tragen, weil er großes Aufsehen erregte und schon in anderen Standorten der Umgebung bekanntgeworden war. So stehe ich mit leeren Händen daneben, wenn die anderen schießen. (...)

23.7. – Montag – 7 Uhr
Ich fahre auf einer Schubkarre Eisenträger zum Bauschuppen. Sie haben bisher friedlich im Kasernengelände gelegen und störten keinen. Nun müssen sie versteckt werden, weil der Kommandierende General erwartet wird.
Ich höre von weitem einen Pfiff. Das ist nichts Ungewöhnliches hier. (Trillerpfiffe und Brüllen sind die Hauptsignale und Verständigungsmittel im militärischen Leben.) Darum achte ich nicht sonderlich darauf.
Vor mir bleibt ein Soldat wie angewurzelt stehen, legt seine Hand zum Gruß an den Mützenrand und verharrt.
Ich denke, er verwechselt mich mit was Höherem, nicke ihm freundlich zu und rüttele mit meiner Schubkarre an ihm vorbei.
Jetzt sehe ich, daß überall im Umkreis einfach Soldaten, Unteroffiziere und sogar zwei Leutnants wie versteinert dastehen, alle in der gleichen Richtung, mir zugewandt, die Hände zum Gruß angelegt.

Es ist merkwürdig. Ein LKW-Fahrer hat seinen Motor abgestellt, ein Zivilangestellter hält seinem Hund, der eben noch kräftig bellte, das Maul zu.
Ich mache mit meiner Karre einen Bogen um einen Unteroffizier, als dieser mir mit dem nicht grüßenden Arm zu verstehen gibt, ich solle ebenfalls stillstehen. Er ruft drohend »Flaggenparade«. Ich ahne schon was.
Plötzlich ein Pfiff. Der Spuk löst sich auf.
Der Hund bellt. Der Motor heult auf.
Der Unteroffizier kommt mir nach, baut sich vor mir auf, verlangt barsch Namen und Einheit von mir.
Er erklärt mir, das eben sei eine Flaggenparade gewesen. Die schwarzrotgoldene Fahne werde jeden Morgen gehißt und jeden Abend heruntergeholt. Man müsse ihr dann seine Ehrenbezeigung entrichten und sich so verhalten, wie ich es vorhin gesehen hätte.

26.7. – Donnerstag – 9.30-10.30 Uhr
Kompaniebelehrung! Große Aufklärung! Gehalten von Hauptmann Staller. Heutiges Thema: ABC-Kriegführung. Schutzmaßnahmen des einzelnen Soldaten dagegen. – Wir kommen von einer harten Geländeausbildung zurück und sind müde. Die meisten schalten ab, kämpfen gegen den Schlaf an. Augenlider klappen herunter. Wer beim Schlafen erwischt wird, muß aufstehen, schläft vor Müdigkeit fast im Stehen weiter.
Als Soldat lernt man, überall und in der unbequemsten Stellung zu schlafen. Der Dienstplan ist so angesetzt, der Schlaf so knapp bemessen, daß sich das Bewußtsein ständig in halbwachem Zustand befindet. Die natürlichen geistigen Widerstandskräfte sind stark herabgesetzt. Der Soldat schluckt so alles leichter, er schluckt alles, was ihm vorgesetzt wird. »Der Soldat braucht nicht zu denken. Das besorgen wir für ihn. Nachdenken ist gefährlich und führt zu nichts«, hat Fahnenjunker Landmann treffend formuliert.

Typischer Ausdruck des Soldaten ist die völlige Ausdruckslosigkeit, während für ihn gedacht wird: leicht geöffneter Mund, entspanntes, schlaffes Gesicht; die Augen werden hin und wieder vom verhangenen Zustand aus weit aufgerissen, der Mund weiter aufgesperrt, wenn ein besonders starker Brocken zu schlucken ist. Die Berieselung geht so glatt vonstatten, direkt ins Unterbewußtsein hinein, wo sie am wirkungsvollsten ansetzt.

»Warum sind in Hiroshima so viele Menschen umgekommen? – Die Bombe war völlig neu, unbekannt die Wirkung. – Noch keine Schutzmaßnahmen vorhanden. Panikstimmung aufgekommen. – Vor allen Dingen Ruhe bewahren! – In Japan sind die Häuserwände bekanntlich aus Papier, Stroh und Pappe. Schon ein ganz kleiner Mauervorsprung gewährt Schutz! Nicht bange machen lassen! Die verantwortungslosen Wissenschaftler! Warnen vor der Bombe. Spielen mit der Angst der Menschen! – Die Militärs sind sich da einig: jede neue Waffe hat auch wirkungsvolle Schutzmaßnahmen nach sich gezogen. – Jeder hat eine Chance, zu überleben! Vor allem der geschulte besonnene Soldat. Da haben wir den Zivilisten viel voraus. Ich sage immer: Ein gut ausgebildeter Soldat ist eine halbe Lebensversicherung!« (Hauptmann Staller war im Zivilberuf in der Versicherungsbranche tätig.)

»Wollen der Sache nüchtern ins Augen blicken und rein wissenschaftlich zu Leibe rücken. Aufräumen mit den verbreiteten Schauermärchen von den angeblich verheerenden Wirkungen von Megawasserstoffbomben. Großstädte könnten mit einem Schlag ausradiert werden. Glatter Unsinn. Typische Angstpsychosen!

Unsere Berechnungen und Schutzmaßnahmen gründen allein auf der Wirkung der bekannten 20-Kilotonnen-Bombe von Hiroshima. Diese Babybomben sind strategisch wirtschaftlich. Unterscheiden sich letzten Endes in der Sprengwirkung auch nicht von konventionellen Bomben. Nur, wo man frü-

her ganzen Bombenteppich werfen mußte, genügt heute eine einzige A-Bombe. Also größere Produktivität. – Wenn der Russe bekanntgibt, er hätte heute A-Bomben mit hundertfacher Wirkung der Hiroshimabombe, so ist das nur psychologisch zu bewerten, in Wirklichkeit reiner Bluff! Was will der Feind mit einem Gebiet, das er vorher völlig verseucht hat, und mit einer Stadt, die total zerstört und verstrahlt ist. Er kann sie für Jahre hinaus nicht besetzen. Strategisch völlig unrentabel! Man wird die ABC-Waffen schon aus diesen Gründen nie anwenden. Sie dienen lediglich der Abschrekkung.
Wie verhält sich nun der Soldat, wenn eine Atomexplosion stattgefunden hat? Sie werden vielleicht lachen, lachen Sie jetzt ruhig darüber, wenn ich Ihnen sage, schon eine vorgehaltene Zeitung schützt. Von einem Erdloch ganz zu schweigen. Sie wissen ja gar nicht, wie gut Erde isoliert!« (Er rechnet es uns an Hand der »Halbwertzeit« vor.) »Vor allem: Flach hinschmeißen! Kopf in die Erde stecken! Ruhe bewahren und liegen bleiben, bis der Druck nachläßt. Langsam zählen, so die Entfernungen vom Explosionsnullpunkt zur eigenen Lage feststellen. Das geht alles sehr schnell vorüber.
Nun zur Strahlengefährdung. Wenn Sie sich nicht in unmittelbarer Nähe des Explosionsherdes befinden, haben Sie alle Aussichten, zu überleben. Der Mensch verträgt schon enorm hohe Dosen, ohne bleibende Schäden zu erlangen. Nichts Neues für uns. Wir sind alle schon geröntgt worden. Und die Leuchtziffern auf Ihren Armbanduhren speichern mit den Jahren eine beträchtliche Anzahl von Röntgeneinheiten in Ihrem Körper auf. Und Sie sind noch nicht daran gestorben, wie ich sehe! Vor ein paar Jahren noch erhielt jeder Soldat bei uns seinen eigenen Strahlungsmesser, damit er sich selbst überzeugen konnte, ab wann die Strahlung gefährlich für ihn wurde. Nun abgeschafft, da zu kostspielig. Dafür jetzt wirksame Schutzmittel: Die Schutzbrille gegen den Lichtblitz ha-

ben Sie ja bereits erhalten.« (Es ist eine Motorradbrille mit dunklen Gläsern.) »Dann die weiterentwickelte ABC-Schutzmaske. Der Filter ist nicht allein gegen Strahlen wirksam, auch gegen biologische und chemische Kampfstoffe. Muß allerdings alle drei Stunden erneuert werden. Das üben wir hier noch.

Ferner erhält in den nächsten Tagen jeder von Ihnen die ABC-Schutzplane. Sie ist zusammenfaltbar und muß ständig in der rechten Hosentasche vom Arbeitsanzug mitgeführt werden. Sozusagen ein Allzwecktuch. Bei radioaktivem Niederschlag auseinanderfalten und über den Kopf stülpen. Bei verstrahltem Gebiet vor sich ausbreiten, die Isolierschicht nach unten, und sich auf der Plane vorarbeiten. Jeweils nachziehen und wieder vor sich ausbreiten. Bei einem wichtigen Kampfauftrag ist für den erprobten Soldaten auch verseuchtes Gebiet kein Hindernis. Ferner erhalten Sie eine regelrechte ABC-Apotheke in einem strahlensicheren Behälter. Darin befindet sich eine Atropinspritze, die Sie sich bei Vergiftungen selbst setzen können, dann Tabletten zur Entgiftung und Neutralisierung. Und noch etwas ganz Besonderes: ein Plastikfläschchen mit einer Art Hautöl. Einreiben am ganzen Körper, wo Strahlung oder Giftgase hingedrungen sind. Schädliche Wirkung wird im Nu aufgehoben. Nur eine Stelle am Körper nicht damit einreiben. Die Eichel. Sie schrumpft sonst weg.

Sie sehen, wir haben für Sie an alles gedacht. Der Zukunft fest ins Auge blicken. Bange machen lassen gilt nicht.«

27.7. – Freitag – 8 Uhr – Allendorf

Wir üben »Durchsagen von Parolen«. Hocken nebeneinander im Schützengraben.

Vorne gibt der Zugführer, Stabsunteroffizier (Stuffz.) Flach, die Parole aus. Einer flüstert sie dem andern weiter. Der letzte muß sie auf Papier notieren und wieder nach vorn zum Stuffz.

bringen. Der Stuffz. überreicht sie dem Hauptmann. Der liest sie laut vor, sie muß mit der ausgegebenen genau übereinstimmen. Einzelne Zahlen werden schon mal falsch weitergegeben, und der Hauptmann regt sich jedesmal darüber auf. Er sagt, im Ernstfall könne das fahrlässige Tötung bedeuten, da könne das Leben einer ganzen Kompanie von abhängen.
Eine neue Parole wird mir von meinem Nebenmann zugeflüstert: »7 feindliche Panzer, 3 km aus SSO mit 25 km/h auf eigene Stellung zu bewegend. Fertigmachen zum Sturmangriff.«
Ich gebe weiter: »ABC-Alarm. Abwurf der A-Bombe 100 m östlich. Atomblitz von links! Kopf in den Sand! Zeitung drauf!«
Einer reicht dem andern mit der größten Selbstverständlichkeit die neue Parole durch. Der letzte notiert sie und eilt damit zum Stuffz., dieser überreicht sie dem Hauptmann.
Der will zum Vorlesen ansetzen, wird ganz blaß, als er die Falschmeldung liest. Er schweigt und geht der Sache nicht nach.

Am Fließband

In der Y-Halle bei Ford (1964)

»Für Angestellte oder für Lohnempfänger?« fragte das Fräulein vom Personalbüro am Telefon.

Ich bin nicht der einzige, der sich am nächsten Morgen bei G. bewirbt. In dem modern möblierten Raum sind alle fünfzig Plätze besetzt. Ein paar Männer lehnen an den Wänden. Die meisten Italiener, Griechen und Türken sind ärmlich angezogen.

Über der Tür zum Personalbüro hängt ein Schild, worauf in drei Sprachen steht: »Nur nach Aufforderung durch den Lautsprecher eintreten!«

Ich habe einen Fragebogen ausgefüllt und in den Schlitz an der Wand geworfen. Meine ›Personalien‹, ›bisherige Ausbildung‹, ob ich ›Schulden‹ habe, ›Pfändungen in Sicht‹ und ob ich ›vorbestraft‹ bin?

Der Lautsprecher ruft meinen Namen auf: »Kommen Sie bitte herein.«

Der Herr im Personalbüro begreift nicht, daß ich unbedingt ans Fließband will. Er bietet mir einen Schreibposten in der Betriebsprüfung an und telefoniert schon mit der zuständigen Stelle. Er ist gekränkt, als ich entschieden abwinke.

Ich sage ihm: »Ich habe den ganzen Bürokram satt. Möchte von unten anfangen wie mein verstorbener Vater, der auch am Band gearbeitet hat.« Er läßt nicht nach: »Sie wissen nicht, was Ihnen bevorsteht! Das Band hat's in sich! Und wollen Sie auf das Geld verzichten, das Sie im Büro mehr verdienen? Außerdem sind am Band fast nur noch ausländische Arbeiter beschäftigt.« Dieses ›nur ausländische Arbeiter‹ klingt wie ›zweitklassige Menschen‹.

Als er einsieht, daß er mich nicht überzeugen kann, entläßt er mich mit der Bemerkung: »Sie werden ganz bestimmt noch an mich denken. Wenn es zu spät ist. Wer einmal am Band ist, kommt so leicht nicht wieder davon weg.«
Der Betriebsarzt will wissen, in welche Abteilung ich möchte. Als ich sage, »ans Band«, schüttelt er den Kopf. »Freiwillig ans Band? Das gibt's doch nicht.« Auch hier muß ich einen Bogen ausfüllen, auf dem nach allen möglichen Krankheiten gefragt wird. Ob ich ›nachts schwitze‹? Ob ›Glieder fehlen‹? Ob ich ›in einer Heil- und Pflegeanstalt behandelt‹ worden bin?
Ich bin angenommen worden. Morgen geht's los.
Der erste ›Arbeitstag‹ ist mit Vorträgen ausgefüllt. Zwei Fremdarbeiter werden wieder fortgeschickt. Sie müssen erst zur Polizei und eine Aufenthaltsgenehmigung beibringen. Sie sagen, daß sie dort schon waren und erst eine Arbeitsstelle nachweisen müßten, um eine Aufenthaltsgenehmigung zu bekommen.
Die vortragenden Herren betonen, daß auch sie einmal ›von ganz unten angefangen‹ haben. »Sogar unser technischer Direktor hat als kleiner Facharbeiter begonnen. Hatte natürlich den Vorteil, daß er von USA rübergekommen ist. Typischer Selfmademan.« (Daß es so etwas auch nur in der Gründerzeit der G.-Werke gab, verschweigt man wohlweislich.)
Zuletzt erscheint jemand vom Betriebsrat. Einer von uns ruft ihm das Stichwort ›Kollege‹ zu, das er auch freudig aufgreift, seine Rede beginnt mit ›Liebe Kollegen‹.
Er erklärt, daß uns bei den G.-Werken nichts geschenkt wird. »Hier ist jeder zu 140 Prozent in die Produktion eingespannt. Acht-Stunden-Tag, schön und gut, aber wer seine acht Stunden auf dem Buckel hat, weiß auch, was er getan hat.« Wir erfahren von einem Rechtsstreit zwischen der IG Metall und dem Werk. Vom Beitritt des Werkes in den Arbeitgeberverband und von einem ›ominösen‹ Tarifvertrag. »Mehr darüber

zu sagen erlaubt mir das Betriebsverfassungsgesetz nicht.« Er berichtet noch, daß der Betriebsarzt zur Zeit einen innerbetrieblichen Kampf mit der Direktion führe. »In einer Halle ist die Entlüftung katastrophal. Bisher hat man unseren Antrag wegen zu hoher Kosten abgewimmelt, aber wir werden nicht lockerlassen.«

Er schließt seinen Vortrag mit der Aufforderung, der Gewerkschaft beizutreten. »Der organisierte Arbeiter hat mehr Rechte. Er läßt nicht über seinen Kopf hinweg bestimmen.«

Zwei Tage später beginnen ich mit der Spätschicht. Mit einer Gruppe Italiener werde ich zur Y-Halle geführt. Ein Italiener bringt mich auch zu meinem künftigen Arbeitsplatz.

Manches ist ungewohnt für mich. Das Stempeln zum Beispiel. (Bei nur einer Minute Verspätung wird eine Viertelstunde vom Lohn einbehalten.) Oder das Öffnen und Vorzeigen der Aktentasche beim Passieren des Pförtners. (Bei verschärfter Kontrolle kann eine Art Leibesvisitation vorgenommen werden.)

»Das Band frißt Menschen und spuckt Autos aus«, hatte mir ein Werkstudent gesagt, der selbst lange Zeit am Band gearbeitet hatte. Wie das gemeint war, sollte ich bald erfahren. Alle anderthalb Minuten rollt ein fertiger Wagen vom Band. Ich bin am letzten Bandabschnitt eingesetzt. Muß kleinere Lackfehler ausbessern, die es an jedem Wagen noch gibt. ›Da ist weiter nichts dabei‹, denke ich anfangs, als ich sehe, wie langsam das Band vorwärtskriecht.

Eine Frau arbeitet mich ein. Sie ist schon vier Jahre am Band und verrichtet ihre Arbeit ›wie im Schlaf‹, wie sie selbst sagt. Ihre Gesichtszüge sind verhärtet.

Linke Wagentür öffnen. Scharniersäule nachstreichen. Das abgeschliffene Scharnier neu streichen. Griff für die Kühlerhaube herausziehen. (Er klemmt oft.) Kühlerhaube aufklappen. Wagennummer mit Lack auslegen. Rechte Wagentür wie bei der linken. Kofferraum öffnen und nach eventuellen Lackfehlern suchen. Zusätzlich noch auf sonstige Lackfehler achten, die bei sorgfältiger Prüfung immer zu finden sind. Mit zwei Pinseln arbeiten. Der große für die Scharniersäule, die von der Wagentür halb verdeckt ist und an die man schlecht herankommt; der kleine für feinste Lackfehler zum Auslegen, was besonders viel Zeit in Anspruch nimmt. Außerdem immer wieder zu den Lacktöpfen zurücklaufen, Pinsel säubern und Farbtöpfe wechseln, weil die Wagen auf dem Band in kunterbunter Reihe erscheinen. Zusätzlich auf den Laufzetteln der Wagen meine Kontrollnummer vermerken.

Noch arbeiten wir zu zweit. Ich begreife nicht, wie die Frau allein damit fertig geworden ist. Nach zwei Tagen Einarbeitung wird die Frau versetzt, zum Wagenwaschen. Damit ist sie nicht einverstanden. Sie fürchtet um ihre Hände, die vom Benzin ausgelaugt werden. Aber danach fragt keiner. Der Meister geht ihr aus dem Weg.

Ich frage sie, ob sie sich nicht an einen ›Vertrauensmann‹ wenden kann, aber von dessen Existenz weiß sie nichts.

Allein werde ich mit der Arbeit nicht fertig. Ich übersehe kleine Lackschäden, aber man ist nachsichtig. »Mit der Zeit haut das schon hin.«

Punkt 15.10 Uhr ruckt das Band an. Nach drei Stunden bin ich selbst nur noch Band. Ich spüre die fließende Bewegung des Bandes wie einen Sog in mir.

Wenn das Band einmal einen Augenblick stillsteht, ist das eine Erlösung. Aber um so heftiger, so scheint es, setzt es sich danach wieder in Gang. Wie um die verlorene Zeit aufzuholen.

Die Bandarbeit ist wie das Schwimmen gegen einen starken Strom. Man kann ein Stück dagegen anschwimmen. Das ist erforderlich, wenn man einmal zur Toilette muß oder im gegenüberliegenden Automaten einen Becher Cola oder heißen Kaffee ziehen will. Drei, vier Wagen kann man vorarbeiten. Dann wird man unweigerlich wieder abgetrieben. J., vom Band nebenan, 49 Jahre alt, erinnert sich an frühere Zeiten: »Da war noch Luft drin. Wo früher an einem Band drei Fertigmacher standen, arbeiten heute an zwei Bändern vier. Hin und wieder kommt der Refa-Mann mit der Stoppuhr und beobachtet uns heimlich. Aber den kenne ich schon. Dann weiß ich: bald wird wieder jemand eingespart oder es kommt Arbeit dazu.«

Aber J. beklagt sich nicht. »Man gewöhnt sich daran. Hauptsache, ich bin noch gesund. Und jede Woche ein paar Flaschen Bier.«

Jeden Tag nach Schichtende, 23.40 Uhr, setzt er noch ein paar Überstunden dran und kehrt mit zwei andern unseren Hallenabschnitt aus. Ich bin nach acht Stunden erledigt. Die Frühschicht soll besser sein, hat man mir gesagt. »Man gewöhnt sich mit der Zeit an alles.«

Einer von meinem Bandabschnitt erzählt, wie der dauernde Schichtwechsel »langsam, aber sicher« seine Ehe kaputtmacht. Er ist jungverheiratet – ein Kind –, seit drei Monaten neu am Band. »Wenn ich nach Hause komme, bin ich so durchgedreht und fertig, daß mich jeder Muckser vom Kind aufregt. Für meine Frau bin ich kaum mehr ansprechbar. Ich sehe kommen, daß sie sich scheiden läßt. Bei der Spätschicht ist es am schlimmsten. Meine Frau ist jetzt für eine Zeitlang mit dem Kind zu ihrer Mutter gezogen. Das ist mir fast lieber so.«

Wer am Band mein Meister ist, weiß ich nicht. Es kam einmal jemand vorbei – an seinem hellbraunen Kittel ein Schildchen: »Meister Soundso« – und fragte nach meinem Namen. Er sagte: »Ich weiß, Sie sind neu. Ich komme jeden Tag hier mal vorbei. Falls Sie was haben sollten, fragen Sie nur.« Von ihm

erfahre ich auch, daß ich »Fertigmacher« werden soll. Was das ist, erfahre ich nicht. Und wie man so etwas wird und wie lange es dauert, verrät er auch nicht.
Die vor mir am Band arbeiten und die hinter mir, kenne ich nicht. Ich weiß auch nicht, was sie tun. Manchmal begegnen wir uns am Band im gleichen Wagen. Sie sind mit der Montage an ihrem Abschnitt nicht fertig geworden und in mein Revier abgetrieben – oder umgekehrt. Dann sind wir uns gegenseitig im Weg.
Da schlägt mir einer eine Wagentür ins Kreuz, oder ich beschütte einen mit Lack. Sich entschuldigen, ist hier nicht drin. Jeder wird so von seinen Handgriffen in Anspruch genommen, daß er den andern übersieht.

Das Zermürbende am Band ist das ewig Eintönige, das Nichthaltmachenkönnen, das Ausgeliefertsein. Die Zeit vergeht quälend langsam, weil sie nicht ausgefüllt ist. Sie erscheint leer, weil nichts geschieht, was mit dem wirklichen Leben zu tun hat.
Ungefähr alle zehn Minuten ein Blick auf die Hallenuhr. Wenn wenigstens jede Stunde das Band für einige Minuten stillstünde, man hätte etwas, worauf man hinarbeiten könnte. Die Zeit von 6.40 Uhr bis zur Mittagspause 12.00 Uhr und von 12.30 Uhr bis Schichtende 15.10 Uhr ist zu lang.

Man hat mir von einem Arbeiter erzählt, der sich auf seine Art gegen das Band zu wehren wußte. Er soll am vorderen Bandabschnitt eingesetzt gewesen sein. Um eine einzige Zigarette rauchen zu können, beging er Sabotage am Band. Statt seinen Preßluftbohrer an die vorgesehene immer gleiche Stelle der Karosserie zu halten, bohrte er kurz ins Band hinein, und alles stand augenblicklich still: Tausende Mark Ausfall für das Werk, für ihn drei bis fünf Minuten Pause, die er sich nahm, weil das Werk sie ihm nicht gab. Drei- oder viermal hatte er's

innerhalb von zwei Wochen getan, dann kam's heraus, und er flog.
Donnerstag nachmittag findet für alle, die mit Lack arbeiten, eine Feuerwehrübung statt. Der Werkfeuerwehrmeister weist jeden einzeln in die Bedienung der Handfeuerlöscher ein. Er erklärt, daß jeder einen Brand bis zum Eintreffen der Werksfeuerwehr »beherzt und mutig, unter persönlichem Einsatz« zu bekämpfen habe, um die »kostbaren Maschinen« zu retten. Wie man unter Umständen sein Leben retten kann, erklärt er nicht. Vor einer »sehr wirkungsvollen, automatischen Löschanlage« warnt er uns: »Wenn in diesen Hallenabschnitten, wo die teuersten Maschinen montiert sind, Feuer ausbricht, schaltet sich automatisch die Lösch- und Warnanlage ein. Bei einem langanhaltenden Heulton müssen Sie innerhalb von 10 bis 15 Sekunden diesen Abschnitt verlassen haben. Sonst werden Sie durch die ausströmenden Chemikalien ohnmächtig und fallen den Flammen zum Opfer.«
Zum Schluß stellt er noch die Vollzähligkeit der Versammelten fest. Die Deutschen ruft er mit »Herr...« auf, bei den italienischen, griechischen und türkischen Arbeitern spart er sich die Anrede.

Gleich an zwei aufeinanderfolgenden Tagen stand das Band jeweils für längere Zeit still. Eine Viertelstunde vor Schichtwechsel betrete ich wie gewöhnlich die Y-Halle. Um diese Zeit beginnt immer der Endspurt. Die Männer versuchen, dem Band ein oder zwei Minuten zuvorzukommen, um den ersten Bus noch zu erreichen, der eine Minute nach Schichtende abfährt.
Heute ist es in der riesigen Halle ungewöhnlich still, so weit man sehen kann, fast menschenleer. Die Neonbeleuchtung ausgeschaltet. Das Band steht still. Fast unheimlich wirkt dieses ungewöhnliche Bild. In einem Wagen entdecke ich Arbeiter und setze mich zu ihnen. Sie sind ebenso ratlos.

Unsere Schicht müßte längst begonnen haben, als wir den Grund für den ›Produktionsstillstand‹ erfahren. »Betriebsversammlung.« Nur zwei von uns haben zufällig davon gehört und teilgenommen. Die zwei Stunden, die sie dafür vorher erscheinen mußten, werden bezahlt. Die andern sind enttäuscht und wütend. »Warum hat man das nicht ausgehängt, wie man es sonst mit jedem Mist macht?« – »Das ging uns alle an. Da kommt manches zur Sprache, was man sonst lieber totschweigt!« Oder: »Für Überstunden sind wir gut genug. Hier hätten wir mal unser Geld bekommen, ohne dafür schuften zu müssen.« Die beiden, die teilgenommen haben, sind früher weggegangen und berichten: »Schöne und salbungsvolle Reden der Direktoren. Aber geändert wird nichts. Jedes Jahr die gleichen Sprüche. ›Wollen Ihnen auch diesmal unseren besonderen Dank aussprechen für die geleistete Arbeit und die erneute Steigerung der Produktion‹, worauf einer dazwischenrief: ›Dankeschön kostet nichts, wir wollen höheren Lohn, wenn das Band schon nicht langsamer läuft.‹ Das bekamen sogar unsere ›Amigos‹ am Ende vom Saal mit und trampelten Beifall. Man hat wieder die 10 Mark Urlaubsgeld pro Tag gefordert. Darauf die üblichen Versprechungen, daß man sehen will, was sich ändern läßt, tun will, was man kann, nichts als Vertröstungen.« Zum Schluß sagt noch einer in unserer privaten Versammlung das Wort »Streik«. Es bleibt in der Luft hängen, da die Beleuchtung plötzlich aufflammt und das Band ruckartig anläuft. Am nächsten Tag setzt das Band zum zweitenmal aus. Es lief auf vollen Touren, pausenlos, ein Wagen hinter dem anderen, ohne Lücke, wie um die verlorene Zeit von gestern wieder aufzuholen. Vielleicht ist es heißgelaufen?

Als ein paar Minuten vergangen sind und die Männer schon einige Wagen vorgearbeitet haben, lassen sie ihre Werkzeuge sinken und stehen erwartungsvoll da. Aber es tut sich nichts. Die Meister rennen aufgeregt umher. Langsam sickert es durch: »Das Band ist defekt. Es muß repariert werden.«

Das ist eine Ewigkeit nicht mehr vorgekommen. Antonio, der mit dem Besen, erweist sich als Herr der neuen Lage. Er kehrt den Besen einfach um und vollführt mit ihm Balanceakte. Er muß sonst den ganzen Tag kehren, das Band und drumherum, hat aber noch die abwechslungsreichste Arbeit von uns. Er ist auch der einzige, der manchmal bei seiner Arbeit pfeift. Die Meister wissen nicht, wie sie ihre Leute beschäftigen sollen. Einer fordert mich auf: »Sitzen Sie nicht da herum. Tun Sie wenigstens so, als ob Sie was täten. Wie sieht das sonst aus!«
Die Frau, die mich in den ersten beiden Tagen eingearbeitet hat und deren Namen ich nicht weiß, beklagt sich: »Ich arbeite ebensogut wie ein Mann. Kriege aber längst nicht den gleichen Stundenlohn. Wo bleibt da die Gleichberechtigung?« Sie erzählt noch, daß sie mehrmals krank war und man ihr trotz eines Attestes vom Vertrauensarzt mit der Kündigung drohte. »Der Arbeitsplatz ist schlecht gesichert. Ich bin fast fünf Jahre bei den G.-Werken, und innerhalb von 14 Tagen hätte man mich ohne Angabe eines Grundes raussetzen können.« Ihr Mann ist ebenfalls bei den G.-Werken als »Springer« beschäftigt. »Er ist überall und nirgends.« Sie sind beide in der gleichen Halle und sehen sich dort höchstens ein- bis zweimal im Jahr.
Ein anderer, Autoelektriker, will jetzt auf einer Abendschule die mittlere Reife nachholen, um aufs Büro zu kommen; weil das Bandtempo ihn ›kaputtmacht‹.
Es dauert etwa eine Stunde, bis das Band wieder instand gesetzt ist. Danach läuft es um so schneller und hält in den folgenden Tagen nicht mehr an.

Eine Gewöhnung an die Fließarbeit tritt auch nach den ersten vier Wochen nicht ein. Nach Schichtschluß bin ich jedesmal erledigt. In dem vollgepfropften Arbeiterbus schlafe ich fast im Stehen ein. Selbst die italienischen Arbeiter sind ver-

stummt. Die Fracht Menschen im Bus ist still und apathisch.
Zu Hause brauche ich Stunden, um mich von der Arbeit auf die Freizeit umzustellen. Acht Stunden lang war ich Rädchen am Getriebe Band, jetzt will ich endlich wieder Mensch sein. Aber wenn ich nach drei Stunden halbwegs wieder zu mir gekommen bin, ist es zu spät, noch etwas mit dem ›Feierabend‹ anzufangen.
Die zwei Stunden von 19.00 bis 21.00 Uhr bedeuten auch nur ein Atemschöpfen, um für die Schicht am nächsten Morgen wieder fit zu sein. Den Schlaf von 21 bis 5 Uhr brauche ich dazu. Ich stumpfe bei der monotonen Arbeit mehr und mehr ab. Vielleicht ist das die Gewöhnung. Eingespannt in den Rhythmus der wechselnden Schichten, bin ich nur noch für die Arbeit da. Essen, trinken, schlafen zur Erhaltung der Arbeitskraft. Was darüber hinausreicht, ist Luxus, den man sich bei dieser Arbeit nicht oft leisten kann.
Einige Male sind größere Gruppen von Schülern und Studenten an unserem Bandabschnitt vorbeigeführt worden. Sie haben an einer Werkbesichtigung teilgenommen.
Mir ist der Zusammenhang des Produktionsablaufs fremd. Ich weiß, daß in der Y-Halle Tausende von Arbeitern beschäftigt sind. Wo und wie sie eingesetzt sind, weiß ich nicht. Ich weiß nicht einmal, was unmittelbar vor mir am Band geschieht. Durch Zufall habe ich jetzt denjenigen kennengelernt, von dem ein Teil meiner Arbeit abhängt. Er steht am Band 30 bis 50 Meter von mir und notiert auf den Laufzetteln der Wagen Lackschäden, die ich ausbessern muß. Er ist stolz darauf, daß er nicht mehr zur »Produktion« gehört, sondern zur »Inspektion«. Er muß die Wagen auf vier Bändern gleichzeitig kontrollieren. Er meint: »Praktisch ist das einfach nicht zu schaffen.« Darum übersieht er auch so viele Lackschäden, nach denen ich dann suchen muß, obwohl das seine Aufgabe wäre.

Er ist bereits sieben Jahre bei den G.-Werken. Er meint: »Lieber heute als morgen würde ich hier Schluß machen. Aber wenn du so lange Zeit bei einer großen Firme bist, traust du dich nicht mehr. Kündigungsschutz, erneutes Einarbeiten und so. Als ich anfing, wurde hier doppelt soviel bezahlt wie in anderen Werken. Heute ist es im Verhältnis zur geleisteten Arbeit weniger als anderswo.«
Viele wollen bei der nächsten Gelegenheit kündigen: »Noch ein Jahr, zwei Jahre, drei Jahre, dann bin ich drei Jahre, fünf Jahre oder zehn Jahre dabei. Dann mach ich Schluß hier, eh' es zu spät ist und ich mich kaputtgearbeitet habe.« So reden sie.
Alle setzen ihre Hoffnung aufs Lottospielen. »Wenn die sechs Richtigen kommen, bin ich am gleichen Tag hier weg.« An die Säule über dem Feuermelder hat jemand eine Karikatur geheftet: ein Arbeiter, der aufs Fließband pißt. Darunter steht: »Sechs Richtige. Ich kündige!!!«

Inzwischen bin ich dahintergekommen, was bei meiner Arbeit unbedingt zu tun ist und was sich umgehen läßt. Auf diese Schliche muß man kommen, wenn man mit seiner Arbeit fertig werden will. Die Lackierer an den Bändern neben mir haben mir Tips gegeben. Sie haben mich auch gewarnt: »Wenn du es machst, müssen wir es nachher alle machen.« Trotzdem, wenn das Band auf Hochtouren läuft, schaffe ich oft auch das Notwendigste nicht.
Ich weiß mit Sicherheit, daß das normale Bandtempo oft noch beschleunigt wird. Kein Meister gibt das zu, aber wir merken es, wenn wir trotz größter Anstrengungen unsere Stellung nicht halten können und immer wieder aus unserem Bandbereich abgetrieben werden.
Dann übersehe ich manches und werde dauernd vom Meister oder Inspekteur nach vorn gerufen. Dadurch gerate ich in noch größere Zeitnot. Das Band rollt weiter. Ich muß zu mei-

nen Lacktöpfen zurück. Zwei, drei Wagen haben in der Zeit, wo ich vorn war, meine Stelle passiert, ich muß hinterher. Meine Arbeit wird immer flüchtiger und unsauberer. Auf jeden Laufzettel ist die Parole gedruckt: »Qualität ist unsere Zukunft!«
Wenn man mich jetzt noch mal nach vorn ruft, gerate ich in Panik. Vorn rollt schon der erste Wagen vom Band, an dem ich nichts gemacht habe. Ich fange an zu laufen, will ihn noch abfangen, ehe er an die Seite gefahren wird und die Reklamationen kommen. Der Lack schwappt über. Ich bekleckere mich selbst, oder, was schlimmer ist, es kommen Kleckse an den Wagen. Ich muß mit einem Lappen Verdünnung hinterherlaufen und sie wegwischen. Wenn sie angetrocknet sind, ist es zu spät. Oder meine Handgriffe werden so mechanisch und zerfahren, daß zum Beispiel die roten Wagen einen weißen Tupfer abbekommen.
Wenn es soweit ist – es kommt mehrere Male am Tage vor –, springt der Meister ein. Obwohl er es den Vorschriften nach »nur bei unmittelbarer Gefahr« dürfte, stoppt er das Band für einen Augenblick. Wischt eigenhändig den verschütteten Lack auf oder bessert selbst die übersehenen Stellen aus. Ich habe Glück mit meinem Meister. Er schimpft nicht, sondern zeigt Verständnis.
Nicht alle haben dieses Glück. Einem Inspekteur scheint es Spaß zu machen, seine Lackierer auf Trab zu bringen. Wenn er scharf pfeift, dann weiß der Betroffene gleich, daß er anzutanzen hat. Auch andere Lackierer sind unzufrieden. Einer sagt: »Ich bin von den Launen der Inspekteure abhängig. Sind sie mal gut gelaunt, brauche ich einen ganzen Tag überhaupt nicht oder nur selten nach vorn. Aber wenn sie schlechte Laune haben, lassen sie die an mir aus. Dann hänge ich andauernd vorn. Zu finden ist immer was. Bei diesem Tempo kann man unmöglich alles machen. Und sie sind zu dritt, ich bin allein. Es müßte umgekehrt sein.«

Es fällt auf, daß die meisten am Band noch jung sind. Keiner ist über fünfzig (die meisten zwischen 20 und 35). Ich habe herumgefragt und keinen gefunden, der länger als fünfzehn Jahre am Band ist. Einige sind vom Band gezeichnet. Die Hände eines Türeinpassers fangen regelmäßig an zu zittern, wenn er nicht fertig wird und hinter den Wagen herlaufen muß. Ein anderer unterhält sich nur brüllend, auch wenn man dicht neben ihm steht. Er war mehrere Jahre an einem Bandabschnitt eingesetzt, wo ein solcher Lärm war, daß man sich nur mit Brüllen verständigen konnte. Er hat dieses Brüllen beibehalten. Einer erzählt mir, daß ihm das Band sogar nachts keine Ruhe läßt. Er richte sich oft im Schlaf auf und vollführe mechanisch die Bewegungen der Handgriffe, die er tagsüber stereotyp verrichten muß. In der Versehrtenabteilung sollen sich zahlreiche ›Opfer vom Band‹ befinden.
Aber wir haben keinen Grund, uns über unsere Arbeit zu beklagen, meint ein Arbeiter, der im Großlack, »Lackhölle« genannt, arbeitet. Kein Grund zur Klage, denn: unsere Arbeit sei »leicht und abwechslungsreich und vor allem nicht so gesundheitsschädlich«.

Ein paar Minuten vor Schichtwechsel.
Auf dem Band gibt's eine Lücke von zwanzig Metern. Jupp, der Entbeuler, nimmt seine Chance wahr. Er klirrt sein Werkzeug, Hammer und Klatsche, wild gegeneinander und trifft den Ton der elektrischen Klingel täuschend ähnlich.
»Feierabend, keinen Pinselstrich mehr«, atmet der Lackierer am Band neben mir auf und hört gleichzeitig mit der Arbeit auf. »Endlich! Geschafft!« ruft der Türeinpasser, »ich hab seit heut früh auf nichts andres gewartet«, und feuert sein Werkzeug im Vorbeilaufen in die Werkzeugkiste. Kaum einer führt den Handgriff, bei dem er gerade ist, zu Ende. Auch ich schmeiße augenblicklich alles hin. Vor der Stempeluhr stauen sich die Massen. Alle warten ungeduldig auf das endgültige

Klingelzeichen. Aber die Stempeluhr hält uns noch fest. »Wir stehen hier wie die Bekloppten!« empört sich ein 20jähriger Arbeiter, für den das Stempeln noch ungewohnt ist.
Endlich schrillt die elektrische Klingel. Die Stechkarte wird in den Schlitz gesteckt und der Hebel heruntergedrückt; die von hinten schieben. Einer, der sich dazwischendrängt, um an der Tafel seine Stempelkarte herauszufingern, stößt mich unsanft zur Seite. Draußen rennen schon die ersten dem Ausgang zu. Sie versuchen, die ersten Busse zu erreichen, die eine Minute nach Schichtende abfahren, meist leer. Im Strom der nach draußen drängenden Arbeiter werde ich durch einen schmalen Gang hinausgeschwemmt. Vorher noch die Kontrolle am Tor. Ich drücke den automatischen Kontrollknopf und halte dem Pförtner die geöffnete Aktentasche hin. Die automatische Kontrollampe leuchtet rot auf. Ich muß in eine Kabine, hinter dem Vorhang werde ich kurz abgetastet, »auf eine eventuell unter der Jacke verborgene Kurbelwelle oder auf dem Körper versteckte Motorteile hin«, wie mir der Mann vom Werkschutz dabei erklärt.
Im Bus stellt der Schaffner lakonisch fest: »Man behandelt euch wie die Verbrecher!«

Wer jetzt von »Freizeitplanung« redet, hat selbst noch nicht in Wechselschicht am Fließband gearbeitet. »Der Mensch läßt sich nicht in eine produzierende und eine konsumierende Hälfte aufspalten«, stellt der Soziologe Walter Dirks in seinem Beitrag zu der Schrift »Gibt es noch ein Proletariat?« fest. Läßt seine Arbeit ihn leer und unausgefüllt, so bringt er umgekehrt auch die Initiative nicht auf, seine Freizeit sinnvoll auszufüllen.
Was fangen die Arbeiter mit ihrer Freizeit an? Kennen sie sich auch am Abend noch? Am Band arbeiten alle nebeneinander und nicht zusammen. Man spricht zwar von »Teamwork« und »Kooperation«. Aber das besteht darin, daß eine Gruppe

die Arbeit der anderen Gruppe kontrolliert und die kontrollierende Gruppe wiederum von einer darüberstehenden Instanz überprüft wird. Man weiß voneinander nicht mehr als den Vornamen und oft nicht mal den. »He, Schlosser! He, Lackierer! He, Fertigmacher!« ruft der Spitzenmann nur, wenn er einen Fehler entdeckt hat und der Betreffende nach vorn muß.
So unpersönlich und anonym der Kontakt am Arbeitsplatz ist, so kontaktarm ist man zwangsläufig auch in der Freizeit.

Während meiner dreimonatigen Zeit bei G. habe ich mir ein ziemlich genaues Bild über etwa fünfzig Arbeiter verschaffen können. Meist Arbeiter aus meinem Bandabschnitt, aber auch aus den angrenzenden, von meiner Schicht, zum Teil auch von der Gegenschicht. Ich unterhielt mich mit ihnen in der halbstündigen Pause oder vor und nach der Schicht.
Die Meister muß ich dabei ausklammern. Sie gehören nicht mehr zu den Arbeitern. Sie brauchen auch nicht zu stempeln. Sie kommen oft früher und gehen meist später. Sie spüren Verantwortung in ihrer Arbeit. Und wenn sie abends auch nur in das Produktionsbuch die Stückzahl der produzierten Wagen eintragen, die wieder erfüllt oder gar übertroffen wurde, dann sehen sie das als ihre Leistung an. Die Selbstbestätigung, die sie in ihrer Arbeit finden, überträgt sich auf ihre Freizeitbeschäftigung. Mein Meister zum Beispiel hat etliche Preise als Amateurfotograf erhalten. Obendrein sammelt er noch Briefmarken.
Der Superintendent, die rechte Hand des Hallenabschnittleiters, ist Mitglied im Werkschor und schreibt noch Operetten, wie er mir erzählt. Er wirft mir einmal vor, daß ich in meiner Reportage die Bandarbeit als »monoton und abstumpfend« bezeichnet habe. »Lieber Mann, ich übernehme Ihre Arbeit jederzeit und lerne noch sechs Sprachen dabei«, meint er.

»Ich war früher selbst am Band und habe noch die Noten dabei gelernt. Bis ich dann in die Grube am Ende vom Band stürzte und aufs Büro versetzt wurde.« Da begann seine »Karriere« als Sänger und Komponist.
Unter den fünfzig Befragten habe ich keinen entdeckt, der einem ausgesprochenen »Hobby« nachging.
»Was heißt Hobby? Nach der Arbeit ein paar Flaschen Bier und Faulenzen, das ist mein Hobby«, antwortet mir ein Türeinpasser, 25 Jahre alt. Sonst nennt man mir einmal »Bierdekkelsammeln« und dreimal »Briefmarkensammeln«.

»Politik ist eine schmutzige Sache. Da soll man seine Finger davon lassen. Ich war früher in der Partei, und es hat mir nichts eingebracht«, antwortet ein 52jähriger Aussiedler aus Ostpreußen.
»Die Großen machen doch immer, was sie wollen. Wir werden extra dumm gehalten und wissen gar nicht, was da oben wirklich gespielt wird. Ich gehe auch nicht mehr wählen. Die stecken doch unter einer Decke«, sagt der 37jährige Fertigmacher F.
Allgemeines Desinteresse! Alle – ausgenommen der Vertrauensmann – läßt Politik ›völlig kalt‹. Einer sagt: »Das geht nicht mehr lange gut. Die Preise steigen und steigen, und die Löhne hinken immer mehr nach. Es dauert nicht mehr lange, und die Wirtschaft kracht zusammen. Dann haben wir den Kommunismus hier. Die haben im Osten schon den Tag vorausberechnet, wo das eintritt und sie uns in die Tasche stecken können.« Der Blechschlosser W. äußert sich ähnlich: »Die warten drüben nur drauf, bis bei uns die große Pleite kommt. Dann haben wir auch die Wiedervereinigung, nur anders, als wir es uns gedacht haben.«
Die so sprechen, sind keine Kommunisten. Auf meine Frage, ob sie die KPD wählen würden, falls sie erlaubt wäre, wehren sie ab. Aus ihren Worten spricht die große Unzufriedenheit

mit ihrer jetzigen Lage. Insgeheim wünschen sie, daß alles anders wird, »egal wie«. Etwa 50 Prozent bezeichnen sich selbst als »Sportler«, fast alle von ihnen sind noch keine 30. Nur sechs davon betreiben auch aktiv Sport und gehören einem Verein an.

Der 22jährige Fertigmacher W.: »Früher spielte ich in der Kreisklasse Fußball. Jetzt reicht's nur noch für die Bezirksklasse. Die Wechselschicht erlaubt kein regelmäßiges Training, und am Feierabend steht mir der Sinn meist nicht nach sportlichem Ausgleich.«

Ein anderer Fußballer: »Ich würde auch lieber reiten oder Tennis spielen im Werksklub, aber das kann sich unsereins bei den hohen Beiträgen nicht leisten. Das ist ein ›Klub der höheren Angestellten‹.«

Manche möchten gern einen Volkshochschulkurs belegen. Aber auch hier macht ihnen die Wechselschicht einen Strich durch die Rechnung. Bei einzelnen zeichnet sich ein gewisser Bildungshunger ab.

Der Schlosser H. drückt es so aus: »Wenn ich bei der Arbeit bin und merke, wie ich dabei abstumpfe, nehme ich mir in dem Augenblick vor, zu Hause machst du das wett. Indem ich lese und mir Englisch selbst beibringe. Aber wenn dann Feierabend ist, habe ich nicht mehr die Energie dazu. Es fällt mir schon schwer, das aufzunehmen, was täglich in der Zeitung steht.«

Andere Aussprüche: »Wir sind letzten Endes nur für die Arbeit da.«

Oder: »Wir leben, um zu arbeiten.«

Ich kenne keine Arbeiter, die außerhalb ihres Arbeitsplatzes Verbindung zueinander hätten. Der 56jährige T., der an dem stillstehenden Reparaturband eingesetzt ist, erzählt: »Früher war das eine andere Zeit. Da kamen wir sonntags mit den Familien zusammen. Da haben wir zu fünf Mann ein ganzes Auto zusammengebaut. Wir hatten alle denselben ›Beruf‹

und waren noch was. Heute sind die Ungelernten gefragter. Die lassen alles mit sich machen.« Ich erkundigte mich, was er an seinem Feierabend macht, und er fängt an, von seinem Schrebergarten zu schwärmen: »Mein kleines Gärtchen möchte ich nicht mehr hergeben. Da arbeite ich jeden Abend drin und kann mich auf einer Bank ausruhen, wenn alles um mich herum blüht. Und ich bin nicht auf das teure Obst und Gemüse angewiesen. Den Urlaub verbring ich mit meiner Frau auch im Garten. Was soll ich denn groß verreisen?« Er verrät noch, daß er hin und wieder aus Leichtmetallresten, die ihm ein Arbeiter vom Schrott überläßt, Spielautos für seine Enkelkinder bastelt. »Weißt du, die ganz alten Modelle. ›Eifel‹ und noch früher. Als wir noch in einer Gruppe einen ganzen Wagen zusammenbauten.«

Von den fünfzig machen fünfzehn keine Überstunden. Alle andern sich darauf erpicht und reißen sich regelrecht darum, wenn zusätzliche Arbeit anfällt. P., ein Spitzenmann, jungverheiratet, zwei Kinder, sagt: »Ich bin einfach gezwungen, regelmäßig Überstunden zu machen. Ich wohne in einer Werkswohnung, anderthalb Zimmer, 138 Mark. Jetzt soll die Miete auf 165 Mark erhöht werden. Hier nennt man das ›Sozialwohnung‹. Ich nenn es ›Ausnützung der Wohnungsnot‹. Ich kann es mir auch nicht leisten, in den Ferien zu verreisen.«

Von den 50 sind 28 »Campingfreunde«. 25 von ihnen sind unter 30 Jahre. Nur auf diese Weise ist es ihnen möglich, einmal aus ihrer gewohnten Umgebung herauszukommen und »etwas von der Welt zu sehen«. K., ein 23jähriger »Springer« (der nur auf dem Papier Springer ist, in Wirklichkeit fest in der Produktion eingesetzt ist und für keinen Kollegen mehr einspringen kann), sagt: »Ohne Zelt verreisen, wär mir schon angenehmer. Wenn das Urlaubsgeld durchkommt, können wir es uns leisten. Dann ist es auch Erholung.« Ich kenne einen Arbeiter des alten Schlags, der freitags einen großen Teil von seinem Lohn durch die Kehle laufen läßt. Er sagt: »Dieses lumpige ›Trinkgeld‹ taugt allein zum Versaufen!« Ein einziger aus unserem Hallenabschnitt verkörpert den deutschen »Wirtschaftswunderarbeiter«. Er ist kinderlos, 45 Jahre und fährt jedes Jahr mit seiner Frau im eigenen Wagen nach Italien. Jedes Jahr, Mitte Juli, geht er zur Mülheimer Kreditbank und nimmt einen 2000-DM-Kredit auf, den er das Jahr über bis zum nächsten Urlaub abstottern muß.

Heute ist Freitag. 17 Uhr. Auf dem Parkplatz vor dem siebenstöckigen Hochhaus, das sämtliche Gebäude im Osten der Stadt überragt und von den Bewohnern der umliegenden Häuser »Wolkenkratzer« genannt wird, zähle ich einundzwanzig Wagen. Fast alles Wagen aus unserem Werk, dazwischen ein VW und zwei Kleinwagen.
Ein Paar Beine ragen unter einem Ford hervor. Auch nebenan repariert einer seinen Wagen. Ein anderer wienert an seiner uralten Karre herum. In einer Reihe hocken 20- bis 30jährige auf dem niedrigen Geländer vor dem Bürgersteig. Sie blicken den Vorübergehenden gelangweilt nach, starren anschließend wieder vor sich hin, nebeneinander, jeder für sich. Gesprochen wird nicht.
Draußen hängt ein Schild: »Jugendsozialwerk e. V.«, drinnen »Besucher bitte bei der Heimleitung anmelden«, außerdem: »Weibliche Besucher dürfen nur in dem dafür vorgesehenen Besucherraum im Parterre empfangen werden. Es ist unter keinen Umständen gestattet, sie mit aufs Zimmer zu nehmen.«
Ich war in letzter Zeit öfter hier zu Besuch. Der Heimleiter kennt mich schon: »Schon gut. Fahren Sie rauf. Ich sag Bescheid«, durch das Haustelefon meldet er mich im fünften Stock an. Ein Fahrstuhl erspart das Treppensteigen. Auch sonst ist das Wohnheim mit allem möglichen Komfort ausgestattet. Müllschlucker auf jeder Etage. Im Heim wohnen 240

Unverheiratete, die meisten zwischen 20 und 30 Jahren. Sie sind zu dritt auf einem Zimmer untergebracht, bezahlen dafür wöchentlich 14,50 DM, die ihnen jeweils vom Lohn einbehalten werden. Einige Einzelzimmer stehen ebenfalls zur Verfügung, für 19 DM die Woche. Auf der fünften Etage wohnen 28 Personen, vier davon in Einzelzimmern. M., den ich besuche, wohnt mit zwei andern zusammen auf einem Zimmer. Er lebt seit der Gründung des Ledigenheims vor drei Jahren hier und kennt sich aus. Durch ihn habe ich auch andere Heimbewohner kennengelernt. Das »Jugendsozialwerk e. V.« hat mit Zuschüssen der G.-Werke für die freie Zeit seiner Heiminsassen gründlich gesorgt. Es gibt einen Fernsehraum mit vierzig Plätzen, die meist alle besetzt sind. Im Keller kann Tischtennis gespielt werden. Viele tun es auch. Ein Heimschachklub hat nur wenige Mitglieder, aber immerhin. Eine feste Einrichtung ist der Filmabend freitags. Hier reichen die Plätze selten aus. Viele müssen stehen. Der Grund für die außergewöhnliche Anziehungskraft: Die gebotenen Filme sind »ausschließlich Western, Krimis und Kriegsfilme«.

Auf dem Zimmer von M. wird es jetzt problematisch, als der Mitbewohner K. zum viertenmal hintereinander die neueste Beatles-Platte auflegt. Sein Plattenspieler ist neu. Er besitzt noch kein Dutzend Platten, die er dafür aber den ganzen Nachmittag über auflegt und damit M. stört, der Operetten liebt. Darum weichen wir in die Kneipe an der Ecke aus, an der ersten Ecke. Hier ist an jeder Ecke eine Kneipe.

Drüben spuckt der Spielautomat, der die ganze Zeit von einem jungen Arbeiter gefüttert worden ist, seinen Gewinn aus. Mir fällt eine Stelle aus einem soziologischen Buch ein. Darin sind die Statistiken von Fragebogen an junge Arbeiter veröffentlicht. Auf die Frage »An wen wenden Sie sich, wenn Sie Sorgen oder größere Probleme haben?«, hat einer hingeschrieben »Ans Glas Bier«. Die meisten trinken am Wochenende mal ein paar Bier über den Durst. An den Arbeitstagen sind die Lokale an den Ecken kaum besucht.

Ebenso unpersönlich wie man nebeneinander an der Theke steht, so beziehungslos ist allgemein das Verhältnis zueinander. Es gibt im Heim keine Freundesgruppen, auch einzelne Freundschaften sind selten.
Wer an heißen Tagen ins gegenüberliegende Baggerloch zum Schwimmen geht, geht allein dorthin. In der Nähe liegen die »Vingster Alpen«, ein hügeliges Stück Naturgelände. Wer da hinauswandert, geht allein spazieren. Kaum jemand gehört einem Verein an. M. kennt keinen, der außer Tischtennis aktiv Sport treibt. Passiv um so mehr. Viele »rennen zum Stadion, wenn der FC spielt«. Einige fahren regelmäßig zum Nürburgring, wenn dort ein »Rennen läuft«.
Von den 240 Heimbewohnern lesen ungefähr drei Viertel regelmäßig. Davon jedoch mindestens zwei Drittel Groschenhefte. Sie kursieren im Heim stark, man tauscht sie untereinander aus. Ich habe bei einem eine regelrechte Bibliothek davon gesehen. Er hat sie den Nummern nach geordnet in einem Regal untergebracht, drei Meterreihen prall gefüllt. Der Rest liest Bücher. In der Volksbücherei in der Nähe sind einige Mitglied. Abenteuerromane, aber auch populärwissenschaftliche Werke sind sehr gefragt.
Die meisten wissen mit ihrer Freizeit nichts anzufangen. Sie vertreiben sich die Zeit oder »schlagen sie tot«. Aber das sind nicht alle. Gerade die jungen Arbeiter dort besitzen oft genügend Widerstandskräfte, um sie der abstumpfenden Fließbandarbeit entgegenzusetzen. Einige nehmen an Fernkursen teil, um zum technischen Zeichner oder Diplom-Techniker zu avancieren. So wollen sie dem Fließband entkommen. Auch die x-beliebige Zerstreuung ist eine Konsequenz. Man sollte an das englische Sprichwort denken: »Nur Arbeit und

kein Vergnügen macht die Kinder blöd, auch die erwachsenen Kinder.«

Von den 240 Heiminsassen verkehren ungefähr 10 bis 15 Prozent regelmäßig, ein weitaus höherer Prozentsatz unregelmäßig mit Prostituierten. Kaum jemand hat ein festes Verhältnis oder ist verlobt. M. erklärt das so: »Wenn hier jemand ein Mädchen kennenlernt und die erfährt, er ist aus dem Heim, läßt sie ihn laufen. Mit dem ist nichts los. Keine sturmfreie Bude. Aus diesem Grunde versuchen alle, so schnell wie möglich hier wieder rauszukommen und ein möbliertes Zimmer zu beziehen, wo dem nichts im Wege steht.«

Zu Schichtbeginn wird den Lackierern mitgeteilt: »Ein bedauerlicher Produktionsfehler hat sich irgendwo vorn am Band eingeschlichen. Der Fehler wird bereits wieder abgestellt. Aber für ein paar Stunden laufen noch die alten Wagen. Die Lackierer müssen die Schäden halt hier ausbügeln. Läßt sich leider nicht anders machen. Ist auch nur am T-Modell und für einige Stunden.«

Das »Aubügeln des Produktionsfehlers« besteht im zusätzlichen Streichen von zwei nicht lackierten und schlecht zugänglichen Stellen. Man muß dafür in jeden T reinkriechen. Erscheinen einige T's hintereinander auf dem Band – das kommt alle paar Minuten vor –, schlagen wir uns doppelt.

Wir geraten ins »Schwimmen« und hängen dauernd vorn.

»Da heißt's Zähne zusammengebissen und durchhalten, ist ja bald wieder vorüber«, sagt J. nebenan und setzt zu einem Spurt an, um den ersten Wagen noch zu »packen«, der gleich vom Band rollt und an dem er noch nichts gemacht hat. Unsere Schicht geht zu Ende, und der Produktionsfehler läuft immer noch.

Auch am nächsten Tag hat er sich noch nicht wieder heraus-

»geschlichen«. Als er auch am dritten Tag noch da ist, glauben wir nicht mehr an einen »Fehler«.
Ein Wagen läuft vom Rohbau bis zu uns höchstens 16 Stunden und keine drei Tage. »Lack-Meier« neben mir am Band drei meint: »Die Gelackmeierten sind wieder mal wir.«
Auch bei den Fertigmachern ist »rationalisiert« worden. Man hat auf ihre Kosten zwei Inspekteure eingespart. Jetzt müssen sie deren Arbeit noch außer ihrer eigenen verrichten. »Elektrische Anlagen überprüfen und Schlüssel einstecken. Ein halber Arbeitsgang dazu. Unsere Vorgabezeit war vorher schon knapp genug. Wir wußten oft nicht, wo uns der Kopf stand. Jetzt können wir's selbst mit Hängen und Würgen kaum schaffen.«
Die meisten Arbeiter sind unzufrieden. Ich kenne keinen, der seine Arbeit als »Beruf« ansieht und sich mit ihr identifiziert. Viele haben bei der Arbeit einen nervösen, gereizten Ausdruck im Gesicht. Oder einen starren Blick. Das sind diejenigen, die meist schon jahrelang dabei und inzwischen abgestumpft sind, die nicht mehr wahrnehmen, was um sie herum vorgeht.
Auch in der halbstündigen Pause ist Thema Nr. 1 die Unzufriedenheit mit der Arbeit. Und daß sich die Arbeiter betrogen fühlen. »Wir sind doch nur Handlanger der Maschine. Hauptsache, die Produktionszahlen stimmen!«
»Wer bedeutet hier schon mehr als seine siebenstellige Nummer?« (Je niedriger die Kontrollnummer, um so höher ist der Besitzer eingestuft.) Jemand klagt: »Ich war über fünf Jahre bei G., ohne einmal krank gewesen zu sein, als ich einen Unfall hatte. Dann aber schickte man mir jeden dritten Tag eine neue Vorladung zum Vertrauensarzt. Bis es dem zu bunt wurde, und er sagte: ›Ob und wann Sie arbeitsfähig sind, das bestimme immer noch ich.‹ Es kam mir so vor, als ob diese Vorladungen schematisch von einer Maschine ausgestellt würden. Denn mein Meister kannte mich doch und wußte,

daß ich nicht ohne Grund krank feierte.« Ein anderer: »Wer alt wird und das Tempo nicht mehr mithält, bekommt einen Tritt. Er hat ausgedient und seine Schuldigkeit getan. Er kann gehen oder bekommt eine schlechter bezahlte Arbeit.«
Ein dritter hat einen schweren Unfall gehabt. »Der Werksarzt bestimmte, daß ich für einige Monate in die Versehrtenabteilung kam. Er trug mir auf: ›Sagen Sie das Ihrem Meister.‹ Der Meister ließ mich aber nicht weg. In den ersten drei Tagen half mir noch jemand bei der Arbeit. Dann mußte ich sie allein wie vorher machen. Die Unfallfolgen waren noch längst nicht auskuriert.«
Wir haben ausgesprochene »Überstundenjäger«. Sie hängen jeden Tag noch einige Stunden an, arbeiten samstags und sogar sonntags. (Jeden Montag ist das volle Reparaturband von Freitag bis auf den letzten Wagen geleert.) Die meisten reißen sich um die Überstunden, da die wenigsten mit ihrem Lohn auskommen, wenn sie Familie haben. Viele stottern so ihre Ratenkäufe ab.
Ein bevorstehender Streik wird heiß diskutiert. Die Gewerkschaft ist sich einig: »Wenn G. nicht im letzten Augenblick noch verhandelt, müssen wir streiken.« Oder: »Wenn die Leute, die mit uns zusammenarbeiten und den Betrieb wirklich kennen, etwas zu sagen hätten, dann hätten wir längst ein Ergebnis erzielt.«
Andere zeigen sich resigniert: »Was kann groß geändert werden? Die Macht ist immer dort, wo das größte Kapital ist.« Oder: »Wenn es zum Streik kommt, halten wir es ein paar Wochen bei trocken Brot aus. Ein Sparkonto haben die wenigsten von uns. Dann müssen wir uns eben was anderes suchen. Gott sei Dank gibt es noch genug Stellen.«

Keiner hat gewußt, daß ich über meine Arbeit schreibe. Jetzt ist der Wirbel um so größer. Ich werde plötzlich von meinem Platz weggerufen. Mein Meister sagt: »Gehen Sie mit dem

Herrn.« Der fragt: »Kennen Sie mich nicht?« Ich sehe ihn mir genauer an. »Wie, Sie wissen nicht, wer ich bin?« Ich kenne ihn nicht. Er nennt seinen Namen und sagt: »Ich bin der Leiter in Ihrem Hallenabschnitt.«

Er führt mich durch die riesige Y-Halle bis ans Ende, wir gehen stumm nebeneinander, eine Treppe hinauf, und plötzlich bin ich in einer anderen Welt. Der brandende Arbeitslärm wird von schalldichten Wänden geschluckt. Ein farbiger, freundlicher Raum, ein Konferenzsaal. »Nehmen Sie Platz.«

Mir gegenüber sitzt der »Hallengott«, Leiter der gesamten Halle, in der 10000 Arbeiter beschäftigt sind. Der Mittvierziger wurde mehrere Jahre in den USA auf Manager trainiert. An den beiden Seiten des Konferenztisches haben noch einige würdig dreinschauende Herren Platz genommen. Das halbe »Refa-System« ist hier aufgefahren, der »A-Mann« und der »B-Mann«, wie ich später vom »C-Mann« erfahre, der nicht daran teilgenommen hat. Außerdem ist noch der Chef vom »A-Mann« da.

Die Namen all dieser Spitzenleute kennt kein Arbeiter. In meiner lackbespritzten Arbeitsschürze komme ich mir schmutzig und armselig vor gegenüber den blütenweißen Hemden.

»Lassen wir es kurz und schmerzlos über die Bühne gehen«, sagt mein Gegenüber, der »Hallengott«. Die blütenweißen Hemden nicken.

Mein Artikel paßt dem Werkleiter nicht. Er findet ihn »zumindest gewaltig übertrieben«. Die Arbeiter am Band waren anderer Ansicht. Sie sagten: »Sei erst mal ein Jahr hier, dann schreibst du noch ganz andere Dinger.« Der Werkleiter beginnt seinen Monolog mit einem Zugeständnis: »Ich weiß ja, der bestbezahlte deutsche Automobilarbeiter bekommt noch zuwenig im Verhältnis zu seiner Leistung.« Das sagt er »rein als Privatmann«, überhaupt will er sich mit mir »nur ein we-

nig privat unterhalten«. Sein Ton wird, als er das sagt, schärfer.
»Das Wertvollste, was wir bei G. haben, ist immer noch der Mensch. Seine Würde achten wir über alles, und Sie schreiben solche Artikel«, stellt er fest. »Unser laufendes Modell hat noch nicht mal sein vorgeplantes Soll in den Produktionszahlen erreicht, und in Kürze läuft schon das übernächste Modell übers Band.« Ich versuche einzuwerfen, daß man das »Soll« eben zu hoch gesteckt hat. Er unterbricht mich und weiß einen besseren Grund. »Wenn ich sehe, wie alle ihren Arbeitsplatz verlassen, sobald der Getränkewagen vorfährt. Sehr blamabel, muß ich schon sagen!«
Seine »USA-Eindrücke« stellt er als Vorbild dagegen. »Dort steht und fällt die ganze Linie mit jedem einzelnen Mann. Und Krankfeiern gibt's dort auch nicht. Wenn ich daran denke, daß hier von den Krankgemeldeten über ein Drittel durchaus einsatzfähig wäre, raubt mir das nachts den Schlaf.«
Und nun wird seine Stimme sehr laut: »Was Sie schreiben, ist diffamierende Lüge. Sie ziehen unser Firmen-Image in den Dreck. Ich werde Sie eigenhändig die Treppe runterschmeißen, als Privatmann, versteht sich.«
Diese Drohung stößt er noch ein paarmal aus. Ich überlege, ob ich gehen soll. Aber ich bleibe. Eine besondere Überraschung zum Schluß kommt noch. Der Leiter vom Werkschutz erscheint, trägt sehr sachlich etwas über den »Verstoß gegen die Arbeitsordnung« und »Hausfriedensbruch« vor. Vorausgegangen war, daß ich vor der Schicht am Werktor fotografiert hatte. Das verstößt gegen die Arbeitsordnung. Ich gebe den Film freiwillig zurück. Dann kann ich gehen.
Wie ideal alles vom grünen Tisch her aussieht und wie anders die Wirklichkeit ist, wird mir noch klar.
Als der »Hallengott« von Menschenwürde sprach, erwähnte er unter anderem die »Hitzeerleichterung«, die man den Arbeitern gestattet.

Ich berichte ihnen nachher davon. Die lachen mich aus. »Ja, zuletzt vor zwei Jahren haben wir mal davon ›profitiert‹. Das Band stand für 10 Minuten still. Dafür lief es nachher um so schneller. Hauptsache, die Stückzahl der produzierten Wagen stimmt. Solche Hitzepausen sind Mumpitz und reine Theorie«, sagen die Arbeiter.
Vorgesehen sind alle drei Stunden 10 Minuten Pause, wenn das Thermometer morgens um 9 Uhr 25 Grad im Schatten zeigt. Das zuständige Thermometer hängt am Haupttor neben dem Direktionsgebäude, wo ständig ein frischer Wind vom Rhein her weht. Da sind 25 Grad auch bei der mörderischsten Hitze morgens nicht drin. Ich habe jetzt während der heißen Tage die Temperatur in unserem Hallenabschnitt gemessen. Wir arbeiten zwischen zwei Lacköfen. Temperatur: 38 Grad um die Mittagsstunden. Hierher dringt kein frischer Wind vom Rhein.

Im Akkord

»Wer sein Schicksal mit unserer Firma verbindet...« (1964)

Da sitze ich und feile. Jedes Stahlplättchen hat vier Seiten, und an jeder Seite ist ein quadratischer Einschnitt. Immer rundherum. Die vorstehenden scharfen Kanten muß ich wegfeilen. Warum wohl? Damit sich keiner daran schneidet? Aber das kann nicht sein. Die hauchdünnen Plättchen werden später von keinem mehr angefaßt. Sie finden in irgendeinem Apparat ihren Platz.
An die 300 Plättchen habe ich schon befeilt. 500 warten noch darauf. Immer rundherum. Diese Arbeit verführt zum Nachdenken oder Träumen. Aber dann ist es mit der Arbeit aus und aus dem Akkord wird nichts. Ich befeile dasselbe Plättchen schon zum drittenmal. Man muß aufpassen dabei. Aber das kann man nur für kurze Zeit durchhalten. Dann läßt die Konzentration ganz von selbst wieder nach. Es ist paradox: ich kann nur aufpassen, wenn ich mich nicht auf meine Arbeit konzentriere.
Diese Arbeit würde sich hervorragend als Beschäftigungstherapie für Schwachsinnige eignen.
Ich habe Wut auf die blödsinnige Maschine, die diese Plättchen so unvollkommen gemacht hat, daß ich nun noch jedes einzelne Stücke glattfeilen muß. Ich muß als Lückenbüßer für diese noch nicht durchautomatisierte Maschine herhalten. Auf dem Laufzettel steht unter Sorte: »5165 – 7042, Rel. bkg, 190, T 123«. Darunter kann ich mir nichts vorstellen.
Man hat mir bei der Einstellung gesagt, daß ich in die »Meßgerätefertigung« komme. Wer garantiert mir, daß diese simplen Plättchen nicht am Ende noch Teilstücke, zum Beispiel

für Peilvorrichtungen an Kanonen oder Atomgeschützen sind? Die Arbeit erscheint mir fremd und sinnlos, weil ich das fertige »ganze Stück« nicht kenne.
Heute ist mein erster Arbeitstag. Ich bin froh, daß ich die Formalitäten bei der Einstellung hinter mir habe.
In der supermodern eingerichteten Empfangshalle des Einstellbüros für Arbeiter waren die lederbezogenen Bänke leer. Nur eine ältere Frau mit abgearbeiteten Händen und abgetragener Kleidung hockte spitz auf der vordersten Kante der Bank, als ob sie sich vor dem pastellfarbenen Lederpolster fürchte. Der ältere, seriös wirkende Herr auf der Bewerbungsstelle für Arbeiter war außergewöhnlich freundlich zu mir. Er erhob sich, als ich von der Vorzimmerdame hereingeführt wurde, und auf mein »Guten Tag« hin begrüßte er mich mit Handschlag und »Grüß Gott«.
Mein vorgedrucktes Bewerbungsformular, worauf ich unter »die letzten vier Tätigkeiten? der Reihenfolge nach! von wann bis wann?« nur »Gelegenheitsarbeiten« quergeschrieben hatte, übersah er großzügig. Ja, ich fühlte mich so, als ob ich mich um einen höheren, ungemein wichtigen Posten bewerben würde, so zuvorkommend behandelte er mich. Der Herr erklärte noch, daß ich mich glücklich schätzen dürfte, bei einer renommierten und sozial einzigartig geführten Firma Mitarbeiter zu werden.
Als ich mich nach der Höhe des Stundenlohns erkundigte, wurde er schon etwas kühler. »2,35 als Garantielohn am Anfang. Nachher können Sie selbst im Akkord mehr daraus machen. Wir bezahlen nach Leistung. Die Stückzahl ist das Entscheidende.« – »Dann kann ich das Doppelte bekommen, wenn ich doppelt so viel leiste?« – »Wo denken Sie hin. 20 Prozent Akkordzuschlag ist bei uns die Grenze.« Ich sagte ihm, dieser Stundenohn sei mir zu wenig, »woanders kann ich als ungelernter Arbeiter an die 4 Mark und sogar noch darüber bekommen«.

Er überlegte. Ja, er hätte noch eine besser bezahlte Arbeit für mich. »2,50 Grundlohn, aber das ist auch das Äußerste. Hier, in unserer Stadt, ist dafür das Leben ja auch viel billiger als in anderen Städten.« Ich nahm die Stelle an.
Wohnen mußte ich auch irgendwo. Die Firma hat eine Zimmervermittlungsstelle. Zimmer an »Hilfskräfte« werden aber hier üblicherweise nicht vermittelt. Die werden ins Junggesellenheim gesteckt – zu viert auf ein Zimmer. Trotzdem versuche ich mein Glück. Ich sagte nicht, daß ich Arbeiter sei. Die Dame bot mir als »unterste Preisgrenze« ein möbliertes Zimmer zu 90 DM an.
Ich fuhr sofort hin, um es festzumachen. Die Vermieterin fragte zuerst, ob ich Ausländer wäre. An die vermiete sie grundsätzlich nicht. Dann wollte sie wissen, ob ich auch kein Arbeiter wäre? Sie hätte bisher nur an ›seriöse‹ Herren vermietet. Der letzte, ein Oberingenieur, habe sechs Jahre bei ihr gewohnt. Ich mußte mich bei ihr als Angestellter ausgeben, um das »Ohne-fließend-Wasser-Zimmer« überhaupt zu bekommen.
Zum Glück ist mein erster Arbeitstag bald überstanden. Viel schlauer als heute morgen bin ich auch jetzt noch nicht. Man hat mir einen blauen Kittel in die Hand gedrückt, »rumdrehn, so, paßt«, und mir eine Kiste voll Werkzeug unter den Arm geklemmt, dafür mußte ich unterschreiben. Dann hat mich noch jemand vor Unfällen gewarnt, »nur ja uffjepaßt, daß nix Schlimmes passiert, von wegen Finger abquetschen und so an die Maschinen, wir müssen für jeden schweren Unfall 2000 Mark an die Berufsgenossenschaft zahlen«. Das nehme ich mir zu Herzen.
Ich entdecke einige, die einen Verband um den Finger oder die Hand gewickelt haben. Die an den Maschinen sehen weder rechts noch links. Ich glaube, es hat keiner bemerkt, daß ich neu bin. Nur der Italiener neben mir, der auch an Plättchen herumfeilt, hat Notiz von mir genommen. Er grinst zu

mir herüber: »Arbeit nix schwer, Arbeit aber auch nix gut. Akkord is Scheiße!« Hastig hat er mir die Worte an den Kopf geschmissen, ohne dabei seine Arbeit zu unterbrechen.
Immer wenn er einen Kasten mit Plättchen fertig hat, rechnet er umständlich aus, wobei er seine Finger zu Hilfe nimmt. Dann füllt er einen Zettel aus, überträgt das anschließend noch in ein kleines Heft. Das kostet ihn allerhand Zeit.
In der viertelstündigen Frühstückspause spricht er mich noch mal an. Ihn interessiert, ob ich schon eine Zeitkontrollmarke habe. Nicht? Das kann er sich denken, die warten immer eine Woche ab, weil viele in den ersten Tagen wieder gehen. Er will es auch nicht mehr lange machen. Die Arbeit wird ihm zuviel. »Für dieselbe Arbeit früher 20 Minuten, heute 9 Minuten Zeit«, gibt er mir zu verstehen, und »attenzione, Kalkulator, buh!« Wenn der kommt – an der Stoppuhr und an seinem weißen Kittel kann ich ihn erkennen –, soll ich nicht zu schnell arbeiten, sonst schindet er noch mehr Arbeit heraus.
Ein Arbeiter, der vorbeikommt und die Worte aufgeschnappt hat, bestätigt es und fügt noch hinzu: »Zuerst steigen die Preise. Dann müssen wir lange genug darum kämpfen, um die Löhne anzugleichen. Ist das erreicht, schraubt die Werksleitung unser Arbeitspensum in die Höhe. Und steigert womöglich trotz der Lohnerhöhung noch ihren Gewinn. Die Dummen sind immer wir ...«
Jeden Morgen um 6 Uhr, auf dem Weg zur Arbeit in der Straßenbahn, bietet sich mir das gleiche Bild. Die meisten lesen Bild-Zeitung.
Vor den Werkstoren haben sich Verkäufer des Groschenblatts postiert und rufen die Tagesschlagzeile aus: »Noch ein Mord, der Würger ist mitten unter uns!« und »Oben ohne« und »Geschändete Frauenleiche klagt an!« und »Goldwater schwer im Kommen; er verspricht uns Deutschen: Ich mach mit der Mauer kurzen Prozeß!« und »Strauß sagt: Hoppla, ich bin wieder da!«

Auf dem Werksgelände sind stumme Ausrufer aus Papier postiert, mit Selbstbedienungskästen vorm Bauch. In der Frühschichtspause lesen die meisten dann ›Bild‹.

Eine 17jährige Arbeiterin neben mir spricht mich während der Frühstückspause an. Ihre einzige Lektüre ist das Springer-Blatt. Sie meint: »Deutschland ist dem Ami doch haushoch überlegen und brauchte ihn nicht mehr, wenn es sich mit Frankreich zusammentäte; und mit Frankreich könnten wir dann auch den Russen kaltmachen. Und lynchen sollte man den Stücklen!« (›Bild‹ führt in diesen Tagen gerade seine Attacken wegen der Telefongebührenerhöhung gegen den Postminister.)
Die Arbeiterin, die höchstens wie eine 14- bis 15jährige aussieht, steht bereits voll im Akkord. Sie setzt alles daran, die Akkordspitze von 20 Prozent Mehrarbeit herauszuholen. Sie sagt: »Ich bin auf das Geld angewiesen. Wenn man einmal an die Zulage gewöhnt ist, kommt man ohne nicht mehr aus!« Oft schafft sie die Akkordspitze dennoch nicht: »Trotzdem daß der Meister mich gut leiden mag und mir schon die beste Arbeit zuteilt.«
Das war in den letzten beiden Wochen der Fall. Sie konnte nur mit halbem Akkordzuschlag abrechnen. Aber sie war an das Geld gewöhnt und darauf angewiesen und mußte Vorschuß nehmen. So steht sie jetzt mit 40 DM minus zu Buch. Beim nächsten »Lohnabschlag« muß das Defizit wieder ausgeglichen sein, und sie ist gezwungen, die Akkordspitze zu erreichen.
Wir verrichten beide die gleiche Arbeit, sie ist trotzdem zwei Lohngruppen tiefer als ich eingestuft. Sie erhält in Lohngruppe vier 2,18 DM Stundenlohn, ich in Lohngruppe sechs 2,51 DM. Macht in der Woche 13,20 DM Unterschied, im Monat 52,80 DM. Ein Betrag, der empfindlich spürbar ist bei nur 330 DM netto monatlich. Dabei unterscheidet sich unsere

Arbeit in nichts, und sie dürfte ihr als Mädchen schwerer fallen als mir.
Sie bringt mir einen Trick beim Feilen bei, so komme ich mit der vorgeschriebenen Zeit wenigstens ungefähr hin, zuvor brauchte ich das Doppelte. Dem Meister war es nicht eingefallen, mir das zu erklären, es war ja nicht seine Zeit, die ich erreichen mußte.
Einmal zeigt mir das Mädchen in der Pause ein Foto und erklärt stolz: »Das ist mein Bub.« Ich bemühe mich, mir mein Erstaunen nicht anmerken zu lassen. Sie erklärt: »Böse reingefallen bin ich. Er wollte mich heiraten. Jetzt zahlt er nicht mal die Alimente und geht extra nicht arbeiten, damit man sie nicht vom Lohn pfänden kann.« Das Kind wird von ihrer Mutter aufgezogen. Sie zahlt ihr im Monat 60 DM dafür. (»Die hat selbst auch nur 180 DM Rente im Monat.«)
Zuerst wohnte sie selbst noch mit dem Kind bei ihrer Mutter und kam jeden Tag als Pendlerin 130 km mit dem Zug in die Stadt. Da war sie dreizehn Stunden täglich unterwegs, acht Stunden Arbeit und fünf Stunden An- und Abreiseweg. Dann wurde ihr das Fahrgeld zuviel. Jetzt wohnt sie im Ledigenheim für 60 DM im Monat und fährt an jedem Wochenende nach Hause zu ihrem Sohn.
Von den weit über 10000 Werksangehörigen ist jeder sechste Pendler. Ihre Zahl wächst ständig. Anfangs waren es nur die umliegenden Dörfer im Umkreis von 50 Kilometern, die von den Werksbussen erfaßt wurden. Jetzt bemühen sich Werber, auch die abgelegensten Nester in über 100 Kilometern Entfernung zu erschließen, um an billige und willige Arbeitskräfte zu kommen. Die meisten Pendler waren zuvor in der Landwirtschaft beschäftigt. Sie sind im Sog der Landflucht zur Industrie gekommen. Im Verdienst haben sie sich kaum verbessert. Aber sie machen sich bei der Arbeit nicht mehr schmutzig, und die Arbeitszeit ist geregelter.
Trotzdem wandern viele von ihnen sehr bald wieder in andere

Berufszweige ab. Die Fluktuation gerade unter ihnen ist besonders stark. Ein ehemaliger Melker, jetzt drei Monate hier, sagt mir: »Ich kündige zum Ersten. Der Werber in unserem Dorf hatte versprochen, die 2,50 in der Stunde gälten nur als Einstellohn. Mein Verdienst würde sehr bald höherklettern. Jetzt glaube ich nicht mehr daran. Hier sind Arbeiter zehn und sogar fünfzehn Jahre dabei und bekommen nur ein paar Pfennige mehr. Außerdem müssen die Anfahrtswege bei der Arbeitszeit immer hinzugerechnet werden. Dann ist es kein Achtstundentag mehr, sondern ein Zwölfstundentag. Und diese Arbeit ist nichts. Immer dasselbe machen, was sogar mein kleiner Bruder schon könnte, der noch nicht zur Schule geht, man wird ja blöde dabei!«

Er will jetzt zum Straßenbau überwechseln. In der Nähe seines Dorfes wird eine neue Straße verlegt. Er verdient dort ein paar Groschen mehr. »Lieber da hart zupacken als hier noch kindisch werden!« So drückt er es aus. Es stimmt, es gibt langjährige »Mitarbeiter« des Werkes, die mit ihrem Stundenlohn gerade acht Pfennige über dem allgemeinen Einstellohn liegen.

In der pompös aufgemachten Betriebsordnung – mit echtem Ledereinband –, die jedem bei der Einstellung überreicht wird, kann man jedoch zu seiner Beruhigung lesen: »Wer sein Schicksal mit unserer Firma verbindet, kann damit rechnen, daß ihm die gleiche Verbundenheit bekundet wird, solange sein persönliches Verhalten, seine Arbeitsleistung und die wirtschaftlichen Verhältnisse der Firma es erlauben.«

Die wirtschaftlichen Verhältnisse des Riesenunternehmens dürften nicht gerade schlecht sein, wie die steigenden Aktienkurse in den letzten fünfzehn Jahren verraten. Trotzdem liegt ein Großteil der Löhne und Gehälter kaum über dem Existenzminimum. Ein 43jähriger Arbeiter, verheiratet, drei Kinder im schulpflichtigen Alter, bringt es mit Akkordzuschlag auf 480 DM netto im Monat. Er sagt: »Fällt der Ak-

kord aus irgendeinem Grund einmal weg, ist es bitterste Armut!«
Nach zwei Wochen Feilen habe ich mich »lahmgefeilt«. Das rechte Handgelenk ist leicht angeschwollen, die Finger verlieren an Beweglichkeit, die vorgeschriebene Zeit reicht nicht mehr aus. Ich melde mich beim Meister.
Der schüttelt an meinem Handgelenk herum, beargwöhnt die Beweglichkeit meiner Finger und begutachtet schließlich mein Werkzeug »Hand«. »Ist immer noch zu was nutze, solang sie nicht ab ist. Da haben wir gleich ein Heilpflästerchen für.«
Er schiebt mir zwei Kästen hin, gefüllt bis zum Rand mit kleinen Messingringen. Ich folge ihm damit zu einer Bohrmaschine, er richtet den Bohrer ein, betätigt den Einstellknopf und führt mir schweigend drei Arbeitsgänge vor. Da gibt es nichts zu erklären, die Arbeit tut sich sozusagen von selbst, das sieht man auf den ersten Blick. Er überläßt mich mit den Tausenden von Messingringen meinem Schicksal.
Ich sehe mir zuerst den »Arbeits- und Lohnzettel« an, der jedem Arbeitsposten beiliegt. »Benennung: Hülse«, ist darauf vermerkt und »Stückzahl: 15 000«, ferner steht da noch unter »Werkstoff-Bezeichn.: DK 5 DIN 1540, St VII, 32«, unter »Arbeitsgang: Bohrung ausdrehen« und »Arbeitsposition: 29«, das wird schon alles seine Richtigkeit haben, obwohl ich die Stückzahl bei dieser Menge nicht nachprüfen kann.
Auch die Zeit ist genormt und genau festgesetzt: »10 %«, das ist die Verteilzeit, also muß ich 100 Hülsen in 10 Minuten schaffen, das sind bei 15 000 Stück 1500 Minuten, das macht 25 Stunden. Ich nehme mir vor, die Akkordspitze zu erreichen, muß also 20 Prozent an Zeit herausholen. Statt in 25 Stunden muß ich nun in 20 Stunden fertig sein. Eine »Rüstzeit« von 15 Minuten ist mir als Vorgabe gegeben. Sie ist zum Einstellen der Maschine und für den Gang zur Toilette einge-

plant worden. Es ist eine leichte Arbeit, eine saubere Arbeit, eine schöne Arbeit.

Die Hülse an den Bohrer halten, so wird der scharfkantige Grat weggeschliffen. Der Bohrer sirrt beruhigend und einschläfernd, der Metallstaub rieselt wie feinster Flitter über meine Hände. Um die angegebene Stückzahl nachzuprüfen und um meine Zeit zwischendurch kontrollieren zu können, zähle ich während der Arbeit die Hülsen. Jeweils bei Hundert ein Strich.

Beim fünften Strich sitze ich schon eine Stunde über meinen Hülsen, bin also schon 20 Minuten im Rückstand. Ich gehe zum Meister. Der kommt unwillig mit und führt es mir noch einmal vor. Genauso habe ich es auch gemacht. Ich frage den Meister, worauf es bei dieser Arbeit ankommt, vielleicht braucht der Grat nicht so tief geschliffen zu werden, dann ginge es mit der Zeit. Meine Frage hat den Meister verwirrt. Er weiß auch nicht, wo Sinn und Zweck dieser Arbeit liegen, und entgegnet: »So und nicht anders wird's gemacht. Es muß nämlich gut aussehen, basta!« Ein Arbeiter, der das mitbekommen hat, erklärt mir nachher, wie ich es anstellen muß. »Die Bohrung nur halb so tief ausdrehen. Sonst holt man unmöglich den Akkord. Die Revision läßt es auch so durchgehen.«

Nach vier Stunden »Bohrung ausdrehen« haben sich meine Hände eingespielt. Es läuft wie am Schnürchen, traumhaft sicher und schnell.

Auf einmal vergesse ich die Hülse an den Bohrer zu halten, dafür halte ich mechanisch meinen Finger hin. Ich bin ziemlich reingeratscht. Das Blut sickert aus der Fingerkuppe und vermischt sich mit dem Bohrstaub zu einer klebrigen Masse. Jetzt verlangte das »Arbeitsschutz-Merkblatt für Neueintretende« sowie der gesunde Menschenverstand, daß die Wunde desinfiziert wird. Das Merkblatt mahnt: »Vernachlässigen Sie auch kleine Verletzungen nicht. Selbst wenn diese noch so belanglos und ungefährlich erscheinen, können sie bei Verschmutzung zur Blutvergiftung führen. Gehen Sie deshalb bitte auch in diesen Fällen zum Verbandraum, und lassen Sie sich dort versorgen.« Aber wer versorgt indessen meine Arbeit? Ich würde 20 Minuten an Zeit verlieren, der Verbandraum liegt 5 Minuten entfernt. Ich gehe nicht hin. Das Akkordfieber hat mich gepackt.

Bei Schichtschluß drücke ich zufrieden auf den roten Abschaltknopf. Ich bin noch 20 Minuten unter der vorgenommenen äußersten Abrechnungszeit geblieben, morgen kann ich mir etwas Ruhe gönnen.

Als ich in der Trambahn dem Schaffner meine Knipskarte hinhalte, merke ich, daß meine Hand zittert. Nicht sehr stark, aber ich kann sie beim besten Willen nicht ruhig halten, ein leichtes Vibrieren, wie das Ausschlagen des Bohrers, wenn ich die Hülse dagegenpresse.

Am folgenden Tag läßt meine Konzentration merklich nach. Ich gerate wieder in Zeitrückstand. Es ist wie ein Wettlauf mit der Zeit, einmal liegt sie vorn, ein andermal ich, ich muß am Ende als Sieger aus dem Rennen hervorgehen, sonst verliere ich Geld.

Mir gegenüber, durch eine Glasscheibe getrennt, sitzt eine jüngere Arbeiterin an einer Maschine und »drückt« pausenlos Schweißwarzen in kleine Eisenplättchen. Jetzt, wo meine Konzentration nachläßt, nehme ich sie zum erstenmal richtig wahr. Sie ist sehr hübsch, schade, daß die Glaswand zwischen uns ist, ich würde sie sonst einmal ansprechen, könnte sie eventuell näher kennenlernen. Sie ist dermaßen in ihre Arbeit verbissen, daß sie nichts bemerkt.

Da blickt sie einmal von ihrer Arbeit auf, über mich hinweg auf die Hallenuhr und fährt noch hastiger in ihrer Arbeit fort.

Flirts oder ein Kennenlernen bei der gemeinsamen Arbeit kommen so gut wie nie vor. Dafür sorgt der Akkord.

Am dritten Tag geht diese Arbeit ihrem Ende zu. Sämtliche Gedanken sind aus mir gewichen, ich bin selbst nur noch eine leere Hülse, wie die Metallhülsen, die ich bearbeiten muß.
Als ich fertig bin, habe ich das Rennen mit fünf Minuten Vorsprung gewonnen. Dafür sind die Fingerspitzen jetzt taub, die Fingernägel zum Teil eingerissen und einige Nägel bis aufs rohe Fleisch abgeschliffen.
Ich zähle die Striche und zähle sie noch einmal, es sind und bleiben 153, demnach habe ich nicht 15000 Hülsen, wie auf dem »Arbeits- und Lohnzettel« angegeben, sondern 300 Stück mehr bearbeitet. Die 24 Minuten Mehrarbeit stehen mir zu, ich will sie verrechnet bekommen. Der Meister lehnt ab: »Wenn Sie's gemacht haben, ist das Ihre Sache. Berechnet wird grundsätzlich nur die angegebene Stückzahl, hier 15000. Der Rest ist dann als Ausschußquote einkalkuliert.« – »Aber ich hatte überhaupt keinen Ausschuß!« – »Ist bei Ihrer Arbeit auch kaum drin. Beim nächsten, dem Gewindedreher, schon eher. Hätten die 300 ruhig liegenlassen können, hätt Ihnen keiner was sagen können, wär Ihr Recht gewesen, ist nun zu spät!«
Auf diese Weise leisten die meisten mehr Arbeit, als man ihnen verrechnet, denn wer macht sich schon die Mühe und zählt bei der Arbeit ununterbrochen?! Viele Arbeiter beklagen sich über die Ungerechtigkeit bei der Arbeitszuteilung. Ein schon älterer und abgearbeiteter Arbeiter, der am längsten von uns hier ist, beschwert sich: »Unser Meister teilt mir grundsätzlich immer die schlechteste Arbeit zu, wo man mit der Zeit unmöglich auskommen kann. Er kann mich nämlich nicht leiden, weil ich ihn von früher kenne, als er noch Stellvertreter des Meisters war. Damals drückte er sich, wo er konnte, und schob anderen seine Arbeit zu. Er weiß, daß ich alles über ihn weiß, und das wurmt ihn, und er will es mir zeigen. Ich kann schon seit langem nur noch mit halbem Akkord abrechnen, weil er mir wirklich die sauigste Arbeit zu-

teilt. Er hat auch seine Lieblinge. Von denen läßt er sich nach Feierabend Schnäpse spendieren. Dafür gibt er denen dann auch die Vorzugsarbeit!«

Das gesamte Akkordsystem ist äußerst fragwürdig. Es gibt eine gesonderte Kalkulationsabteilung, dort sitzen Leute, die wir hier nie zu Gesicht bekommen, und tüfteln unsere Zeiten aus. Ein anderer Arbeiter sagt: »Es ist oft geradezu lächerlich, wie die die Zeiten veranschlagen. Man meint, die hätten keinen blassen Schimmer davon, wie hier die Arbeit läuft. Da kommt's gar nicht mal selten vor, daß sie den gleichen Arbeitsgang 20 oder 30 Prozent höher kalkulieren als vorher. Theoretisch hat man dann das Beschwerderecht. Aber lauf du mal zu denen aufs Büro und mach dich unbeliebt, wenn es um 20 Minuten geht. Immer besser ist: Schnauze halten! Es ist auch schon mal vorgekommen – ein einziges Mal zwar bisher nur –, daß sie sich um eine Stunde zu unseren Gunsten verkalkuliert haben. Das blieb schön geheim. Man ist ja nicht auf den Kopf gefallen!«

Noch aus einem weiteren Grund ist das ganze Akkordsystem hier illusorisch. Denn man zahlt nicht das volle Gehalt, sondern das verminderte Gehalt plus Akkordzuschlag, also Zwang zum Akkord. Man sollte angemessene Normallöhne für Normalleistungen zahlen. So aber ist es ein System des gegenseitigen Mißtrauens.

Nach sieben Wochen Akkordarbeit reiche ich meine Kündigung ein. Der Meister ist nicht besonders erstaunt darüber. Von den etwa 40 Arbeitern aus meiner Umgebung haben sechs in der kurzen Zeit ihre Stelle aufgegeben. Neue Gesichter sind hinzugekommen. An meinem letzten Arbeitstag teilt mir die Schreiberin mit, daß ich mich im Lohnbüro zu melden habe. Ich frage mich durch. Dort sitzt eine Dame. Sie erklärt mir, daß sie dazu da ist, herauszubekommen, »warum so viele neue Mitarbeiter das Werk so schnell wieder verlassen«.

Routinemäßig stellt sie an alle Ausscheidenden ihre Fragen,

um die geheimen Gründe zu erforschen und sie statistisch auszuwerten. Die Fragen liest sie von einem Fragebogen ab: »Schwierigkeiten mit Ihren Kollegen?« – »Vom Meister benachteiligt?« – »Wie war das Kantinenessen?« – »Haben Sie familiäre Schwierigkeiten?« Und so weiter. Das Wesentliche aber vergißt sie zu fragen, und ich versuche, ihr die ungestellte Frage zu beantworten: »Es liegt an der Monotonie der Teilarbeit und an der schlechten Bezahlung.«

Im Stahlrohrwerk

»Wo gehobelt wird, fallen auch Späne« (1964)

Geht man das erste Mal die winklige Dorfstraße entlang, muß man dem Werbeprospekt des hiesigen Verkehrsvereins e. V. Glauben schenken: »Den Besucher grüßen schon von weitem die alte ehrwürdige Kirche und die markanten Türme der von dichten Baumkronen umgebenen Festung. Diese beiden sehenswerten Bauten bilden den Kern des Ortsbildes. Im Kreis um diese harmonische Einheit reihen sich behäbige Bürgerhäuser. Malerische Winkel und schöne alte Fachwerkhäuser... Anlagen mit farbenfrohem Blumenschmuck... Mächtige Kronen uralter Bäume... Die fischreichen Wassergründe... für Angler eine wahres Paradies. Die Wasserläufe des Kanuten beste Möglichkeiten... Gepflegter Tennisplatz... Waldbad... Historische Wein-, altdeutsche Bierstube... Rauschende Kiefernkronen... Alte Bauernhöfe... Weihe und Stille überm Ehrenhain...«

Nur nachts schrickt man aus dem Schlaf hoch. Es sind seltsame Geräusche in der Luft, vom Regenprasseln bis zum fernen Donnergrollen. Aber es regnet nicht, und die Nacht ist sternenklar. Trotzdem spukt's hier nicht, und es ist kein Traum: In den X-Werken wird Tag und Nacht gearbeitet, auch sonntags. Dann vermischt sich das mächtige Klatschen der vom Kran fallenden Stahlrohre mit dem frühen Glockengebimmel vom hohen Kirchturm. Der Festung gegenüber liegt dies andere »Kernstück des Ortsbildes«, davon spricht der Prospekt nicht. Hinter geduckten Häusern verdeckt, erstrecken sich riesige Fabrikgebäude. Dreimal am Tag und in der Nacht saugen sie Menschenmassen in sich ein, um sie nach Schichtschluß wieder auszuspucken. Weit über 2000 Männer sind es pro Tag und Nacht, und ich gehöre zu ihnen.

Es begann wie üblich, sehr sittsam und human. Im freundlichen Zimmer des Personalchefs der X-Werke. »Mann, Sie sind jung, im Akkord sind geradezu Spitzenlöhne drin, wenn Sie auf Zack sind.« Ein älterer Mann im blauen Kittel schaut herein. Der Personalchef stellt uns vor: »Ein Neuer, unser Betriebsrat.« Der Betriebsrat reicht mir die Hand: »Stimmt, können schon 'ne Menge Geld bringen, wenn Sie sich ranhalten. Dürfen sich kein Beispiel an unseren Fremd..., hm, Gastarbeitern nehmen. Drücken sich fast alle vorm Akkord, die Brüder. Haben hier 'ne gerechte Arbeitsplatzbewertung. Müssen immer wieder sehen, daß Sie an die beste Maschine kommen. Macht enorm viel aus.« Personalchef: »Ha, der ewige Kampf um den besten Platz!« Betriebsrat: »Nicht lokkerlassen. Immer wieder zum Meister gehen. Nach 'nem Jahr spätestens haben Sie's raus, an welcher Maschine Sie's meiste bringen.«

Ich bedanke mich für die guten Ratschläge. Kategorisch erklärt mir der Personalchef, daß mir in der ersten Woche 100 DM als »nicht zu verrechnender Vorschuß« in bar ausgezahlt werden. Eine Art Überbrückungsgeld für den Neueintretenden. Nur hat das einen Haken: Im Krankheitsfall werden die 100 DM wieder einbehalten. Also gerade dann, wenn der Arbeiter den unfreiwillig kassierten Vorschuß am wenigsten zurückzahlen kann. Das Krankengeld liegt sowieso weit unter dem normalen Akkordlohn. Bei der Gesundmeldung wird der aufgezwungene, verlockende Vorschuß erneut gewährt. Der Grund ist klar: Mißtrauen gegen kranke Arbeiter. »Wahrscheinlich ist er überhaupt nicht krank, sondern tut nur so. Das soll er zu spüren bekommen. Vielleicht überlegt er es sich dann noch mal.« Sollte er wirklich krank sein, schaffen die 100 DM, auf die er vielleicht schon sehr bald angewiesen ist, den Anreiz, sich so schnell wie möglich wieder hochzurappeln und zur Stelle zu melden. Auch dann, wenn er sich besser noch zu Hause kurieren sollte.

Mein erster Arbeitstag ist deprimierend. Ich finde mich zur Spätschicht kurz vor 14 Uhr beim Pförtner ein. Er überreicht mit einen Werksausweis, darauf ist eine Nummer vermerkt. Einen zufällig vorbeikommenden Arbeiter spricht der Pförtner an: »Der ist neu, kannst ihn in einem mitnehmen, ist derselbe Weg.« Der Arbeiter läßt mich in einer Fabrikhalle stehen, wo ohrenbetäubender Lärm ist. Hier soll irgendwo mein künftiger Arbeitsplatz sein. Der Arbeiter brüllt gegen das Getöse an: »Meld dich beim Meister!«, ehe er weitergeht. Ich spreche jemanden an, der wie ein Meister aussieht. »Nummer?« will er wissen. Ich zeige meinen Ausweis vor. »Nicht zuständig für die Nummer, ab 1600 alles im nächsten Revier.«

Ich frage mich durch. An wen ich gerate, ist mir nicht klar. Ist es ein Meister, Vorarbeiter oder was sonst? Man stellt mich zu einem Ausländer an eine Maschine. Ich soll zusehen, wie's gemacht wird, soviel habe ich begriffen. Der Ausländer – ich glaube, es ist ein Spanier – versteht kein Wort Deutsch. Er bemüht sich rührend, mir die Handgriffe an der Maschine beizubringen. Nach vier Stunden bediene ich bereits selbst eine Maschine, die zuvor nicht in Betrieb war. Ich schneide Rohre. Auf Unfallgefahren hat mich keiner aufmerksam gemacht. Da soll ich nach und nach noch selbst dahinterkommen, manchmal haarscharf an einem Unfall vorbei. Ich gerate gleich am ersten Tag mit einer Hand in die sich mit rasender Geschwindigkeit drehende Patrone, als ich ein klemmendes Rohr nachschieben will. Ich habe Glück, ein paar Kratzer, die nicht die einzigen bleiben, sind alles. Später erfahre ich, daß bei solchen Handgriffen schon Finger gebrochen und sogar abgerissen wurden.

Ich stehe an meiner Maschine, vor mir eine Wand, rechts und

links von mir hochaufgetürmte Stapel von Rohren in allen Dicken und Längen. Die nächste Maschine mit dem Spanier in 20 bis 30 Meter Entfernung. In meiner Nähe ist noch eine leerstehende Maschine. Hin und wieder huschen Schatten wie von Riesenvögeln an der Wand vorüber. Dann weiß ich, daß über mir der Kran mit schwebenden Lasten vorbeigleitet. Zweimal am Tag tritt der Anschreiber hinter mich, dann erschrecke ich jedesmal, wenn er plötzlich wie aus dem Boden gewachsen an meinem Ohr steht und »Nummer?« und »Stückzahl?« fragt.
Während der achtstündigen Schicht gibt es eine einzige Pause von einer Viertelstunde, unbezahlt, versteht sich. Dann hockt sich der Spanier auf seine Rohre und ißt in dem Öldunst seine Brote. Zwei wacklige Tische mit vier Bänken, eine ohne Lehne, stehen in unserem Hallenabschnitt. Da sitzen sie dichtgedrängt zusammen, drüben wird weitergearbeitet, und wenn der Kran die Rohre herunterklatschen läßt, verstummt die Unterhaltung abrupt, die von einigen beinah schreiend geführt wird. Wenn die Sirene Punkt 9.15 Uhr wieder losheult, bleibt alles noch einige Sekunden wie gebannt hocken, nur zögernd sucht dann jeder wieder seinen Arbeitsplatz auf.
Es gibt eine Werkskantine. Dort kann man für nur 1 DM reichlich, schmackhaft und auch abwechslungsreich zu Mittag essen. Von dieser Einrichtung erfahre ich jedoch erst nach anderthalb Wochen. Ein Arbeiter, bei dem ich mich danach erkundige, gibt mir zu Antwort: »Ich glaube nicht, daß es hier Kantinenessen gibt. Bin aber nicht sicher, bin erst sechs Wochen hier.«
Zufällig entdecke ich über einem Werkzeugschrank einen vergilbten Aushang der Werksleitung. Sie beklagt darin »die minimale Beteiligung am Kantinenessen« und droht mit der »Auflösung der Werksküche wegen Unrentabilität«. Nach den Gründen für die mangelnde Inanspruchnahme braucht

man nicht lange zu suchen, für den »Akkordler« liegen sie offen auf der Hand. Seine Zeit ist Geld. Er geizt sowieso mit jeder Minute. Für den Gang zur Kantine, das Stehen in der Schlange und schließlich fürs Essen selbst braucht er eine halbe Stunde zusätzliche Zeit. So gerechnet, kostet ihn der Spaß nicht 1 DM, sondern 3 DM und mehr, je nach seiner Akkordleistung. Und die meisten im Werk stehen im Akkord. Darum verzichten sie lieber auf die warme Mahlzeit und stopfen in der kurzen Pause ihre Brotschnitten in sich hinein.

Ein anderer, bereits angeschmutzter Aushang daneben hat das gleiche Thema. Hier hat sich der Betriebsratsvorsitzende F., kraft seines nun schon fünfzehn Jahre währenden Amtes, mit seiner ganzen Autorität »zum wiederholten Male« mit einem »Erlaß und einer ernsten Warnung an alle Betriebsangehörigen« gewandt. Er droht, »in Zukunft bei Ertappung des Täters schärfstens einzuschreiten«. Worum geht's? Es gibt »Akkordler«, die sich den Gang zur Toilette einfach nicht leisten wollen oder können und ihre Notdurft hinter der Maschine oder zwischen den Bergen von Rohren verrichten. Bei diesem »ernstlichen Mißstand« – »es bringt mit der Zeit eine Belästigung der Kollegen durch schlechten Geruch mit sich«, schreibt Herr F. in seinem Erlaß – erwachen bei dem freigestellten Betriebsratsvorsitzenden sogleich seine vornehmlichsten Aufgaben und Pflichten. Er fühlt sich dazu berufen, gegen diese echte »Sauerei schärfstens einzuschreiten«. Wogegen er jedoch nicht einschreitet, was er im Gegenteil bei alldem stillschweigend duldet und mit seiner Unterschrift noch sanktioniert, ist der höher und höher geschraubte Akkord.

Der Akkord ist mit den Jahren – ähnlich wie beim Sport durch sich ständig überbietende Rekorde – hochgetrieben worden. Es hat vereinzelt Arbeiter gegeben – wahre »Hennecke-Typen« –, die holten das Letzte aus sich heraus,

»brachten« einen Stundenlohn von 4,50 DM und darüber. Das darf aber nicht sein, denn ein Hilfsarbeiter verdient dann mehr als sein Meister und steckt das Gehalt eines mittleren Angestellten ein. Niemand hält diese Spitzenleistung lange durch, meist geht sie auf Kosten der Gesundheit. Nun müssen die nachfolgenden Arbeiter dafür büßen. Ihr »Soll« wird von der Werksleitung höhergesetzt, ihr Verdienst sinkt. Aber immer wieder gibt es von der Akkordwut Befallene, die ein neues »Übersoll« herausholen. Jetzt scheint an den meisten Maschinen die äußerste Leistungsgrenze erreicht. Man muß schon mehrere Jahre an derselben Maschine stehen, um eine Spitze von 4,20 bis 4,30 DM zu schaffen. Nur die Jüngeren können den Akkord schaffen. Die andern sind vorzeitig ausgebrannt.

Die Arbeiter machen sich nichts vor. Sie sagen: »Akkord ist langsamer Selbstmord!« Ein 38jähriger Arbeiter sagt: »Ich stehe nun schon acht Jahre im Akkord. Viel länger mache ich's nicht mehr. Noch ein paar Jährchen, und ich bin reif für die Versehrtenabteilung. Dann bekomme ich als Kontrolleur an die 200 Mark weniger im Monat. Wer hier den Akkord voll ausnutzen will – das wollen alle, der Grundlohn ist entsprechend niedrig angesetzt, wir sind auf die Zulage angewiesen –, ist zehn Jahre früher pensionsreif, ist zehn Jahre früher tot!«

Die Akkordhetze wirkt sich natürlich auf das Betriebsklima aus. Der Akkordler unterwirft sich während seiner Arbeit dem Rhythmus der Maschine und wird zum Roboter. Das Gesicht des Akkordlers ist reglos und grau, als wäre es nicht aus Fleisch.

Ein Meister sagte einmal scherzhaft zu einem Vorarbeiter: »Die haben hier alle das Sprechen verlernt.« Es stimmt. Die Maschine läßt nicht mit sich reden. Der Arbeiter an der Maschine schweigt. Jedes Wort, das er verliert, ist verlorene Zeit. Nach und nach vergißt er die menschliche Verständigung.

Mißmutig stellt er sich morgens an die Maschine, trübsinnig läßt er nachmittags von ihr ab. Man kann sich mit ihm über nichts unterhalten. Er hört auf die Stimmen der Maschinen. Jede schreit auf ihre eigene Art, gegen ihren Lärm kommt er nicht an. Um ihm herum ist der Gestank heißen Öls.
Nie darf die Produktion stillstehen. Es fehlen Arbeitskräfte. Überstunden sind an der Tagesordnung. Regulär werden 43 Stunden in der Woche gearbeitet. Viele arbeiten jeden Samstag und Sonntag. Es gibt Produktionsabschnitte im Werk, wo man sich nicht freiwillig zur Sonntagsarbeit meldet, wo sie abverlangt wird. Ein Arbeiter, der davon betroffen ist, sagt: »Sonntag wäre der einzige Tage, wo ich für meine Familie Zeit hätte. Aber mir bleibt keine andere Wahl, als jeden Sonntag Überstunden zu schieben; allerhöchstens einmal im Monat kann ich mir einen Sonntag frei machen. Würde ich ablehnen, bekäme ich eine weitaus schlechter bezahlte Arbeit in einem anderen Produktionsabschnitt zugeteilt.«
Es gibt aber auch Arbeiter, die reißen sich um jede Überstunde. Ich kenne einen Italiener und einen Deutschen von der Walzstraße, die arbeiten Tag für Tag zwei Schichten hintereinander. Sie sind sechzehn Stunden im Werk, der Rest ist erschöpfter Schlaf.
Fragt man Werksleitung oder Betriebsrat, erhält man die Antwort: »Davon ist nichts bekannt. Falls so etwas bekannt würde, würde es selbstverständlich von der Werksleitung unterbunden. Erst einmal müßten aber die nötigen Beweise erbracht werden!« Viele im Werk wissen davon, aber kaum einer hat den Mut, offen darüber zu sprechen, unter vier Augen schon eher. Der Inhaber des Werkes, Direktor X., wurde einmal darauf und auf andere Mißstände angesprochen. Die lakonische Antwort: »Damit habe ich nichts zu tun; dafür habe ich meine Leute.«
Der Arbeiter von heute weiß, was eine Betriebsversammlung ist. Er weiß, daß sie laut Betriebsverfassungsgesetz viertel-

jährlich stattfinden muß. Fragt man einen Arbeiter von X., wann die letzte Betriebsversammlung abgehalten wurde, kann es einem passieren, daß man erstaunt angesehen wird: »Betriebsversammlung? Was ist das? Nie gehört!« Oder: »Du meinst wohl das Krippenspiel zu Weihnachten?« Man muß sich sehr genau umhören, um Näheres zu erfahren. »Betriebsappelle«, ob ich die meine, »die werden hier in der Regel ein- oder zweimal im Jahr durchgeführt, meist zum 1. Mai oder zu Weihnachten«, wird mir mehrfach gesagt.
Endlich finde ich einen Arbeiter, der weiß, was gespielt wird. Er war früher, als er noch in einem anderen Werk arbeitete, in der Gewerkschaft. Nach zweimonatiger X-Betriebszugehörigkeit hielt er es für ratsamer, auszutreten. »Da ist der Alte dagegen. Wenn sich hier einer öffentlich zur Gewerkschaft bekennt, ist er für immer unten durch. Der Alte sagt: ›Ich dulde in meinem Betrieb keine Gewerkschaft. Wo ich sowieso den tarifmäßigen Lohn zahle.‹« So kommt es, daß keiner im Werk zugibt, wenn er »Metaller« ist. Man weiß nicht, ob überhaupt welche organisiert sind, und wenn ja, wie viele es sind. Es können zwei, aber auch fünfzig sein. (Es sind an die dreißig, wie ich später in der Ortsverwaltung erfahre.) Auch untereinander kennen sich die Organisierten nicht. Jeder zahlt heimlich seinen Beitrag. Einer mißtraut dem anderen.
Nachdem der ehemalige Gewerkschaftler sich einmal Luft gemacht hat, geht er auf meine Frage nach der Betriebsversammlung ein: »Doch, so etwas gibt's hier. Pro forma. Ein- oder auch zweimal im Jahr. Meist zum 1. Mai. Eine Art ›Anti-Mai-Kundgebung‹ vom Chef privat. Keiner weiß, was es eigentlich soll. Vom gesamten Betriebsrat ist nur unser guter alter F. bekannt, die rechte Hand vom Chef und Mitglied im Aufsichtsrat. Er verliest auch am Anfang schön brav seinen Rechenschaftsbericht, damit die ganz Schlauen nicht etwa auf den Gedanken kommen, daß es sich hierbei um etwas anderes

als eine Betriebsversammlung handeln könnte. Er legt dann Rechenschaft davon ab, daß Weihnachtsfeiern stattgefunden haben, Kinder von Werksangehörigen beschert worden sind und in Ferien geschickt wurden. Bald schon reißt der Alte selbst das Wort an sich und läßt es sich bis zum Schluß nicht mehr nehmen. Er kommt immer mit denselben Schlagworten. Bedankt sich für die gute Zusammenarbeit, die eine erneute Produktionssteigerung mit sich brachte. Aber im gleichen Atemzug: ›Dem deutschen Arbeiter geht's viel zu gut. Wächst uns Unternehmern über den Kopf... Denken Sie an unsere armen hungernden Brüder und Schwestern in der Zone...‹ In einer halben Stunde ist der ganze Spuk vorbei. Wer Nachtschicht hat, kann nicht daran teilnehmen. Er hat aber auch bestimmt nichts versäumt.«
»Unfälle sind unvermeidlich.« – »Die bringt der Akkord so mit sich.« Und: »Wo gehobelt wird, fallen auch Späne.« Jede Woche hängt ein neuer Aushang im Schaukasten. Die Werksleitung beklagt darin die genaue Anzahl der Arbeitsstunden, die ihr »durch Unfälle verlorengingen«. Anhand der Unfallzahlen läßt es sich an fünf Fingern abzählen, daß man bei mehrjähriger Betriebszugehörigkeit bestimmt mindestens einmal anonym in der Statistik erscheint. Ob es sich jeweils um leichtere, mittlere oder schwere Unfälle handelt, gibt die Statistik nicht preis. Ausschlaggebend ist lediglich die Arbeitszeit, die der Werksleitung verlorengeht. Ich habe viele Arbeiter nach Unfällen gefragt. Bei den Akkordlern war keiner von einem Unfall verschont geblieben. Einer hat seit acht Jahren jedes Jahr seinen Unfall gehabt. »Ich kann noch so aufpassen, einmal im Jahr erwischt's mich. Daran ist allein der Akkord schuld. Es ist bei der Hetze zeitlich einfach nicht möglich, alle Sicherheitsvorschriften zu beachten.«
Ein anderer, noch jüngerer Arbeiter hat innerhalb eines Jahres zwei schwere Unfälle an der Richtmaschine gehabt. Das eine Mal hat ihm ein Rohr eine Sehne an der Hand zerschla-

gen, »durch den Schutzhandschuh durch«, er kann seitdem den Daumen der linken Hand nicht mehr bewegen. Vier Monate später, beim zweitenmal, rutschte ein Stapel Rohre ab und quetschte ihm ein Stück vom großen Zeh weg. »Es hat lange gedauert, bis ich nicht mehr humpelte. Wenn ich schnell gehe, spüre ich's noch immer.«

Überall im Werk sind Warnschilder angebracht. Sie scheinen mehr als Dekoration gedacht. Über dem Schleifstein zum Beispiel mahnt folgendes Schild: »Was trägst Du lieber, eine Schutzbrille oder später ein Glasauge?!« Die Schutzbrille ist zwar auf dem Schild neben dem Glasauge abgebildet, aber nirgends aufzutreiben. Der Meister, den ich danach frage, hat nur ein Achselzucken dafür übrig. Bei schweren Unfällen ist man aufgeschmissen. Es gibt zwar einen Verbandsraum mit einem älteren Sanitäter darin, aber Medikamente und Verbandszeug sind Mangelware. Und es steht kein Krankenwagen zur Verfügung. Man muß ihn aus der fünf Kilometer entfernten Stadt anfordern. Der schafft den Schwerverletzten dann in das 800 Meter entfernte Unfallkrankenhaus, das weder einen Kranken- noch einen Unfallwagen hat.

Bei den Akkordlern kursiert der Spruch: »Hauptsache, die Produktionszahlen stimmen, Sicherheit kommt erst an zweiter Stelle!« Und die Unfallzahlen bestätigen das. Eine ständige Gefahrenquelle sind die überladenen Karren. Immer wenn was passiert ist – und es passiert mit den Karren dauernd was –, hängt die Werksleitung einen Anschlag aus: »Die Karren dürfen nur bis zu einer bestimmten Höhe beladen werden.« Acht bis vierzehn Tage nach dem letzten Aushang hält man sich bereits nicht mehr an die Bestimmung, und die Werksleitung toleriert das stillschweigend bis zum nächsten Unfall. Der Akkordler belädt seinen Karren in doppelter Höhe, spart dadurch einen Gang ein, spart so kostbare Zeit, die für ihn Geld ist. (Geld für das Werk ohnehin, denn von jeder Mehrarbeitsleistung kommt dem Arbeiter nur ein

Bruchteil zugute.) So kippen akrobatisch aufgetürmte Stapel von Rohren nach wie vor von den Karren herunter, krachen auf Schädeldecken, Schulterblätter und Rippen, zerschlagen Schienbeine und zerbrechen Zehen. Das muß hingenommen werden, das bringt der Akkord eben mit sich.

Ein tödlicher Unfall ereignete sich vor wenigen Jahren. Ein Eisengerüst, auf dem Berge von Rohren gestapelt lagen, hatte sich aus seiner Verankerung gelöst. Die Rohre kamen ins Rutschen, das Gerüst kippte um, und die Rohre begruben unter sich einen Menschen, der zufällig daran zu arbeiten hatte. Die Angehörigen des Toten haben jahrelang gegen das Werk prozessiert, die Schuldfrage ließ sich nicht klären. »Höhere Gewalt, Berufs- und Künstlerpech!« Man hat das Eisengestell nach dem »tragischen Unfall« natürlich sofort sehr fest wieder einzementiert. Und es ist Gras über die Sache gewachsen. Inzwischen hat sich die Verankerung erneut gelockert und beim nächsten Rutsch können die Rohre wieder einen Menschen zerquetschen.
Auch Frauen arbeiten im Werk. Sie sind den Männern im Lohn bei weitem nicht gleichgestellt. Sie arbeiten alle in »Teamwork«. Eine jungverheiratete Frau erzählt mir, die Arbeit mache sie dermaßen fertig, daß sie nach der Arbeit zu Hause oft vor Erschöpfung heule. Ihr Mann bringt nicht das nötige Verständnis dafür auf, »er ist selber von seiner Arbeit genug durchgedreht«, und so leben sie in dauernden Spannungen und Reibereien.
Ein Großteil der Arbeiter besteht aus Pendlern. Sie werden täglich aus den entferntesten Dörfern mit Werksbussen zur Arbeitsstätte hin- und wieder zurückverfrachtet. Die in den abgelegenen Nestern wohnen, müssen bei Frühschicht nachts um 3.30 Uhr aus den Betten. Einige Busse sind überfüllt. Auf den Zweiersitzen hockt man dichtgedrängt zu dritt, und die später hinzusteigen, müssen im Gang stehen. Es gibt die ge-

setzliche Regelung, daß im Berufspendelverkehr jeder Anspruch auf einen Sitzplatz hat. Ein ehemaliger Schutzmann, der seit zwei Jahren Anschreiber bei den X-Werken ist, hielt es für seine Pflicht, den Busfahrer darauf aufmerksam zu machen. »Es kann bei plötzlichem Bremsen – die weite Strecke wird in hohem Tempo zurückgelegt – zu folgenschweren Unfällen kommen. Außerdem ist es für die Arbeiter eine Zumutung, bereits vom Stehen müde zur Arbeit zu gelangen.«
Diese Gründe brachte der ehemalige Schutzmann wiederholt vor, und als kein größerer Bus oder Zweitbus eingesetzt wurde, drohte er mit einer Anzeige. Der Busfahrer berief sich darauf, daß er im Auftrag der X-Werke fahre und man ihm für den Ausbau der Buslinie keine Geldmittel zur Verfügung stelle. Der Anschreiber erstattete Anzeige. Am nächsten Tag hatte er seine Kündigung in der Tasche. Das konnte er nicht begreifen, er hatte seine Arbeit immer gut gemacht und auch nie gefehlt. Ein Kündigungsgrund war auf dem Formular nicht vermerkt. Den wollte er doch wenigstens wissen. Vielleicht hatte das Werk inzwischen Arbeitskräfteüberschuß, er zählte ja nicht mehr zu den Jüngsten. Er ging mit dem Entlassungsschreiben zum Personalchef und fragte ihn nach dem Kündigungsgrund, der mußte es ja schließlich wissen, denn das Schreiben trug seine Unterschrift. Der Personalchef schaute ihn nur sehr ernst an und sagte: »Den Grund können Sie sich selbst ausdenken.« Da ging dem Mann, der zwei Jahre Anschreiber bei X. gewesen war, ein Licht auf, und er sagte, doch, jetzt verstehe er alles.
Am Rande sei noch vermerkt, daß auch der Betriebsratsvorsitzende F. diese Kündigung mit seiner Unterschrift versehen hatte. Um so erstaunlicher und sehr bezeichnend für F.s unermüdliches Pflichtbewußtsein ist die Tatsache, daß er in der betreffenden Woche krank zu Hause lag.
Diese Willkürmaßnahme steht nicht vereinzelt da. Drei Arbeiter an der großen Richtmaschine wurden auf ähnliche

Weise »gegangen«, nur weil Obermeister K. sich Sporen verdienen wollte. Obermeister K. zerbrach sich seinen Kopf, wo man die Produktion noch steigern könnte. Er muß lange überlegt haben, bis sein Blick auf die Richtmaschine fiel. Die drei dort wirbelten mit den Armen nicht so in der Luft herum wie die an den anderen Maschinen, hier mochten noch unerschöpfte Reserven liegen. Er wurde mit seiner »Entdeckung« bei der Werksleitung vorstellig und legte einen Produktionssteigerungsantrag vor, den man ohne weiteres genehmigte. Die Maschine sollte von nun an zwei Gänge schneller laufen. Die drei Männer protestierten geschlossen: sie müßten ihre Maschine besser kennen und im Akkord schon das Höchstmögliche aus ihr herausholen. Im dritten Gang würde einmal das Material beschädigt, zum anderen steigerten sich die Unfallgefahren erheblich.
Obermeister K. blieb fest. (Sein üblicher Ausspruch: »Wenn ich schwarz sage und es ist weiß, dann ist es schwarz, sag ich!«) Er stellte den dreien anheim, entweder im dritten Gang zu arbeiten oder die Konsequenzen zu ziehen und zu gehen. Die drei zogen die Konsequenzen und gingen geschlossen. Obermeister K. erhielt von der Werksleitung eine Belobigung. Er brüstete sich später damit, daß er dank seines rigorosen Durchgreifens eine Betriebssabotage verhindert habe. Für kurze Zeit arbeitete nun an der Richtmaschine ein neues Team im dritten Gang. Nicht allzulange. Die Ausschußquote war enorm hoch, und die Maschine blockierte häufig, was lange Wartezeiten mit sich brachte. Inzwischen läuft die Richtmaschine wieder im ersten Gang – von der Werksleitung befohlen –, Obermeister K. verliert kein Wort mehr darüber.
Ich stehe an der Maschine. Vor mir die Wand. Mein linker Arm dreht an dem Rad, der Stahl frißt sich ins Rohr, meine rechte Hand packt zu und legt das geschnittene Rohr auf den Stapel. Meine beiden Hände arbeiten losgelöst von mir, sie

werden kaum müde dabei, müde wird mein Kopf. Rot- und blauglühende Eisenspäne rollen sich vom Rohr ab und springen auf meine Hände. Ich sehe zu dabei. Der Schmerz geht nicht bis zum Kopf, und der Reflex bleibt aus. Bei der nächsten Bewegung fällt der Span, erkaltet, wieder ab. Auf den Händen wachsen Blasen.

Um mich herum der tosende Lärm der klatschenden Rohre. »Ab 60 Phon treten Nervenschädigungen auf«, habe ich einmal gelesen; »so stark oder schwach sind die Geräusche in einem Büroraum mit 50 Personen... Lautstärken von mehr als 120 Phon« – die gibt es hier beim Aufprall der Rohrstapel – »lösen im Ohr keine reinen Hörempfindungen aus, sondern sie erzeugen Schmerzgefühle«, hieß es da noch. Am Anfang war es auch so. Der Lärm tat weh. Jetzt betäubt er mich.

Über der Fabrikhalle das wohltuende Gesumm eines Flugzeugs. Es setzt zum Landen an. Das ist Unternehmer X. Er legt die Strecke von seinem Wohnort zum X-Werk jeweils im Privatflugzeug zurück. Wenn der Arbeitgeberverband seine Tagung hat, erscheint er im Flugzeug.

Ich habe noch tägliche Kündigungsfrist. Trotzdem sage ich schon drei Tage früher Bescheid, ich hätte vor aufzuhören. Ich halte es für korrekter, damit man eventuell noch Gelegenheit hat, einen Neuen einzustellen, den ich anlernen kann. Man ist sehr erbost über meine plötzliche Kündigung. Hier ist man gewohnt, daß der Arbeitgeber die Kündigung ausspricht, und nicht umgekehrt. Man kommt mir zuvor. Am gleichen Tag noch muß ich meine Sachen packen. Ich versuche einzuwenden, »wenn ich nun auf das Geld von den drei Tagen angewiesen bin? Es war ein Entgegenkommen von mir, daß ich Sie vor dem gesetzlichen Kündigungstermin von meinem Fortgehen in Kenntnis setzte. Zum Dank dieser Rausschmiß.« Man bleibt hart. »Sie gehen heute noch!« Ich erkundige mich im Lohnbüro, ob ich Urlaubsanspruch habe. Man verneint.

Am nächsten Morgen besorge ich mir in der Verwaltungsstelle der IG Metall den Text des amtlichen Tarifvertrages und lege den Passus dem Personalchef vor. »Hiernach habe ich Anspruch auf einen Tag bezahlten Urlaub.« Der Personalchef ist zuerst sehr unwirsch. Dann blättert er in dem Tarifvertrag herum und entdeckt den Stempel der IG-Metall-Verwaltungsstelle. Und sofort ändert sich sein Verhalten. »Aber selbstverständlich steht Ihnen der Urlaub zu. Wir gewähren in Härtefällen sogar den Urlaub, wenn er nach dem Gesetz nicht zusteht. Es muß sich da um ein Versehen meines Angestellten handeln. Kann ich mir eigentlich aber auch nicht denken, der weiß doch genauestens Bescheid, vielleicht haben Sie sich verhört! Muß wohl so sein.«

»Sinter zwo« – im Stahlwerk

Schichtarbeit auf der August-Thyssen-Hütte (1965)

Eine Stadt aus Rauch und Ruß, und der graue Belag auf den Backsteinfassaden ist wirklicher als die Steine darunter. Die Äste der Bäume sind kahl und nebelhaft weiß, als wären sie mit Milben bedeckt. Farblos sind die Gesichter der Menschen.

Hier gibt es keinen richtigen Himmel, nur nachts das rötliche Zucken der Wolken.

Die Fabrik ist größer als die Stadt. Ein unersättlicher Polyp, der mit seinen Fangarmen in alle Straßen greift und sich zwischen Wohnblocks und Geschäftshäuser drängt.

Die Ankunft in einem düsteren Land.

Die Fabrikanlage, in der ich mich melden soll, besteht aus kilometerlangen fensterlosen Gebäuden, kastenförmig ohne Lücke aneinandergekoppelt und ineinander verschachtelt, mehrfach überragt von Schornsteinen, die wie stumme Wächter darüberstehen. Keine Fabrik, wie sie mir von früher her bekannt ist, keine hin und her laufenden Arbeiter, keine Höfe und Innenflächen, überhaupt keine Menschen. Nicht der übliche Arbeitslärm, wie er durch Menschenhand entsteht. Die Fabrik liegt gleichmütig summend da. Es klingt, als verschmelze die Arbeit dort drinnen zu einem einzigen gleichartigen Vorgang, der eigentlich kein Lärm ist, sondern eher ein Keuchen, ein lautes Stöhnen.

Ferngesteuert werden auf Gleisanlagen Waggons bewegt. Staubmassen ergießen sich hinein, dann ruckt die Reihe ein Stück weiter. Keine Lokomotive ist zu sehen, seitlich neben den Schienen laufen Drähte. »Tor 22« ist auf meinem Passier-

schein vermerkt, und als ich durchgehen will, verstellt mir ein Pförtner den Weg, prüft schweigend meinen Schein und weist mit dem linken Arm die Richtung. Der rechte Ärmel seiner schwarzen Werksuniform baumelt leer herunter.
»Sinteranlage II, Büro A« steht an der Stahltür, ich klopfe an, es meldet sich niemand, ich klopfe noch einmal, und als alles ruhig bleibt, trete ich ein. »Nicht unaufgefordert eintreten!« steht auf einem handgeschriebenen Zettel an einer zweiten Tür, dicke Buchstaben, verspielt und säuberlich ausgemalt. »Wer ist denn da!« ruft jemand unwirsch.
Ich trete ein und halte meinen Zettel hin. Der Mann hinter dem Schreibtisch übersieht ihn und weist mit einer stummen Handbewegung auf den zweiten Stuhl im Raum. »Die schikken mir unaufgefordert Leute, und ich kann sehen, wo ich sie hintue. Eigentlich sind wir im Moment auf allen vier Schichten überbesetzt«, begrüßte er mich. »Wohin mit Ihnen nun? Die Anlage kommt jetzt schon mit zwölf Männern pro Schicht aus, und Sie wären der sechzehnte. Schon beim Werksarzt gewesen? Nun, da müssen Sie vorher hin, hier müssen Sie kerngesund sein. Etwa bisher im Pütt gewesen? Nicht? Das ist gut, die haben oft schon in Ihrem Alter was abbekommen. Kommen Sie wieder, wenn Sie beim Werksarzt waren, dann wollen wir mal sehen.«
Beim Werksarzt liest eine Sprechstundenhilfe in weißem Kittel mechanisch einen Katalog Krankheiten herunter. Nach den ersten höre ich schon nicht mehr hin und beeile mich, mit meinem jeweiligen Nein mitzuhalten. Anschließend muß ich unterschreiben. Der Werksarzt läßt mich in eine Art Sektglas urinieren, fühlt meinen Puls und horcht eingehend meine Lunge ab, und während er mit mir spricht, macht er sich an meinem Karteiblatt zu schaffen. »Sie müssen jetzt viel Obst und Traubenzucker essen und regelmäßig Milch trinken – ›zusätzliche Kalorien und Vitamine‹ – sag ich immer zu unseren Sinterstaubschluckern«, wendet er sich an mein Kartei-

blatt, »dann werde ich Sie auch so schnell hier nicht wiedersehen, hoffe ich. – Sagen Sie draußen, der nächste soll hereinkommen«, entläßt er mich, »und bleiben Sie sitzen, bis man Sie aufruft.«
Man hat mich für »uneingeschränkt verwendungsfähig« befunden, und der Betriebsleiter in Sinter II, darüber gar nicht so sehr erfreut, sagt, ich solle dann eben morgen mal zur Frühschicht erscheinen und mich bei Meister Z. melden, der werde schon irgendwas für mich haben.
Als ich sage: »Ich möchte meinen Arbeitsplatz ganz gerne mal sehen«, lächelte er nachsichtig: »Junger Mann, Sie haben noch Vorstellungen, Arbeitsplatz, wenn ich das höre, die Anlage arbeitet kontinuierlich; automatisch werden Erze gesiebt, gebrochen, und dann nachgeschaltet 'ne große Sinteranlage, da sind Sie überall und nirgends, werden das schon spitzkriegen, wie ich das meine, da gibt's nichts zu zeigen. Und noch eins: Disziplin und Pünktlichkeit sind hier oberstes Gebot. Wenn Sie das zu Ihrem Grundsatz machen, haben wir lange Freude aneinander.«
Ähnlich hatte man es mir vor zwei Tagen schon einmal gesagt, auf der Anmeldestelle des Bewerbungsbüros für Arbeiter: »Du warst doch sicher schon Soldat und weißt daher, wie wichtig Disziplin und Gehorsam sind. Beide sind auch in einer Fabrik von ausschlaggebender Bedeutung. Wir sind da sehr konsequent, wenn das nicht klappt, bist du sehr schnell wieder draußen! Die goldenen Zeiten für euch sind langsam vorbei, Gott sei Dank! Wir sind nicht mehr angewiesen auf euch, seit hier überall automatisiert wird. Allein heute habe ich einen Überführungstransport von dreißig Türken abgelehnt, Gastarbeiter sind bei uns schon passé. Und ihr sollt wieder merken, wer der Herr im Hause ist.« Das geht mir in der Nacht vor meiner ersten Schicht durch den Kopf. Ich habe Angst, daß die Fabrik Ähnlichkeit mit dem Kommiß haben könnte. Ich wache mehrmals auf in der Nacht. Die

Erzzüge rattern in endloser Kolonne durch die Nacht, durch mein Zimmer, durch meinen Kopf, und die Schreie der Loks wühlen sich tief in meinen Schlaf.
4.50 Uhr schrillt der Wecker. Noch taumelig, stehe ich auf. Auf dem Kopfkissen und auf der Fensterbank entdecke ich kleine schwarze Rußkörner. Das Fenster war während der Nacht auf. Einen bitteren Geschmack habe ich im Mund, und die Zahnpasta spült ihn nicht weg. Er sitzt tiefer. Mein täglich Brot wird von nun an diesen Geschmack haben. Das Brot, das die Arbeiter dieser Stadt Tag für Tag zu essen bekommen.
Ich klatsche mir den Waschlappen mit kaltem Wasser ins Gesicht und werde nicht wach davon; noch benommen vom Schlaf, mache ich mich auf den Weg zur Frühschicht.
5.30 Uhr, ein gespenstischer Zug bewegt sich durch die Straßen der Stadt. Milchige und gelbliche Lichter von Autos durchdringen kaum die graue, trübe, nieselnde Brühe. Ketten von Fahrrädern, schwankend, gekrümmte Gestalten, die sich gegen den böigen Wind anstemmen, und Fußgänger mit hochgeschlagenen Kragen, die Hände in den Hosen- oder Jackentaschen vergraben, unter den Arm die verschossene Aktentasche geklemmt oder auch nur eine Tüte mit Broten. Alte Männer, abgehärmt, mit seltsam schnellen Schritten schlurfend wie aufgedreht, deren letzte Schicht nicht mehr fern ist. Und junge, mit weit ausholenden Schritten, dazwischen ein kurzes Stück im Lauf, die Schultern hochgezogen, die Gesichter oft schon zeitlos alt. Über der Straße ein Licht, das die Blätter der Hecken blau, die Gesichter der Menschen schwärzlich färbt und ihre Lippen violett – Negative eines schlecht belichteten Farbfilms.
In der Fabrik gibt es keinen Morgen, keinen Mittag und keinen Abend. Hier ist immer Nacht. Eine Nacht, auf die kein Tag folgt, neonerhellt.
In den Ziegelsteinmauern fehlen die Fenster. Gitterförmige

Luftlöcher sind an einigen Stellen eingelassen. Dahinter schimmert ein Stück Himmel, wenn es draußen hell ist, und es glitzert und flimmert, wenn die Sonne dahintersteht.
Das ist der pulvrige Metallstaub – Sinter genannt –, der hier überall ist. Er wabert unter jedem Schritt, klebt auf der Haut, dringt in Nasenlöcher und Augen ein.
In der Staubschicht auf dem Boden verlaufen Fußstapfen. Da steht mit ungelenker Schrift in den Staub gekritzelt: ›Alles Scheiße‹. Darüber, auf dem Staubbelag eines Stahlträgers, hat jemand eine pornographische Darstellung versucht. Keine Rundungen, sondern kantige Formen.
Riesige eiserne Telefone hängen an den Wänden. In den langen Gängen haben die Treppen überdimensionale Stufen, wie für Riesen erbaut. Reptilienhaft langsam bewegen sich Schwenkarme an den Kesseln über dem Förderband. Hin und wieder öffnet sich eine Klappe, und ein orkanartiges Tosen füllt die Halle. Das ist »Rü II«, die Fabrikhalle, die ab heute mein Revier ist. Der Meister hat mir Besen und Schaufel in die Hand gegeben und gesagt: »Alles in kleine Häufchen fegen, dann in die Schubkarre schaufeln und raus in den Kübel fahren. Zügig, zügig alles. Wenn ich meinen Rundgang mache, will ich sehen, es ist Bewegung drin!«
Ich schwinge den Besen, von dichten Staubwolken umhüllt. Anfangs versuche ich, den aufgewirbelten Staubmassen zu entkommen, ich halte die Luft an und springe schnell zur Seite, wo noch kein Staub ist, hole tief Atem und fege schnell weiter, solange die Luft reicht, um dann wieder fortzuspringen. Aber so komme ich außer Atem. Es nützt nichts. Der Staub will geschluckt sein. Ihm entkommt hier keiner.
Auf der Haut bildet sich eine schmierige Kruste. Wenn ich ausspucke, erschrecke ich: Mein Auswurf ist schwarz. Nach der Schicht, unter der Dusche, schrubbt man sich die Haut fast von den Knochen, um die Poren sauber zu bekommen. Es nützt nicht viel, der Sinterarbeiter ist von seiner Arbeit

gezeichnet; immer bleiben verräterische Spuren zurück. In den Augenbrauen, am Haaransatz, hinter den Ohren oder in den Nasenlöchern hat der Sinter sich festgefressen. Die Haare werden stumpf und strähnig, und die Haut wird mit der Zeit ausgelaugt, wird grau wie die Farbe des Sinters.
Wie viele wir auf der Schicht sind, weiß keiner.
»Das wechselt hier oft«, sagt einer, den meine Frage überrascht. »Mehr als ein Dutzend werden es kaum sein, ich persönlich kenne den Meister Z., den H., den P. und das Holzbein – der hat in Wirklichkeit kein Holzbein, der geht nur so, war früher im Pütt, hat unterm Bruch gelegen mit dem Bein, darum geht er so, und darum hat er seinen Spitznamen weg. Ja, dann kenne ich noch zwei andere, das heißt, sie selbst kenne ich nicht, aber ihre Stimmen, die kenn ich, von der Sprechanlage her. Ich glaube, der eine heißt S., und der andere brüllt immer so, daß ich ihn meist beim zweitenmal erst verstehe. Ja, das ist komisch, richtige Kumpels wie früher haste hier nicht. Das liegt an der verfluchten Anlage. Wenn du da alle Gänge durchgehen willst, brauchst du fast 'nen Tag. Ich hab mich mal richtig verlaufen; wenn es stark staubt, siehst du die Markierungen nicht mehr; ich habe schließlich eine Sprechanlage gefunden, und von dort hat man mir über den Zentralsteuerstand den Weg gewiesen. Da habe ich erst gemerkt, wie winzig wir doch neben der verdammten Anlage sind. Und das schönste ist: Die Anlage kommt bald ohne uns aus! Der Meister hat mal gesagt, sie könnten bereits mit der halben Mannschaft zurechtkommen, und wenn die Anlage erst richtig klappte, könnten wir alle gehen. Als ich den Betriebsingenieur wegen einer Staubzulage anging, hat er geantwortet, die Anlage wäre als garantiert staubfrei errichtet worden, und als ich das nicht kapierte – der Staub ist ja oft so dicht, daß du die Hand vor den Augen nicht sehen kannst – und nur den Kopf schüttelte, hat er gesagt, das könne ich von meiner Warte aus nicht beurteilen, es wären im übrigen auch

Verbesserungen im Gange, aber da solle ich nur ja nicht drauf hoffen, denn dann würde ich ganz überflüssig. Ein Jahr, sieben Monate genau, soll meinetwegen noch alles so laufen, wie es läuft, dann hab ich's geschafft, dann krieg ich meine Rente.«

Sogar der Meister scheint nicht zu wissen, wieviel wir auf der Schicht sind. Er schlägt in seiner Sinterwarte das Buch auf und stellt fest, »16«, nachdem zuvor einer auf »11« getippt hat. Aber da fällt einem ein, daß zwei bereits vor drei oder vier Wochen gegangen sind. Der Meister glaubt sich zu erinnern und streicht sie aus dem Schichtbuch aus.

Wie die einzelnen Arbeiter innerhalb der Anlage verteilt sind, merke ich erst im Laufe der Zeit.

Von Anfang an ist mir ein sich immer wieder bewegender Punkt auf dem Dach neben dem Kühler aufgefallen. Wenn ich meine Staubfuhre ins Freie schiebe, entdecke ich auf dem einige hundert Meter entfernten Dach die Veränderung des Punktes, der sich deutlich von der riesigen geraden Fläche abhebt. Ich nehme den Punkt hin wie alles Fremdartige an der Anlage, selten sehe ich ihn in Bewegung, immer sehr ruhig und gleichmäßig. Nur einmal lief der Punkt hastig am Rand des rotierenden, etwa 30 Meter langen Kühlers hin und her. Seltsamerweise blieb der Kühler, der sich sonst unentwegt um sich selbst dreht, plötzlich stehen. Und der Punkt verschwand aus meinem Blickfeld.

Ich nahm an, daß es sich hier um eine auf Schienen laufende Transportlore handele, obwohl ich mir das auch wieder nicht erklären konnte, da der Rhythmus zu unregelmäßig war im Gegensatz zu den Bewegungen sonst in der Anlage, die gleichförmig verlaufen, wenn auch nicht unbedingt in gleichen Abständen, so doch zusammenhängend und aufeinanderfolgend.

Ich wundere mich sehr, als sich der Punkt einmal entgegen

seiner sonstigen Gewohnheit nicht am Rande des Kühlers entlang bewegt, sondern auf den Rand des vorderen Daches zu. Ich laufe ihm entgegen, in gebührendem Abstand, um zu sehen, ob die Lore vielleicht aus den Gleisen geraten ist und nun abstürzen wird.

Aber nichts geschieht. Bis ein Stein vor mir aufschlägt, an dem mit Draht ein Zettel befestigt ist. Auf dem Papier steht: »Komm mal hier nach oben und trink einen Schluck aus der Pulle. Hinter Rü II geht die Leiter hoch.«

So lerne ich H. kennen. Wie ein Leuchtturmwärter hält er hoch oben seine Wache. Er muß aufpassen, daß der Kühler nicht überläuft. Meist braucht er nur alle paar Tage einmal einzugreifen, dann muß er die Stahlleiter hinunterklettern und über die Sprechanlage den Zentralsteuerstand informieren. Die wissen meist schon Bescheid. Ein Kontrollämpchen sagt es ihnen. H. ist nur als zweite Sicherung eingeplant. Er darf seinen Posten auf dem Dach nicht verlassen, darf auch nicht lesen und keinen Alkohol trinken.

Aber heute hält er sich nicht an die Vorschrift. »Ich hab' Geburtstag, prost!« und gibt mir eine Flasche Bier, die er in der Aktentasche heraufgeschmuggelt hat. »Nett, daß du mich besuchst. Wenigstens an meinem Geburtstag will ich nicht allein sein. Hier oben seh ich tagelang keinen Kumpel, mit dem ich ein Wort sprechen könnte. Dich habe ich ausgemacht, wenn du deine Karre in den Kübel schmeißt. Dann gibt's immer eine Staubwolke. Einen Feldstecher müßte man haben. Das könnte ganz interessant sein. Meister Z., dieser Wurm, kontrolliert mich von unten schon mal mit dem Feldstecher, ob ich auch nicht lese oder mich verkrümele. Ich kann ja nicht immer auf den Kühler starren. Der dreht sich und dreht sich, und dann dreht's sich noch in meinem Kopp, wenn ich ständig draufglotze.« H. ist froh, wenn es nicht regnet und nicht zu kalt ist. Dann hockt er sich auf ein Brett, das er über seine Aktentasche gelegt hat, läßt sich von der Sonne bescheinen und ist zufrieden. Wenn es aber kalt ist, ist er in dauernder Bewegung, läuft oft nah an den Rand des Kühlers, wo glühende Sinterklumpen Hitze ausstrahlen. Schlecht ist, wenn Wind weht. Der bläst ihm die heißen Staubkörner ins Gesicht.

H. blinzelt dauernd und wischt sich mit seinem schmierigen Jackenärmel über die tränenden Augen. In seinem schwarzen Gesicht treten hellere Stellen hervor. Zahllose Falten zerfurchen wie weiße senkrechte Linien sein Gesicht. Sein Alter läßt sich nicht schätzen. Es könnte zwischen 55 und annähernd 70 liegen.

Als H. mir zuprostet und sagt: »Stoßen wir noch mal auf meinen Vierundvierzigsten an«, erschrecke ich. Das muß er gemerkt haben, denn er fügt hinzu: »Das hättest du nicht gedacht, was? Das denkt keiner. Man schätzt mich allgemein ein paar Jahre älter ein. Neulich in der Straßenbahn stand doch tatsächlich so ein junger Witzbold vor mir auf und sagte: ›Setz dich, Opa.‹ Da hab' ich aber doch lachen müssen.«

Ich sage: »Du bist so schwarz, als ob du frisch aus dem Pütt kämst und die ganze Schicht geschuftet hättest. Dabei ruhst du dich hier den ganzen Tag aus.« Das hätte ich besser nicht sagen sollen, denn auf das Stichwort Pütt braust H. auf: »Hör' mir nur ja auf mit dem Pütt. Ich war 20 Jahre unter Tage. Weißt du, was das heißt? Dreimal habe ich unterm Bruch gelegen. Einmal hat man mich erst nach 22 Stunden rausgebuddelt. Ich dachte, ich hätte dran glauben müssen. Neben mir den Kumpel hat es erwischt. Ich brüllte immer nach ihm, und er gab keine Antwort, konnte er auch nicht, denn er war tot. Hier, das Stück vom Daumen ist auch im Pütt futsch, und mein Schienbein war zweimal gebrochen. Beim zweitenmal brach anschließend die schönste Zeit meines Lebens an, da ließen sie mich neun Wochen krankfeiern. Man war so großzügig, weil man den Unfall hätte melden müssen. Das wäre die Zeche dann hundertmal teurer gekommen als

mein Krankfeiern. Ebenso war's bei schweren Unfällen unter Tage. Da kam's drauf an, den Schwerverletzten so schnell wie möglich über Tage zu schaffen, ob transportfähig oder sein Kopf am letzten Zipfel hing, spielte dabei keine Rolle. Sein Leben mußte er über Tage aushauchen. Denn jeder Tote unter Tage kostet die Zeche jedesmal eine Masse Geld an den Berufsverband. – Nee, mir kann keiner mehr was vormachen. – Als die Zeche vor zwei Jahren stillgelegt wurde, meldete ich mich beim Grubenarzt, um mir meine Staublunge bescheinigen zu lassen und Staublungenrente zu kriegen. 10 Prozent, sagte der Doktor, das kriegen wir schon wieder hin, und verschrieb Spülungen.«
Nachher bewarb er sich bei drei verschiedenen Firmen, keine nahm ihn. »70 Prozent Staublunge, hieß es da. Sie sind nicht arbeitsfähig und müssen sich frühinvalid schreiben lassen. Bis ich dann hier auf der Hütte mein Glück versuchte, und stell dir vor, der Doktor war Leutnant in Stalingrad gewesen, wo ich auch war. Als er sagte, er könne mich nicht nehmen, hab' ich ihm gesagt, daß wir uns kennen. Da hat er sich gefreut und gesagt: Kerl, warum sagst du das nicht gleich, wir sind doch alte Kameraden! und schrieb 10 Prozent auf meine Karteikarte, das ist die zulässige Grenze. Nachher hat er sich noch eine Zeitlang mit mir über Stalingrad unterhalten.«
Das tut H. jetzt auch. Aber er spricht nicht vom Dreck, von der Kälte und den Toten, er erzählt von etwas Angenehmem aus ferner Vergangenheit: »Das waren noch Zeiten, dauernd auf Reisen! Wann bin ich später noch mal ins Ausland gekommen?« Und: »Der deutsche Soldat kämpfte unerbittlich.«
Als ich frage: »Hast du das andere alles vergessen?«, begreift H. zuerst nicht, meint dann: »Doch, es war schrecklich, aber der Pütt war noch schlimmer. Mensch, daß ich das all die Jahre mitgemacht habe – es war die Hölle. Das geht mir jetzt erst so richtig auf, wo ich hier bin. Zwanzig Jahre bei lebendigem Leib begraben! Dann ist das hier die Erlösung. Wenn ich

geahnt hätte, daß es so eine Arbeit für mich gibt, hätte ich längst meine Sachen gepackt. Jetzt ist es zu spät. Mit so 'ner Silikose wirst du nicht alt.«
Dann sagt H. noch: »Wenn man mich heute zwingen wollte, wieder in den Pütt zu gehen, würde ich mich vorher aufhängen.«
H.'s Arbeit hier, wenn man überhaupt von Arbeit sprechen kann, ist in Wirklichkeit nicht so rosig, wie er es darstellt. Ein Stuhl mit Lehne auf dem Dach wäre für ihn ein Geschenk des Himmels. Er kauert mit krummem Rücken auf seinem Brett und muß alle paar Minuten aufstehen, sonst würde er bald lahm.
»Im Winter, als es so eisig kalt war«, erzählt H., »habe ich mir im Gelände Bretter zusammengesucht und einen Verschlag als Wind- und Schneeschutz gebaut. Schließlich auch noch einen kleinen eisernen Ofen organisiert und den ordentlich geheizt mit Koksbrocken, die ich von den Halden am Hafen herschaffte. Der Meister hat zuerst ein Auge zugedrückt. Bis eine Woche später der Hüttendirektor seinen Besuch ankündigte. Als ich an dem Morgen zur Frühschicht erschien, war meine Hütte abgerissen und mein Öfchen auch nicht mehr da. Der Meister sagte mir, das ginge einfach nicht, wie das denn aussähe, eine der modernsten Anlagen Europas und dann dieser vorsintflutliche Bretterverhau. Dann hab' ich mich eben anders gegen die Kälte zu schützen versucht. Reinen Korn in meine Thermosflasche mit Tee geschüttet. Halb und halb. Das heizte auch. Aber meine Frostbeulen an den Zehen hat es nicht verhindert. Mensch, wenn ich an den nächsten Winter denke! Da denke ich besser nicht dran.«

Mit der Zeit lerne ich noch andere von meiner Schicht kennen. Aber nur sehr flüchtig und oberflächlich. Rü II, mein Abschnitt in Sinter II, ist mir bald vertrauter als die paar Kumpels, die wie zufällig in der Anlage verstreut sind. Rich-

tigen Kontakt habe ich bisher nur mit H. bekommen. Das liegt daran, daß H. im Pütt war und auch sonst viel hinter sich hat. Die Jüngeren haben nicht viel zu erzählen, sind an die Einsamkeit gewöhnt, mürrisch und wortkarg geworden.
Wenn schon mal welche zusammenkommen, um Hefte auszutauschen (Krimis und Western oder auch Mickey Mouse und andere Comics), dann werden Witze erzählt. (Das Lesen ist offiziell zwar verboten, aber heimlich tun es doch die meisten, besonders die Jüngeren; die Älteren sind mit den Jahren vorsichtiger geworden und befolgen die Vorschriften peinlich genau, aus Angst, ihre Stelle zu verlieren.)
Gespräche kommen selten zustande und wenn, drehen sie sich um nichtssagende Dinge, enden mit dem üblichen Witz, einer boshaften Bemerkung oder mit einem Ausbruch von Ärger oder Wut.
Vielleicht, daß es an den brüllenden Maschinen liegt. Es ist, als arbeite die ganze Fabrik wie ein einziger Motor. Keiner kann sich diesem Rhythmus entziehen. Jeder Widerstand ist zwecklos, der Fabriklärm reißt einen mit sich fort.

Zufällig lerne ich den Mann von der Mischtrommel kennen. Er hat mich über eine Stunde heimlich beobachtet, ehe er mich anspricht. In seinem Revier sind Staubmassen vom Transportband 7 übergelaufen, die ich mit der Schubkarre nach draußen in den Kübel schaffen muß. Zwei Tage Arbeit, überschlage ich, der Meister hat verlangt, daß ich es in einem Tag schaffen soll, das bedeutet zwei Tage Zeit, denn es ist bekannt, daß der Meister die Hälfte der benötigten Zeit veranschlagt und sich dann schließlich doch zufriedengibt, wenn man in der doppelten Zeit fertig wird.
Diese Arbeit macht direkt Spaß. Obwohl der matschige Sinter schwer wie Blei ist und die Schubkarre stark an den Armen reißt und auf dem schwankenden Brett zum Kübel immer wieder umkippt. Es macht Spaß zu sehen, wie die Matsch-

berge nach und nach weniger werden. Das ist bei dem irrsinnigen Fegen anders. Reine Beschäftigungstherapie, hat H. es genannt. In den riesigen Hallen, die wochenlang kein Mensch betritt, dünnsten Staubbelag aufwirbeln. Der Staub ist so fein, daß die Hälfte immer wieder wegfliegt und sich nach einigen Stunden erneut auf den Boden legt. Es lohnt nicht, die Arbeit ist so sinnlos, als ob man Flure und Treppenhäuser mit der Zahnbürste reinigen würde. Alle paar Monate einmal mit der Schaufel rangehen, das hätte einen Sinn. Aber der Meister sieht es eben nicht gern, wenn man herumsteht, und darum ist ihm jede Arbeit recht, »Hauptsache, es ist Bewegung drin«.
Jedenfalls, heute und morgen wird das anders sein. Ich teile mir meine Arbeit selbst ein, mache meine Pausen, wann ich es für richtig halte. Hauptsache, der Dreck ist nach zwei Tagen weg.
Es ist seltsam, die ganze Zeit schon fühle ich mich beobachtet. Dasselbe Gefühl, wenn man eine Straße entlanggeht, wie unter einem Zwang sich plötzlich umdreht und dann einen Bekannten entdeckt, der die ganze Zeit hinter einem hergegangen ist. Der Meister, den ich in der Nähe vermute, kommt aber nicht zum Vorschein. Aber er ist da. Vorgestern noch stand er eine halbe Stunde unbeweglich am Fenster vom Umlenkturm IV und blickte auf mich herab, wie ich den Staub unter dem Band hervorkratzte. Als ich ihn sah, tat ich, als hätte ich ihn nicht bemerkt, meine Arbeit wurde unwillkürlich schneller. Ich wehrte mich dagegen, konnte aber nicht verhindern, daß ich mir keine Pause gönnte. Als er vom Fenster verschwunden war, setzte ich mich erst mal hin und machte Frühstückspause. Gerade in der Zeit kam er dann vorbei und machte eine seiner Bemerkungen, die er immer von sich gibt, wenn er einen nicht arbeiten sieht. »Du machst auch mehr Pause, als du arbeitest; jedesmal, wenn ich vorbeikomme, sitzt oder stehst du herum. Denk an L., von dem

wirst du sicher gehört haben. Wir haben ihm seine Papiere gegeben, weil er so oft Pause gemacht hat.«

Aber heute kann ich mich so oft umdrehen, wie ich will. Meister Z. liegt nicht auf der Lauer. Die Mischtrommel dreht sich unentwegt und macht einen Lärm, der das Trommelfell erzittern läßt. Vor der Mischtrommel steht eine primitiv zusammengezimmerte Bretterwand. Plötzlich ertönt im Raum eine mechanisch verzerrte Stimme: »Mischtrommel bitte melden, bitte melden.« Ein Brett vor der Mischtrommel löst sich, und heraus tritt ein Arbeiter, geht zu der Sprechanlage neben dem Feuermelder, drückt den Knopf und spricht hinein. »Hier Mischtrommel, was ist?« – »Mehr Wasser«, erfolgt die Anweisung. »Wird gemacht«, sagt der Mann von der Mischtrommel, rennt zu einer kleinen Schalttafel und betätigt einen Knopf. Zwei Brummtöne erfolgen, die Mischtrommel bleibt einen Moment stehen und setzt sich mit einem erneuten, kräftigeren Brummton wieder in Bewegung.

Der Mann von der Mischtrommel kommt auf mich zu und begrüßt mich. »Über eine Stunde hab' ich dir bei der Arbeit zugeguckt. Du legst ein Tempo vor, daß mir übel wird. Nix zu lesen bei dir? Dann zieh wieder Leine. Nix los hier, wirst du schon gemerkt haben. Biste neu? Siehste, merkt man. Mußt sehen, daß du auch so'nen Job kriegst. Hab mich hier zur Ruhe gesetzt. Das ist nix, was du machst. Wirst du ständig bei kontrolliert. Ich hab' mein Guckloch und passe auf. Bis jetzt bin ich noch nicht beim Lesen geschnappt worden. Dann ist es nämlich aus mit dem Lenz, und ich muß wieder ran zum Fegen.«

Der Mann von der Mischtrommel mag etwa 23 sein. Er war zwei Jahre im Pütt, und als seine Zeche stillgelegt wurde, hat er sich hier beworben. »Da kriegt mich keiner mehr hin zurück.« Aber hier hält es ihn auch nicht. »Alt werd' ich bestimmt nicht hier. Immer aufpassen, wenn der Alte kommt, das hältst du nicht lange aus. Ein paar Zeilen und dann wieder ein Blick durch die Ritze. Und wenn du mal döst oder bei Nachtschicht einpennst, steht er plötzlich vor dir und raunzt dich an. Ich werd hier total nervös. Und von der Mischtrommel über mir krieg ich neuerdings öfter Kopfschmerzen. Vor kurzem träumte ich sogar davon. Total meschugge. Ich stand oben auf der Trommel und mußte unaufhörlich dagegen anrennen, um nicht abzustürzen. Wie ein Meerschweinchen auf dem Laufrand. Da denke ich jetzt manchmal dran, wenn ich hier sitze. Komm doch schon mal vorbei, wenn du Zeit hast. Oder nee, besser nicht, wenn du doch keine Schmöker hast.«

Dann erzählt der Mann von der Mischtrommel noch von einem alten Arbeiter, der im »Tagesbunker oben« hocken soll. »Den haben sie außer Funktion gesetzt, ohne daß er es weiß. Er will es auch nicht wissen, wir haben es ihm schon öfters gesagt, er glaubt's nicht. In drei Monaten wird er pensioniert, und da konnte man ihn nicht vorher rausschmeißen, und 'ne andere Arbeit haben 'se nicht für ihn. Sein Meßgerät – er hat die Feuchtigkeit auf dem Band zu kontrollieren – ist inzwischen an den Zentralsteuerstand angeschlossen, er will das nicht einsehen. Dabei lassen die am Steuerstand es ihn merken. Wenn er zwei-, dreimal am Tag hochruft, die Mischung stimme nicht, sagen die ihm, das wissen wir längst, Opa, aber du hast gut aufgepaßt. Es wird erzählt, er spreche manchmal mit sich. Einer will gehört haben, wie er leise gesprochen, halb gesungen habe ›ich bin der Meister vom ganzen Band und halte alle Zügel in meiner Hand‹ und noch so'n Quatsch. Zutrauen würde ich's ihm.« P. ist wieder ein Fall für sich. Er macht sich völlig überflüssigerweise seine Finger schmutzig. Dabei brauchte er nichts weiter zu tun, als hin und wieder nach dem Zeiger einer Schaltskala zu sehen und, wenn erforderlich, den Zentralsteuerstand zu informieren. Was er statt dessen macht, ist idiotisch: mit seiner linken Hand greift er in kurzen Abständen in die matschige Mi-

schung auf dem Band, läßt die klebrige Masse sachverständig durch seine Finger gleiten und freut sich, wenn das Ergebnis mit dem Zeigeranschlag auf der Skala übereinstimmt. Im Laufe der Zeit hat er sich ein brennendrotes Ekzem an seiner linken Hand zugezogen – durch die Chemikalien in der Mischung –, das nimmt er gern in Kauf.
Es muß eine einmalige Genugtuung für ihn sein, die komplizierte Apparatur zu überlisten, ihr zumindest gewachsen zu sein. Aber es nützt ihm nichts; und was sein sinnloses Tun noch sinnloser macht: Sein Arbeitsplatz soll bald eingespart werden. Im Zentralsteuerstand wird ihn dann ein kleines flirrendes Lämpchen ersetzen; Versuche damit sind schon im Gang. Wenn er voll Stolz seinen eigenhändig gefundenen Meßwert nach oben gibt, wird ihm in letzter Zeit oft gesagt: »Wir wissen schon Bescheid.«

Wenn keine Arbeit da ist, wird welche erfunden. Meister Z. ist da sehr erfinderisch. Er hat sich dem Betriebschef gegenüber zu verantworten. Nicht, daß die Anlage läuft – das ist Sache des Betriebsingenieurs –, er muß für seine Arbeiter geradestehen. Er ist sehr unsicher. Bei Spät- oder Nachtschicht, wenn der Betriebschef zu Hause ist, drückt er schon mal ein Auge zu, wenn er einen herumsitzen sieht. Bei Frühschicht rennt er meist nervös durch die Gänge, und wenn er einen beim Nichtstun erwischt, erfindet er schnell eine Arbeit. Fegen und noch mal fegen. Es ist ihm auch gleichgültig, ob das die Nachtschicht bereits gemacht hat. Genauso gleichgültig ist es ihm, ob man die Arbeit nur vortäuscht. Es genügt, einen Besen in der Hand zu haben und ein bißchen auf der Stelle zu fegen. Er hat sich dem Betriebschef gegenüber zu verantworten. Wenn der ihm sagt, wir würden nicht genug spuren, macht uns Z. die Hölle heiß. So neulich, als der Betriebschef den 17jährigen F. beim Pennen erwischt; er sitzt auf der obersten Stufe einer tausendstufigen Treppe, die er

fegen soll, hat den Besen zwischen die Beine geklemmt, den Kopf vornüberhängen und schläft. Der Betriebschef weckt ihn nicht, beschwert sich statt dessen bei Meister Z. Dieser hat sogleich eine Spezialarbeit für F. parat. Er soll im Freien den mehrere Tonnen fassenden Kübel mit Sinter vollschaufeln. Und weil Meister Z. den Rüffel vom Betriebschef noch nicht geschluckt hat, stellt er F. ein Ultimatum: »Wenn der Kübel bis Schichtschluß nicht voll ist, fliegst du raus. Morgen kannst du dir dann die Papiere holen.«
Die Arbeit ist während einer Schicht kaum zu schaffen, besonders nicht von F., der ziemlich schmächtig gebaut ist. Der Eisenkübel ist an die zwei Meter hoch. F. reicht mit ausgestrecktem Arm eben bis zum Rand. Er muß die Schaufel bis über seinen Kopf ziehen. Meister Z. kommt alle Augenblicke nach ihm sehen, damit ihm keiner hilft. F. gibt sein Bestes. Er will nicht die Papiere bekommen. Er ist noch keine drei Monate hier. Vorher war er am Bau. Die Arbeit hier ist besser. Und wenn er so oft die Arbeit wechselt, nimmt ihn so schnell kein anderer mehr. Das dreckigste ist nur, daß die Arbeit total überflüssig ist. Es ist die Arbeit des Hubladers, der jeden Abend kommt und den Kübel mit drei, vier Ladungen innerhalb von fünf Minuten bis über den Rand füllt. F. schaufelt, bis sein Hemd naß am Körper klebt. Dann zieht er sich das Hemd aus und wenig später auch das graue Unterhemd. Um 12 Uhr mittags hat er noch keine Pause gemacht, noch zwei Stunden sind es bis Schichtschluß, und der Kübel ist erst knapp über die Häfte voll.
F. legt jetzt öfter kleinere Pausen ein, um anschließend noch schneller zu schaufeln. Meister Z. weicht nicht mehr von seiner Seite. Er will den aussichtslosen Kampf zu Ende verfolgen und bei der Niederlage dabeisein. Er feuert ihn noch an, damit F. nicht am Ende noch seine aussichtslose Lage erkennt und aufgibt. »Du kannst es noch schaffen. Du brauchst nicht bis zum obersten Rand. 10 Zentimeter darunter« – er mißt F.

mit der Hand das gewonnene Stück vor – »gebe ich mich mit zufrieden. Sonst ist es dein letzter Tag bei uns. Drückeberger und Schwächlinge füttern wir nicht mit durch.«
F. arbeitet jetzt, ohne abzusetzen. Er arbeitet wie im Fieber, schaufelt, um zu schaufeln, schaufelt um sein Leben, weiß nicht mehr, warum er schaufelt. Seine Bewegungen werden immer schneller, und der Sinter auf seiner Schaufel wird weniger. Zuletzt führt er nur noch die Bewegungen des Schaufelns aus, die Schaufel streift am Sinter vorbei und bleibt leer. F. weiß von dem nichts, wie er später erzählt; er glaubt, der Kübel fülle sich genauso rasend schnell, wie er sich in seiner Raserei ins Zeug legt. Vielleicht denkt er auch an zu Hause, an seinen Vater, der meist betrunken ist und ihn prügeln wird, wenn er mit den Papieren nach Hause kommt; der säuft regelmäßig, seit seine Zeche stillgelegt wurde. Der Vater ist Frühinvalide mit nicht anerkannter Staublunge. Stundenweise arbeitet er noch am Bau. Seine Mutter ist oft krank. Er muß für seine vier jüngeren Geschwister sorgen. Drei sind verheiratet und wohnen anderswo. Einer ist nach Kanada ausgewandert und schreibt meist zu Weihnachten einen Brief, daß es da auch nicht so rosig sei und er für die Rückfahrkarte spare. »Zu wieviel seid ihr eigentlich zu Hause, das heißt, wieviel Geschwister hast du noch«, hat ihn Meister Z. mal gefragt. Da wurde F. ziemlich verlegen, rechnete nach, die Lebenden wußte er, acht waren es; aber vier, fünf oder sechs waren jung gestorben. An den Tod von zweien konnte er sich erinnern, bei den anderen wußte er es nicht, und die wollte er nicht so mir nichts, dir nichts unter den Tisch fallen lassen. Es mußten noch mehrere sein, mehr wußte er nicht. Seitdem ärgern ihn die andern damit, die es mitbekommen hatten. Zähl doch mal nach. Ihr seid ja die allerletzte Familie. Aber verzähl dich auch nicht. Eins wußte er. Für die vier Geschwister, die zu Hause wohnten, hatte er zu sorgen. Mitte und Ende des Monats hatte er das Geld auf

den Tisch zu legen, und sein Vater gab ihm ein Taschengeld davon.
Meister Z. glaubt zuerst, F. habe aufgegeben und wolle ihn nun mit seinen leeren Schaufelbewegungen hochnehmen. Er brüllt ihn an: »Laß gefälligst diesen Unsinn. Das kannst du machen, wenn du nicht mehr hier bist. Noch hast du eine Chance.« Als F. nicht darauf reagiert, tritt Meister Z. von hinten an ihn heran, um ihm die Schaufel wegzureißen. Aber bei der ersten Berührung läßt F. die Schaufel fallen und sackt zusammen. Ganz lautlos. Z. nimmt immer noch an, er spiele ihm etwas vor, und will ihn hochreißen. Aber es geht nicht.
Das kann vorkommen. Die Hitze, und dann ist F. auch nicht der Stärkste. Meister Z. ist gnädig. F. darf bleiben. Nach einer Woche krankfeiern ist F. soweit wiederhergestellt. Er ist zwar noch etwas schwach auf den Beinen und sieht noch durchsichtiger als sonst aus; aber das wird schon wieder werden, sagt Meister Z. »Noch so einen ›Schwächeanfall‹ dürfen wir nicht wieder kriegen, ich werde dafür sorgen, daß du eine andere Arbeit kriegst. Wo du bei sitzen kannst.«
So kommt es, daß F. einen der begehrtesten Plätze in der ganzen Anlage bekommt, die Verladung. Er sitzt in einem Glaskasten über der Gleisanlage, kann Radio hören und gut heimlich Zeitungen oder Schmöker lesen. Er überblickt das Gelände unter sich und sieht früh genug, wenn der Meister oder sonstwer kommt. Vor allem für den Winter ideal: Der Glaskasten ist heizbar, eine elektrische Heizung ist eingebaut.
Die gesamte Arbeit besteht in einem Knopfdruck. Zwei Knöpfe. Einer für das Beladen des Sinterwaggons, der andere, damit der Waggon ein Stück weiterfährt und der nächste beladen werden kann. In ganz gleichmäßigen Abständen. 30 bis 35 Waggons auf einer Schicht. Nach jedem Knopfdruck eine Viertelstunde Pause für F., während der hoch-

ofenfertige Sinter mit Getöse in den Waggon herunterstürzt. Es staubt natürlich sehr. Aber wo in der Anlage staubt es nicht? F. kann das Fenster in seinem Glaskasten schließen, die Luft ist zwar schnell verbraucht auf dem engen Raum, aber F. kann das Fenster ja wieder öffnen. Er macht ausgiebig davon Gebrauch während seiner langen Schicht.
Über eine Sprechanlage kann F. mit dem Zentralsteuerstand in Verbindung treten. Er mißbraucht die Sprechanlage oft und macht sie zu seinem Spielzeug. Er kann sie nämlich auch als Lautsprecher benutzen, dann hallt seine Stimme Hunderte von Metern über die Gleisanlage. So singt oder pfeift er Schlager hinaus, wie über eine riesige Stereoanlage, aber für kein Ohr bestimmt. Er selbst hört drinnen seine Stimme normal. Oder wenn ein Arbeiter über die Gleise läuft, was verboten ist, aber gemacht wird, wenn jemand über den Zaun klettern will, um sich auf der anderen Straßenseite in der Angestelltenkantine etwas zum Trinken zu besorgen. Dann erschreckt ihn F. mit Sätzen wie: »Halt, stehenbleiben, oder ich schieße«, oder wenn er ihn kennt: »Komm mal rauf und bring mir was mit.«
Dreieinhalb Wochen tut F. Dienst in seinem Glaskasten. Er fehlt nie und löst seinen Vorgänger immer pünktlich ab. Bis es dann passiert.
Durch F.s Schuld kommt die gesamte Anlage für eine halbe Stunde zum Stillstand. F. hat wieder gepennt, sagt Meister Z. »Es wurde mir plötzlich schwarz vor den Augen, ich bin ohnmächtig geworden«, verteidigte sich F.
Jedenfalls eins steht fest: Der zweite Knopfdruck, der das Weiterrucken des Waggons verursacht und einen neuen Waggon füllt, wurde von F. unterlassen. Der Sinter stürzte herab, überschüttete einen großen Teil der Gleisanlage, türmte sich zu einem Berg auf und verstopfte schließlich die Öffnung, wodurch alle Bänder gleichzeitig stockten. Da erst wurde im Zentralsteuerstand die Panne bemerkt. Man telefonierte

herum, und als von überallher alles klar gemeldet wurde, schickte man einen Mann los, der die Bescherung entdeckte und F. mit seinem Kopf auf dem Schaltpult liegen sah.
Alle Leute in der Anlage werden zusammengetrommelt, und während der Betriebsingenieur dabeisteht und alle Augenblicke auf seine Uhr schaut und uns antreibt, schaufeln wir die Gleise frei. Der Betriebsingenieur wird zusehends nervöser, er rennt hierhin und dorthin, und man merkt ihm an, daß er am liebsten selbst mit anpackte, wenn es ihm sein Rang nicht verbieten würde. 800 bis 1000 DM Schaden in der Minute, man sieht dem Betriebsingenieur an, wie er die Zeit bis auf Sekunden zerlegt und den Schaden zusammenrechnet. Von 25000 Mark Schaden ist nachher die Rede. F. ist schuld und muß dafür aufkommen, sagen die anderen Arbeiter. Besonders Meister Z. ist aufgebracht. »Habe ich ihm die Chance auf dem Vorzugsposten gegeben, und er mißbraucht mein Entgegenkommen, indem er wieder pennt. Es bleibt letzten Endes an mir hängen, ich habe ihn für diesen Posten vorgeschlagen.« »Ich hab' nicht gepennt«, sagt F. »Es war mir den ganzen Tag schon so komisch. Seitdem ich damals zusammengebrochen bin, fühle ich mich öfter so.« »Dumme Ausreden«, sagte Meister Z. »ich an deiner Stelle würde ganz kusch sein, sonst kriegen wir dich ran für den Schaden.« F. macht eine Woche krank und muß sich dann beim Vertrauensarzt melden, der Betriebschef besteht darauf. F. muß sich wieder gesundmelden. Nur für leichtere, nicht verantwortungsvolle Tätigkeiten verwendbar, steht auf dem Attest. In einem hat der Vertrauensarzt festgestellt, daß bei dem Versagen F.s eine Ohnmacht nicht ausgeschlossen werden kann, da eine erhebliche Kreislaufschwäche bei ihm vorliege.
»Wir können dich leider nicht bei uns behalten«, sagte der Betriebschef. »Es ist in deinem und unserem Interesse, wenn du dir eine andere Stelle suchst. Wie leicht könnte wieder etwas passieren.« F. hat 14tägige Kündigungsfrist. In dieser

Zeit gibt man ihm keine Arbeit, man sieht ihn oft auf den Gleisen bei der Verladung stehen und zum Glaskasten hinaufschauen, wo ein neuer Arbeiter jetzt durch Knopfdruck die Waggons in Bewegung setzt. Oder er läuft zu den anderen Arbeitern in der Anlage und erzählt allen vom Attest seiner erwiesenen Unschuld. Er ist glücklich, daß man ihn nicht zur Verantwortung zieht. Sein Vater hat ihm gedroht: »Du fliegst raus zu Hause, wenn du den Schaden aufgebrummt bekommst.«

Sein Vater versuchte nachher, als er von der Unschuld seines Sohnes erfuhr, bei der Hütte eine Kur für ihn zu beantragen. F. war noch nie im Urlaub verreist, mit 16 ein Jahr im Pütt, sein Geld immer für die Familie mit reingebuttert. Ferien am Meer hat sich F. immer gewünscht, er sieht darin das große Gegenstück zum Pütt, er hat das Meer noch nie gesehen, er kann sich nichts Großartigeres vorstellen. Die Kur für seinen Sohn wird dem alten Kumpel ausgeredet, dafür ist er noch nicht lange genug auf der Hütte. Das kommt davon, wenn man seinen Arbeitsplatz so oft wechselt. Eine Kur soll eine Belohnung für langjährige treue Pflichterfüllung im Krankheitsfall eines älteren Mitarbeiters sein, hat der Betriebschef ihm klargemacht.

F. bekommt am 14. Tag seine Papiere und alle guten Wünsche mit auf den Weg. Er solle sich eine leichte Arbeit aussuchen und auf die paar Pfennige, die er dabei weniger verdiene, zugunsten seiner Gesundheit verzichten. F. will es beherzigen.

Eine Woche später fängt er wieder auf der Hütte an. Das heißt, nicht auf der eigentlichen Hütte, die nimmt ihn nicht mehr, weil er dort in der Kartei als arbeitsuntauglich eingetragen ist. – Aber ein freier Unternehmer, der im Auftrag der Hütte seine Leute an sie verkauft, stellt ihn ein, ohne lange zu fragen. F. ist jetzt Lastenträger in der Hütten-Transportabteilung. An- und abfahrende Laster hat er zu ent- oder beladen.

H., der ihn nachher noch mal dort gesehen hat, erzählt, diese Arbeit sei eine schöne Schufterei und wie gut es der F. doch bei uns gehabt habe.

Meister Z. triumphiert. Er hat es ja gleich gesagt. Penner und Nichtstuer haben bei uns in der Anlage nichts zu suchen. Und F. war einer von jener Sorte, er hat ihn von vornherein durchschaut. Darum auch die Feuertaufe, so nennt Meister Z. das Kübelvollschaufeln auf Zeit seit dem Tag, als F. dabei zusammenbrach. Er macht seitdem eine Art Sport daraus. ›Komm, Feuertaufe‹, sagt er nur, wenn er wieder einen beim Pennen erwischt hat oder sich jemand allzulang auf die Toilette zurückzieht. Er macht's mit den Neuen, die noch keine drei Monate bei uns sind und die er noch ohne Angabe eines Kündigungsgrundes raussetzen kann.
Einmal, als B. sich weigerte, diese überflüssige Arbeit, wie er sie nannte, auszuführen, war Meister Z. konsequent. B. bekam drei Tage später seine Papiere, wegen schlechter Arbeitsmoral, wie der Betriebschef es ausdrückte. Sonst ist Meister Z. vorsichtiger geworden. Er setzt das Arbeitspensum so an, daß es bei größter Anstrengung zu schaffen ist. Wenn er merkt, daß jemand am Ende seiner Kräfte ist, erläßt er ihm oft sogar einen Teil der Arbeit.
Bis der Mann von der Mischtrommel auf den Trick mit den Brettern kam. Seitdem hat die Feuertaufe für uns ihre Schrekken verloren. Es ist zwar noch etwas aufregend, aber im Grunde genommen mehr Spaß als Strafe. Weil die Anlage für kurze Zeit stillstand – eine kleinere Reparatur mußte ausgeführt werden –, verließ der Mann von der Mischtrommel seinen Platz und stieg zu H. aufs Dach. Das ist verboten. Keiner darf seinen Posten verlassen, wenn er eine Kontrollfunktion innehat. Man weiß nie, wann die Anlage wieder anläuft. Dabei gibt es keinen Rhythmus. Zufällig und ganz unvorhergesehen sind die Pausen und ebenso überraschend auch wieder

zu Ende. Nur der dreimalige Brumm- oder Heulton – je nachdem, in welchem Hallenabschnitt und Bandsystem – verkündet kurz vorher und nachher Beginn und Ende des Stillstands. Der Mann von der Mischtrommel jedenfalls war nicht früh genug wieder auf seinem Posten. Meister Z. befahl Feuertaufe. Der Mann von der Mischtrommel wußte, was ihn erwartete, und kam auf den Trick. Als Meister Z. einmal nicht neben ihm stand, suchte er schnell ein paar größere Bretter im Gelände zusammen, legte erst mal eins quer in den Kübel, so daß ein Hohlraum entstand, und schaufelte Sinter darauf. Meister Z. merkte nichts. Mit den anderen Brettern machte er es ebenso und ersparte sich auf diese Art über die Hälfte der Arbeit. Immer wenn Z. hinzutrat, legte er sich schwer ins Zeug.
Später erzählte er H. seinen Trick. Der kam auf die Idee, ihn populär zu machen. Immer wenn von nun an jemandem die Feuertaufe bevorstand, nahm ihn sich H. vor und weihte ihn ein. Auch in die ganze Psychologie der Sache. Man darf keine zu großen Hohlräume entstehen lassen, muß Erschöpfung oder zumindest Anstrengung vortäuschen, damit Meister Z. seine Genugtuung hat.
Bis jetzt ist uns Meister Z. noch nicht auf die Schliche gekommen. Das ist der einzige Fall in Sinter zwo, wo sich Arbeiter geschlossen einer sinnlosen Arbeit zu erwehren wissen.
Seitdem ist H. auf seinem Dach fast zu einer legendären Gestalt in der Anlage geworden. Er hat den Trick zwar nicht erfunden, aber sein Verdienst ist es, System in die Sache gebracht zu haben. Und das ist ungewöhnlich und einzigartig, bei einem System, in dem Maschinen Maschinen regieren und wo der Mensch nur so lange nützlich ist, bis ihn die Maschine ersetzt hat, ein zweites System erfunden zu haben, wodurch ein Rest an Menschlichkeit erhalten bleibt...

Ganz so überflüssig, wie es scheinen mag, sind wir am Ende doch nicht. Es kommt vor, zwar nicht oft, aber es kommt vor, daß die Anlage uns ernsthaft braucht. Aus diesem Grund behält man uns hier. Aus diesem Grund schmeißt man die 0,07 Prozent der gesamten Betriebskosten für unsere Löhne heraus und bucht sie unter Reinigung und Wartung. Irgendwie ein beruhigendes Gefühl: Sinter zwo wäre ohne uns aufgeschmissen.

Wenn die Maschine versagt und kein Knopfdruck mehr hilft, springen wir ein. Als universeller Stoßtrupp und letztes Rollkommando. Wenn wir mit unseren Schippen, Stangen, Zangen oder den bloßen Händen nichts ausrichten können, bedeutet das gleich einen enormen Verlust für die Hütte. Dann muß die Anlage für eine oder mehrere Schichten außer Betrieb gesetzt werden, bis die Spezialingenieure der Herstellerfirma den Schaden ausfindig gemacht und behoben haben.

Zum Beispiel, das Schlackenband ist verstopft. Wenn die in schwindelnder Höhe die Bunker entleeren – Bunkerstoßen nennt es der Meister –, ist das Schlackenband im Nu verstopft. Die dicken Schlackenbrocken setzen sich im Kasten fest, und wenn dann noch ein Stoß Roste auf einmal hineinrutscht, ist alles blockiert. Da nützt der Mann nichts, den der Meister vorher an den Kasten postiert, damit er die Roste rechtzeitig herausfischt, er müßte hundert Hände haben, um solche Stöße abzufangen.

Es kommt jetzt darauf an, früh genug die Reißleine zu ziehen, die alles ruckartig zum Stehen bringt. Geschieht es rechtzeitig – letzten Endes ist es Glückssache, je nachdem, wie groß die Brocken sind und wieviel Roste –, kann der Kasten mit einer Stange wieder freigestoßen werden. Ärger gibt es trotzdem. Jeder Stillstand, mag er noch so kurz sein, muß im Schichtbuch notiert werden, er geht aufs Konto des Meisters; der kommt heruntergelaufen, brüllt den Mann an, warum er nicht aufpasse, und jeder Einwand und jede Erklärung der

Sachlage ist zwecklos. Weitaus schlimmer ist es, wenn sich die Roste im Kasten verklemmt haben und mit der Stange nicht mehr lösen lassen. Das kann einige Zeit in Anspruch nehmen. Der Meister ist ein einziger stummer Vorwurf, brüllt diesmal auch nicht, holt seine Stabtaschenlampe und verschwindet mit dem Oberkörper in dem engen Kastenloch. Anschließend, wenn er sich von der Verzahnung der Roste überzeugt hat, trommelt er Leute zusammen, deren er im weiteren Umkreis habhaft werden kann. Eine große Unsicherheit befällt ihn in solchen Situationen. Vielleicht rührt daher auch sein nervöses Augenzucken. Es ist etwas geschehen, was nach dem Plan der Anlage nicht geschehen dürfte. Es bleibt seiner Erfindungsgabe überlassen, die Anlage wieder in Betrieb zu bekommen. Das ist leichter gesagt als getan. Wo ansetzen?
So steht Meister Z. erst einmal ratlos herum, und was ihn in so einem Moment außer sich geraten lassen kann: wenn er einen anderen herumstehen sieht, der ebenso ratlos ist wie er. Den H. hätte er kürzlich fast verprügelt, weil der ihm nicht zu helfen wußte. »Tu was, tu endlich was«, schrie er ihn an und packte ihn dabei am Arm, und als H. »Was?« fragte, ging er gar nicht darauf ein, schrie nur noch heftiger: »Tu was, verdammt, beweg dich«, und dann, fast weinerlich: »Es bleibt alles an mir hängen.«
So ist es, der Betriebschef wird ihm später jede Minute Stillstand vorrechnen, und Meister Z. wird dafür geradestehen müssen.
Es hilft nichts. Er schafft nur ein heilloses Durcheinander. Alle rennen nutzlos umher, um nicht untätig zu erscheinen. Mit Hämmern, Stangen und Schaufeln versehen sich die meisten – es sieht nach etwas aus – und schlagen mit den Hämmern, Schaufelstielen und einer sogar mit der bloßen Faust gegen die Kastenwand. Es bleibt zuletzt nichts anderes übrig: Es muß einer in den Kasten hineinkriechen, mit den bloßen Händen das Zeug rausbuddeln; Staub schlucken bis zum Er-

brechen, und die Hände werden an den scharfen Rosten blutig gerissen. Meister Z. bestimmt das jeweilige Opfer. Er tut's nicht gern. Es ist eine zeitraubende Angelegenheit. Aber schneller läßt es sich in so einem Fall nicht machen.
Das ist noch harmlos gegen die Situation, wie wir sie neulich hatten. Als die Rutsche unterhalb des Schüttelrostes zu verstopfen drohte. Die Mischung hatte nicht gestimmt. Das kann normalerweise nicht passieren, alles ist elektronisch geregelt, elektronische Kontrollen und Gegenkontrollen sind eingebaut. Trotzdem stimmte die Mischung nicht, der Sinter war noch feucht, wo er hätte pulvrig und trocken sein müssen, und verkleisterte die Rutsche. Ein Ingenieur der Meß- und Regeltechnik war schnell zur Stelle, er ließ von zwei Arbeitern die gußeiserne Klappe an der Rutsche öffnen, mit schweren Hämmern und Stemmeisen bekamen sie die zentnerschwere Tür Spalt für Spalt auf. Als die Öffnung groß genug war, hielt der Ingenieur zuerst seine Taschenlampe hinein und zog den Kopf nach, zog ihn aber sehr schnell wieder heraus. Sein Gesicht war schwarz, und fluchend wischte er sich die heißen Staubkörner von Gesicht und Nacken. Er hatte genug gesehen, um Gegenmaßnahmen treffen zu können.
Es rutschte nicht mehr auf der Rutsche. Die unterste Schicht war feucht, darüber türmten sich die heißen Sinterbrocken und ließen die Rutsche mehr und mehr zuwachsen. Dadurch drohte der Schüttelrost zu verstopfen. Das wäre ein scheußliches Dilemma. Mit Spezialschweißgeräten hätte man dann den Schüttelrost öffnen müssen und die Sinterbrocken gleich tonnenweise daraus entfernen. Jetzt war es noch früh genug, jetzt zählte jede Minute, jetzt galt es zu handeln. Zuerst ein Arbeiter mit einem Stahlrohr in die Kruste bohren, damit die Preßluft den festgebackenen Sinter löste. Aber das half nichts. Man hätte schon einen Orkan entfachen müssen, so zäh klebte die Masse. Es wurde noch ein zweites Blasrohr herbeigeholt und ein drittes, es löste sich kaum etwas.

Mit langen Stangen ließ es der Ingenieur daraufhin versuchen. Das half ebensowenig. Höchstens zehn Meter reichte man mit den Stangen, die Arbeiter stocherten vorn an der Öffnung etwas los, aber das genügte längst nicht, die gesamte Kruste ins Rutschen zu bringen. Einmal waren die Stangen zu kurz, zum anderen hätte die Kraft der Arbeiter nicht ausgereicht, um bei längeren Stangen eine wirksame Hebelwirkung anzusetzen. Über 20 Meter ist die Rutsche breit. Was tun?
Es ist keine Zeit zu verlieren. Der Ingenieur telefoniert mit dem Betriebschef. Es wird hin und her geredet. Hastig. Der Ingenieur spricht mit Nachdruck. Er brüllt in die Sprechmuschel hinein. Es ist sehr laut. Das Schütteln des Rostes. Wir stehen in drei Meter Abstand und verstehen kein Wort. Eins merken wir: Der Ingenieur will etwas durchsetzen. Er hängt den Hörer ein und scheint zu überlegen. Er bestimmt drei Arbeiter, die Leitern holen sollen und Stemmeisen. Wir wissen nicht, was er vorhat. Die Arbeiter bringen das Verlangte. Dann stehen wir herum und warten.
Dann schrillt das Telefon an der Wand. Der Ingenieur stürzt darauf zu. Es muß wieder der Betriebschef sein, denn das Gesicht des Ingenieurs entspannt sich. Der Betriebschef wird sich Instruktionen bei der obersten Direktion geholt haben. Der Plan des Ingenieurs ist bewilligt.
Die Leitern werden schräg in die Öffnung geschoben, so daß sie an der Kante der gegenüberliegenden Seite aufliegen. »Freiwillige vor«, sagt der Ingenieur. »Es muß sein, sonst ist in der nächsten halben Stunde der ganze Kasten verstopft.« Betretenes Schweigen. Keiner meldet sich. Jeder weiß, was ihn in dem Glutkasten erwartet.
»Es muß sein«, sagt der Ingenieur diesmal mit Nachdruck. »Sonst können wir den ganzen Laden hier für einige Schichten zumachen. Wenn sich keiner freiwillig meldet, muß ich einen bestimmen.«
Einer blickt verstohlen zum andern. Keiner wagt, den Inge-

nieur auf die Gefährlichkeit und Unzumutbarkeit seines Vorhabens hinzuweisen.
»Das einzig Sinnvolle wäre gewesen«, sagt H. später, als es vorbei ist, »die Anlage zu stoppen und zu warten, bis der Kasten einigermaßen abgekühlt ist.« Das hätte allerdings Stunden gedauert. »Du«, sagt der Ingenieur und zeigt auf den Mann von der Mischtrommel, »du scheinst mir hier der Feuerfesteste zu sein.« Als der Mann von der Mischtrommel Einspruch erheben will – Angstschweiß perlt ihm auf der Stirn (oder liegt es lediglich an der Hitze, die der Schüttelrost ausstrahlt?) –, sagt der Ingenieur mit Nachdruck: »Es muß sein. Wenn du nicht willst, muß ich das als Arbeitsverweigerung auffassen. Überleg es dir gut. So einen Job bekommst du so schnell nicht wieder.«
Der Mann von der Mischtrommel geht hinein. Wir binden ihm hastig nasse Lappen um Schuhe und Hände, er selbst klemmt sich einen nassen Aufnehmer unter den Schutzhelm, damit sein Nacken geschützt ist. Übers Gesicht will er auch einen legen und zwei Löcher hineinschlitzen, aber der Ingenieur verbietet es ihm. »Du behinderst dich selber damit. Es muß schnell gehen.«
Auf allen vieren kriecht der Mann von der Mischtrommel auf die Leiter. Wir stemmen uns an der Öffnung dagegen, damit sie nicht wackelt oder umkippt. Wir reichen ihm das Stemmeisen nach. Die Anlage läuft weiter. Ein Balanceakt für den Mann von der Mischtrommel. Wenn die Leiter durch allzu heftige Bewegungen umkippt, würde er über die steil abfallende Rutsche in den Kühler stürzen. Falls er nicht auf der Rutsche schon versengt würde, würde er spätestens dort geröstet. Der Ingenieur leuchtet mit seiner Stabtaschenlampe in die Öffnung hinein. Dichter, kaum durchdringbarer heißer Staub. An einigen Stellen sprühen glühende Sinterkörner.
Ein heißer Atem schlägt aus der Öffnung, und der Ingenieur läßt die Lampe von einem Arbeiter halten, während er sich

ein feuchtes Tuch reichen läßt, womit er sich über die Stirn wischt. Nach einigen Minuten will der Mann von der Mischtrommel rücklings herauskriechen, er stöhnt: »Ich kriege keine Luft. Ich verbrenne hier noch.« Der Ingenieur versperrt ihm die Öffnung: »Das Mittelstück muß wenigstens frei sein, vorher kommst du mir hier nicht raus.« Er läßt ihm noch einmal nasse Lappen geben. Wir hören den Mann von der Mischtrommel drinnen fluchen und schließlich einen Schrei ausstoßen. Er ist wieder an die Öffnung gekrochen und wimmert, der Ingenieur solle ihn endlich herauslassen, er habe sich »Pfoten und Haxen« verbrannt. Zum Beweis streckt er ihm sein linkes Bein aus der Öffnung entgegen. Die Schuhsohle ist durchgeschmort.

Der Ingenieur bestimmt. »Neue, dickere Lappen«, aber der Mann von der Mischtrommel drängt mit Gewalt heraus. Der Ingenieur gibt nach.

Der Mann von der Mischtrommel schleicht leicht humpelnd zu seiner Kaue. Er sagt keinen Ton. Er entfernt auch den Aufnehmer nicht, der ihm jetzt in Fetzen und angesengt über den Nacken fällt.

Der Ingenieur sagt: »Ein neuer vor. Ruckzuck. Sonst ist es zu spät.« Das gleiche betretene Schweigen wie zuerst, einer blickt am andern vorbei. Jeder bemüht sich, dem suchenden Blick des Ingenieurs auszuweichen. Als ich den Kopf schüttele, muß das für den Ingenieur eine Herausforderung sein, denn er zeigt auf mich und sagt: »Du da. Du scheinst von der Notwendigkeit unseres Sonderkommandos nicht sehr überzeugt zu sein. Rein in den Kasten mit dir. Und sei nicht so zimperlich wie dein Kumpel vorhin. Zehn Minuten mußt du mindestens durchhalten, und in der Zeit muß die Rutsche frei sein.«

Es hat keinen Zweck zu protestieren. Es wäre Arbeitsverweigerung, und auf Arbeitsverweigerung steht unweigerlich Entlassung, wenn man noch keine drei Monate hier ist. Sonst

könnte man versuchen, mit Hilfe des Betriebsrats dagegen anzugehen, aber in diesem Fall braucht die Hütte die Kündigung nicht mal zu begründen.
Ich liege auf der Leiter, mit dem linken Arm umklammere ich die Sprosse, in der Rechten halte ich das Stemmeisen und schlage mit kurzen Stößen gegen die festgepappte Sinterkruste. Über mir tost der Schüttelrost, schräg unter mir rumort der Kühler. Kleinere Brocken schlage ich los, aber neue Brokken rollen herunter und setzen sich fest. Ich kann nicht fest genug schlagen, bei jedem stärkeren Stoß gerät die Leiter bedrohlich ins Schwanken. Die Taschenlampe vom Ingenieur ist ein kleiner Lichtpunkt, der bei der Staubdichte keine Helligkeit erzeugt. Es ist unerträglich heiß. Die Haare in der Nase glühen. Ich kann nicht durchatmen, weil ich dann das Gefühl habe, innerlich zu verbrennen. Das Stemmeisen ist glühend heiß geworden, durch die nassen Lappen hindurch, die jetzt dampfen, und durch die Asbesthandschuhe verbrenne ich mir die Finger. Ich schmeiße die Stange vor mir auf die Leiter. Die Stimme des Ingenieurs ahne ich nur: »Weiter. Mach weiter. Weiter. Weiter.« Oder bilde ich es mir nur ein. Das Tosen und Stampfen ist so stark, daß ich mein eigenes Gebrüll nicht höre, als ich zurückrufe: »Es geht nicht. Ist zwecklos. Ich komme wieder raus.« Die Stimme des Ingenieurs scheint keine Halluzination gewesen zu sein, denn es tönt kaum hörbar zurück: »Du bleibst drin. Beiß auf die Zähne. Wir müssen vorankommen«, und etwas lauter dann: »Tempo, weiter, mach endlich weiter.«
Die Stange ist nicht abgekühlt, aber es ist mir jetzt alles egal. Ich haue drauflos, daß die Brocken fliegen und die Leiter schwankt. Den Schmerz spüre ich nicht. Es ist, als würde das Gehirn kochen. Den Kühler unter mir fürchte ich nicht. Er dreht sich, und das ist direkt beruhigend. Ein Sog entsteht. Wenn man auf einer hohen Brücke steht oder bei einer Turmbesteigung hinter einem niedrigen Geländer, dann ist es die

Tiefe, die so lockt. Soll die Leiter umkippen. Meinetwegen. Ich haue sinnlos drauflos und habe jedes Gefühl verloren. Wenn ich in den Kühler stürze, soll mir das recht sein. Ich bin es nicht, der dann verglüht. Alles zischender, kochender, verglühender Sinter. Das hat alles nichts mehr mit mir zu tun.
Ich spüre plötzlich einen starken Druck an meinem Fuß. Mit einer Stange wird dagegengestoßen. Wie aus einer Betäubung wache ich auf. Dann höre ich wieder die schwache Stimme des Ingenieurs. »Laß endlich gut sein. Kannst jetzt herauskommen.« Rücklings krieche ich vorsichtig der Öffnung zu, reiche das Stemmeisen hinter mich und spüre plötzlich, wie glühend heiß es ist. Und stelle fest, daß die nassen Lappen, die ich um die Hände gewickelt hatte, nicht mehr da sind. Und am rechten Handschuh ist die Innenseite herausgebrannt, und die Hand ist rot und tut verdammt weh.
»Das hätten wir geschafft«, sagt der Ingenieur. »Eins begreife ich nicht, warum hast du noch drauflos gehauen, als die Rutsche längst frei war? Aber nichts für ungut. So eine Arbeitswut lob ich mir.«

Als ich bereits zwei Monate zu Sinter II gehöre, stelle ich fest, daß Staubmasken für uns da sind. Verschlossen in einem Werkzeugschrank liegen sie gestapelt, neu und unbenutzt. Von ihrer Existenz ahne ich, als eine Kommission von drei Herren einer anderen Hütte durch unsere Anlage geführt wird. Der Betriebschef geleitet sie persönlich, besonders durch die weniger staubigen Bereiche. Wir hatten drei Tage vorher schon alles staubfrei machen und staubfrei halten müssen, jedenfalls in den Abschnitten, wo sie herumgeführt wurden. Diese drei Herren, einschließlich Betriebschef, trugen Staubmasken vor den Gesichtern. Direktoren waren es bestimmt, der Betriebschef dienerte vor ihnen, legte ihnen eigenhändig Eisenstangen aus dem Weg, über die sie bequem hätten steigen können, und beliebte mit ihnen zu scherzen.

Nachher nahm unser Meister mit einer Verbeugung die Staubmasken in Empfang – und verschloß sie in dem Werkzeugschrank.
Mir sagt er, als ich ihn danach frage: »Das behindert euch mehr, als es nützen würde; darum werden sie nicht ausgeteilt«, und der Steuermann aus der Sinterwarte, der dabeisteht, sagt: »Früher war ich am Hochofen. Da sollten wir die Masken eigentlich aufsetzen. Aber das hätten wir während einer Schicht mindestens dreißigmal tun müssen. Da ließen wir es. Man will ja die Produktion nicht zu sehr aufhalten!«
Das Bunkerstoßen geschieht freischwebend in schwindelnder Höhe. Ein schmales, schwankendes Brett ohne Geländer. Es besteht auch kein Anlaß, ein Geländer hinzubauen, da das Reinigen der Bunker im Prinzip automatisch erfolgt. Sicherheitsgurte werden nicht ausgeteilt, damit keine Zeit verlorengeht. Alle paar Tage sind die Bunker verstopft. Eine mühselige Arbeit auf dem Brett, in zwanzig Meter Höhe. Ich wüßte gern, ob über den Betriebschef hinaus jemand von der Existenz dieser Arbeit weiß. Neulich lief das Gerücht, jemand von der Gegenschicht sei beim Bunkern abgestürzt.
Plötzlich wurden auch Sicherheitsgurte ausgeteilt. Keiner wußte etwas Genaues. Der Meister schien von dem Unfall zu wissen, denn als wir ihn fragten, sagte er, das ginge uns nichts an. Kurze Zeit darauf, als sich alle beruhigt hatten und nicht mehr darüber gesprochen wurde – vielleicht war es wirklich nur ein Gerücht –, wurden die Sicherheitsgurte nicht mehr ausgeteilt.
Stößt jemand beim Bunkerstoßen zu fest zu – und je fester man stößt, um so schneller geht die Arbeit voran –, gerät das Brett bedrohlich ins Schwanken. Wer jetzt schwindelfrei ist, und man wird es bei dieser Arbeit, kann das Schwingen mit seinem Körper ausbalancieren. Aber ein plötzliches Angst- oder Schwindelgefühl oder ein heftiges Danebenstoßen oder unerwartetes Nachgeben der Sinterbrocken kann zum Sturz

in die Tiefe führen. Wenn bis jetzt noch nichts passiert ist, ist das reine Glückssache. Woher sollen wir wissen, ob schon einmal etwas passiert ist, denn immer nur einer führt diese Arbeit aus, im Umkreis von hundert Metern kein zweiter Arbeiter – man würde alles tun, damit wir nichts erfahren, damit dann keine Beunruhigung entstünde. So besorgt ist man um uns.

Es ist seltsam, der Mann von der Mischtrommel, der in Abständen zu dieser Arbeit herangezogen wird, meint, diese Arbeit mache er lieber, als den ganzen Tag stur dazusitzen und aufzupassen, daß man nicht vom Meister beim Lesen erwischt wird. Vielleicht ist es auch der Rausch des Artisten unter der Zirkuskuppel oder einfach die Bestätigung seiner selbst, wenn er es geschafft hat und die Sinterbrocken wieder durch das Rohr herunterdonnern – eine Arbeit, mit der die Anlage selbst nicht fertig wird, obwohl von allerhöchster Stelle eingeplant.

Trotzdem, es ist eine Übergangszeit, das wissen alle. Wie lange noch? »Wir sind die Lückenbüßer der Anlage, ohne uns geht's nicht«, sagt H. einmal weise. »Bilden wir uns aber nur nichts darauf ein, ein rein technisches Problem. Wenn es gelöst ist, dann schmeißt uns die Anlage mit Karacho.«

Dreimal täglich heulen von Sonntag bis Sonntag die Sirenen in der Fabrikstadt, bei jedem Schichtwechsel, um sechs Uhr früh, um zwei Uhr mittags und um zehn Uhr nachts.

Das Schreckliche ist, daß auch die freie Zeit im Grunde nichts anderes ist als eine zweite Fabrik. Wer acht Stunden bei einer Arbeit ausharren muß, die zu keinem Ziel führt, kann sein Leben nicht mehr in zwei Bereiche trennen. Er arbeitet, um die Voraussetzungen für seine Arbeit zu schaffen: Er lebt, um zu arbeiten.

Die meisten lassen die Fabrik über sich ergehen, sie sind sich des Zwangs nicht mehr bewußt, haben die Fabrik in ihr Leben aufgenommen. Die freien Tage sind nichts anderes als ein Warten auf die nächste Schicht.

Mehr als hunderttausend Männer und Frauen leben in der Rußstadt. Jeder Arbeiter besitzt seine Kennummer. Sie setzt sich aus römischen und arabischen Ziffern zusammen. Die römischen kennzeichnen die Abteilung, der er angehört: Hochöfen, Thomasstahlwerk, Drahtstraße, Walzstraße, Oxydenwerke, Gießereien, Kokerei, Halden, Erz-, Brech- und Siebanlage, Sinteranlage; die arabischen markieren seine Tätigkeit, von denen es mehr als tausend gibt: Entschlacker, Kokslader, Erzlader, Schrottlader, erster, zweiter und dritter Mann am Hochofen, Wagenkipper, Gichtreiniger, Sinterreiniger und hunderte andere.
Auf ihren Rücken türmt sich die Hütte zur Pyramide. Hunderttausende Lebende und Tote dienten ihr als Fundament – und an ihrer Spitze thront ein einziger Mann, Baron von N., ehemaliger hoher Offizier und Träger des Bundesverdienstkreuzes. Er ist der eigentliche Herrscher über die Rußstadt. Er selbst lebt anderswo. In südlichen Ländern hat er seine verschiedenen Wohnsitze. Er war in der glücklichen Lage, seiner letzten geschiedenen Frau als Abfindung unter anderem eine Insel im Mittelmeer zu vermachen. Die meisten Arbeiter haben ihn noch nie zu Gesicht bekommen. Sein letzter Besuch der Werkhallen liegt mehrere Jahre zurück. Wenn seine Arbeiter von ihm sprechen, klingt Hochachtung und zuweilen Ehrfurcht aus ihre Rede. Einerseits lieben und verehren sie jenes allmächtige Wesen, andererseits fürchten sie es. Sie sind ihm ausgeliefert und von ihm abhängig.
Seine Allmacht bekommen sie zu spüren, wenn sie innerhalb der Fabrikstadt ihren Arbeitsplatz wechseln wollen. Wenn sie dann bei einem anderen Großbetrieb um Arbeit bitten, wird ihnen gesagt, sie sollen bleiben, wo sie sind. Hinter ihren Rücken sind Abmachungen getroffen worden, damit sie nicht

von einer Hütte zur nächsten Hütte abwandern. Umgekehrt ist es auch für Kumpels, deren Zeche noch in Betrieb ist, nicht möglich, auf der Hütte anzufangen. Die Gründe für diese heimlichen Absprachen sind für den Arbeiter schwer durchschaubar. Er weiß in den seltensten Fällen von den immer stärker werdenden Kapitalverflechtungen.
Auch wissen Arbeiter von kleineren Unternehmen oft nicht, wie ihnen geschieht, wenn sie plötzlich bei der Großhütte im Lohn stehen. Sie sind aufgekauft worden und mit ihnen ihr vormaliger Betrieb. Meist sind es finanziell schwache Unternehmen mit möglichst zahlreicher Belegschaft. Diese Unternehmen werden dann stillgelegt und die Arbeiter von der Großhütte absorbiert. Sie kauft und bezahlt den Schutt des abgewirtschafteten Unternehmens und bekommt als Dreingabe die Leistungskraft der Arbeiter. Kein Arbeiter wird deswegen gefragt. Es ist nicht seine Sache, die da verhandelt wird. Im übrigen interessiert es ihn am Ende nicht einmal. Die Großhütte zahlt ihm womöglich einen Groschen mehr pro Stunde. Und was kann er mehr verlangen?
Als ich H. wieder mal auf seinem Dach besuche, zeigt er zum Himmel und sagt: »Da. Das ist er!« Er springt auf und läuft an den äußersten Rand des Daches und fängt an zu winken. Er lacht und freut sich wie ein Kind.
Plötzlich schlägt seine Stimmung um. Er ballt die Faust und droht theatralisch zum Himmel. Gleichmäßig und sehr niedrig kreist ein Flugzeug über der Rußstadt.
»Das war er«, sagt H. dann wieder gelassen, als das Flugzeug aus unserem Blickfeld verschwunden ist. »Alle paar Monate kommt er und sieht sich sein Reich von oben an. An den hellen Streifen unter den Flügeln erkennst du ihn. Und weil er so niedrig fliegt. Er hat eine Sondergenehmigung.«
Von oben betrachtet, täuscht die Anlage über das Labyrinth in ihrem Innern hinweg. Schon wenn man bei H. auf dem Dach steht, hat man diese klaren und imposanten Flächen vor

sich. Einer Raumstation ähnlicher als einer Fabrik. Von der Hitze über den Stahldächern zittert die Luft. Ein schwaches Licht, das die Anlage in den warmen Nächten ausschwitzt. Punkt 21 Uhr gleiten die Planierraupen über das Gelände. Sie schwenken vom Haupttor herein, vier Stück, dicht hintereinander, und stecken ihre Scheinwerfer wie Fühler in die Nacht.
Geräusche dringen aus einem Abgrund, das gleichmäßige Rattern von Rädern auf Schienen und langgezogene und kurze Pfiffe, gedehnt klagende und spitz schrille, die Trillersignale der Erzwagenfahrer und Entlader. Dazwischen die eigene Sprache der Anlage, die verschiedenen Brumm- und Heultöne, mehrmals am Tag und in der Nacht übertönt von dem Geheul der Sirenen, das durch die ganze Stadt brandet.

Es gibt Gänge in Sinter zwo, die monatelang kein Arbeiter betritt. Der Staub liegt dort so hoch, daß man annehmen könnte, seit Bestehen der Anlage habe noch kein menschlicher Fuß diese Staubschichten in Bewegung gebracht. Die Geländer sind zentimeterhoch mit Staub bedeckt, und sogar auf der dünnen Reißleine hat sich ein winziger Staubsteg gebildet. In diesen schmalen Gängen sickert das Neonlicht schwärzlich. Wer gezwungen ist, durch diese Staubkanäle zu waten, hat bereits nach kurzer Zeit keine saubere Stelle mehr an seiner Arbeitskleidung. Wenn er sich die staubigen Hände am Drillichanzug oder am Arbeitshemd darunter abwischen will, werden seine Hände nur noch schmutziger. Er atmet den Sinter ein, schwitzt und spuckt ihn aus, saugt mit jedem Atemzug neuen Sinter ein, pumpt sich die Lungen damit voll. Nach der Schicht spült kein Bier es weg. Der Kranführer an den Halden, der sechs Jahre in der alten Sinteranlage gearbeitet hat, wo es auch nicht schlimmer als bei uns staubt, ist bekannt für seine schwarze Spucke. Seit einem halben Jahr sitzt er in frischer Luft in seinem Krankasten und gleitet über die Halden. Seine Spucke hat immer noch die graue Farbe des Sinters. Er erhielt seinen luftigen Posten zugeteilt, weil er sich ein Lungenleiden zugezogen hat. »Schwarzrotzer« wurde er von einigen genannt, aber dieser Spitzname will sich nicht so recht durchsetzen. Denn die Spucke der anderen Sinterarbeiter ist nach Feierabend genauso, aber sie haben die Hoffnung, daß es sich gibt, wenn sie erst mal für immer aus dem Dreck heraus sind.

In die Gänge, wo uns der Staub bis an die Knie reicht, schickt uns Meister Z. in Abständen hinein. Bei jedem Schritt rieselt der Staub von Wänden und Decke. Hier sind wir mit unseren Schubkarren und Schippen machtlos. Wir schieben den Staub mit Brettern vor uns her und lassen ihn von Etage zu Etage hinunterstürzen. Parterre schippen wir ihn dann in die Karren und fahren ihn in den Kübel. Bei jedem Staubsturz rennen wir die Stahltreppe hinauf zur obersten Etage und klettern von dort durch den Notausstieg aufs Dach. Denn der aufgewirbelte Staub füllt die Halle so dicht, daß man puren Staub einzuatmen glaubt. Obwohl das Betreten des Dachs verboten ist, tun wir es doch. Anschließend gönnen wir uns eine Pause. Wir sitzen mit dem Rücken an den Kamin gelehnt; zuerst ist die Hitze angenehm, aber bald verbrennt man sich. Unter uns liegt die Rußstadt ausgebreitet. Die Fabrikhallen mit ihren kalten Lichtern. Und nachts der grelle Schein der Kohlenfeuer über dem Fabrikhallenmeer.

Von hier oben sieht alles geordnet aus, ein erhabener Anblick, von hier aus betrachtet, ist der Arbeiter Herr über die ganze Stadt, spielerisch und eins auf das andere eingerichtet sieht es von oben aus. Die Autos, Radfahrer, Fußgänger da unten auf den Zufahrtsstraßen zu den einzelnen Toren verkörpern trotz des Gewimmels eine beinah magische Ordnung, wie Mikroben unterm Mikroskop.

In den engen Gängen sieht das anders aus. Der Staub erdrückt

uns, hüllt uns ein, lullt uns ein. – S. zum Beispiel, dieser schwarze Mehlwurm, rennt längst nicht mehr weg, wenn wir die Staubexplosion entfachen. Wenn alle sich aufs Dach flüchten, bleibt er zum Trotz. Er schluckt den Staub bis zum Zerbersten, er läuft nicht weg, er nicht. Voller Verachtung empfängt er uns, wenn sich die Staubschwaden verziehen und wir unsere Frischluftpause auf dem Dach beendet haben. Er steht dann da, noch einen Schimmer schwärzer als wir im Gesicht, und lacht uns aus, daß seine weißen Augen in dem schwarzen Gesicht blitzen.
»Ihr Feiglinge, ihr Affenschwänze, stiftengehen könnt ihr«, empfängt er uns. »Seht mich dagegen an, mir kann nichts mehr, ich bin gefeit.«

S. ist allen etwas unheimlich. Ich habe direkt Angst, wenn mich Meister Z. mit S. zusammen einteilt und uns in die Staubkanäle schickt. Dann macht es S. nämlich einen Mordsspaß, den Staub zu entfesseln. Ein paar Schritte hält er sich immer hinter mir, und dann plötzlich schlägt er mit der Schippe gegen die Wände, das Geländer und die Decke, daß der Staub uns einhüllt, jede Sicht nimmt und uns dem Erstikken nahebringt. Sein Gelächter hallt durch die Gänge, und ich möchte wissen, was er daran zum Lachen findet. Er ist ebenso der Dumme, er rotzt und röchelt anschließend genauso den Staub heraus, er ist »gesintert« bis in die letzte Pore hinein.
S. ist blöde, sagen die andern. »S. nimmt seinen Dienst ernst«, sagt Meister Z. »Ihr könnt mich alle mal«, sagt S., »meint ihr, der Sinter kann mir was?« – »S., Vorarbeiter, haha«, sagen die anderen. »Ja. Vorarbeiter«, sagt S. ernst, und zur Bestätigung hat er sich mit Lassoband einen gelben Streifen um seinen Schutzhelm gewunden.
S., 17 Jahre, will es zu etwas bringen bei uns. »Meister, wie wird man Meister«, fragte er kürzlich. »Immer dein Bestes geben und nie unangenehm auffallen, diese Voraussetzungen

müssen dasein«, belehrte ihn Z. »Wenn du dir dann die Sporen verdient hast, ergibt sich das Weitere von selbst.« S. glaubt es, und Meister Z. läßt ihm gerne die Illusion. Auch seinen Vorarbeiterfimmel redet er ihm nicht aus, im Gegenteil, er unterstützt ihn darin.

Als die beiden Alten vom Hochofen zu uns versetzt werden, setzt ihn Z. in aller Form zum »Vorarbeiter« über sie ein. Sie nehmen seinen Rang tatsächlich ernst und lassen sich von ihm herumkommandieren. Er gibt ihnen die Anweisungen, wie und was sie zu fegen haben, und damit die Arbeit auch nach etwas aussieht, falls der Meister vorbeikommen sollte, schlägt er gegen die Wände und gegen die Decke, daß die Staubschwaden alles einhüllen.

Jeden Tag lege ich meine Brote an eine sichere Stelle. In einen Plastikbeutel verpackt und mit mehreren Gummis fest umwickelt, damit der Staub nicht eindringt. Je nachdem, wo ich zu tun habe, suche ich den Platz aus. Am liebsten lege ich den Beutel ins Freie unter den Kübel, dort staubt es am wenigsten. Sonst suche ich mir einen Stahlträger aus, wo die Brote vor dem dicksten Staub sicher sind, eine Ecke mit Brettern oder eine Treppe. Gegessen werden sie meist an Ort und Stelle. Nach drei Stunden Arbeit frühestens, vorher besser nicht, das sieht der Meister nicht gern. Es gibt zwar keine ausdrückliche Vorschrift darüber, aber es hat sich stillschweigend so eingebürgert, ist zum ungeschriebenen Gesetz geworden. Meistens setzen sich welche zusammen, um zu »dubbeln«, gesprochen wird kaum dabei, aber man fühlt sich nicht mehr allein. An Sonn- und Feiertagsschichten oder auch schon mal bei Nachtschichten gestattet uns der Meister, die Dubbelpause in der Sinterwarte abzuhalten.

Mit dem Fahrstuhl geht's fünf Stockwerke hoch, die Aufschrift »Sinterwarte« neben dem Knopf hat jemand weggekratzt und mit Kugelschreiber »Sternwarte« danebengekritzelt. In der Sinterwarte ist die Luft heiß und stickig, und es riecht nach Schweiß. Auf die drei fahrbaren Stühle stürzen sich alle, die anderen machen es sich auf dem Boden bequem. Die Stahlwand ist senkrecht und eine gute Rückenlehne. Einige haben Bier in ihren Aktentaschen hereingeschmuggelt, teils in Thermosflaschen umgefüllt, und wenn der Meister nicht im Raum ist, trinken sie hastig in großen Schlukken.

Der Ofenmann, der neben dem Steuermann ständig in der Sinterwarte zu tun hat, trinkt sein täglich Bier literweise. Mangels eines besseren Verstecks hat er die Flaschen gleich neben seinem Ofen gestapelt. Er trinkt das Bier warm, und wenn es länger gelagert liegt, heiß. Zehn Flaschen sind seine übliche Schichtration. Sein Gesicht ist aufgedunsen. Mit einem öligen Lappen, mit dem er sich auch die Hände abreibt und den er zum Anfassen der glühenden Ofentür gebraucht, wischt er sich ständig über sein feuchtes Gesicht. Sein Gang ist schwerfällig und schleppend, darum wird er vom Steuermann Seemann genannt. Der Steuermann nimmt ihn wegen seines Saufens in Schutz. Er sagt: »Eine nüchterne Rechnung. Am Ofen schwitzt er täglich an die zehn Liter aus. Die muß er wieder auftanken.« An heißen Tagen, wenn die Hitze in der Anlage unerträglich ist, ist das Gesicht des Ofenmannes blau gedunsen. Er hat zuletzt über zwei Wochen krankgemacht, und als er sich wieder gesundmeldete, war von einem Leberschaden die Rede.

Der Steuermann ist auch nicht zu beneiden in seinem Verlies. Obwohl die Luft in der Sinterwarte einigermaßen staubfrei ist und er viel sitzen kann bei seiner Arbeit, ist er hochgradig nervös. Ein falscher Knopfdruck von ihm kann die Produktion augenblicklich stillegen. Er ist für das Beschicken des Bandes verantwortlich. Läßt er es zu schnell laufen, werden die Erze nur unzureichend gesintert, und am Hochofen kann eine Panne passieren. Läuft das Band zu langsam, kann es

ebenfalls unangenehme Folgen haben. Die Mischung der Erze ist nicht immer gleich. Er muß es auskalkulieren. Er hat eine bestimmte Tonnenzahl am Tag zu fahren, wenn er sie nicht erreicht, gibt es Krach mit dem Betriebsingenieur. Er muß seine Augen überall haben. Die flirrenden Lämpchen irritieren ihn. Wenn er auch nur einmal eins übersieht, kann das unabsehbare Folgen haben: für die Anlage und für ihn. Falls man ihm eine Nachlässigkeit oder gar eine grobe Fahrlässigkeit nachweist, wird er für den eventuellen Schaden geradestehen müssen.
Wenn er zwischendurch Zeitung liest, was verboten ist, beschränkt er sich auf die Schlagzeilen und die Fotos, das andere streift er flüchtig. Er hat besondere Fertigkeit entwickelt, die Schlagzeilen in sich aufzusaugen und gleichzeitig mit den Ohren zu sehen: Das Knacken der Relais verrät ihm das jeweilige Aufzucken der Lämpchen. Er ist der Weichensteller der Anlage. Eine falsch gestellte Weiche kann zur Katastrophe führen. Das weiß er genau, und darum drückt ihn die Verantwortung. »Ich möchte oft lieber wieder in den Sinterdreck zurück und auf die drei Groschen mehr in der Stunde verzichten und dafür wieder meine Ruhe haben«, sagt er. Er hat sich vor kurzem auf Magengeschwüre untersuchen lassen. Der Betriebsarzt hat eine fast schon chronische Magenschleimhautgeschichte entdeckt. Weniger rauchen und weniger trinken, hat er ihm angeraten.

Manchmal taucht ein Mann in der Sinterwarte auf, der die gleiche Arbeitskleidung anhat wie unser Meister, aber wesentlich älter ist. In der Anlage habe ich ihn erst ein- oder zweimal gesehen. Wenn er in die Sinterwarte kommt, setzt er sich meist vor das Schichtbuch und macht einige Eintragungen. Er sieht niemanden an und sagt zu niemandem etwas. Nur ein einziges Mal sah ich ihn das Wort an den Meister richten, es war eine kurze Mitteilung, die er zusätzlich noch

schriftlich abgab. Er soll unser Obermeister sein. Welche Aufgaben er hier zu erfüllen hat, ob und wo er ein Büro hat, weiß keiner.
Ein Mann im weißen Kittel erscheint täglich und bestimmt einen Arbeiter, der ihm vom Band Sintermischung in ein Reagenzglas füllen muß. Sein tägliches Erscheinen gehört zur Anlage wie die Sirenenklänge. Wir nehmen an, daß er die Sintermischung auf ihre richtige Zusammensetzung hin zu überprüfen hat.

In unregelmäßigen Abständen kommen Herren in Anzug und Krawatte zu uns in die Anlage und geben uns unterschiedliche Anweisungen, die wir zu befolgen haben. Mir wurde zuletzt von solch einem Herrn aufgetragen, den Schieber an einem Rohr zu betätigen, ihn auf- und zuzuschieben, wenn er mich dazu aufforderte. Er hatte sich mir nicht vorgestellt, benahm sich aber korrekt und höflich. Mit einem weißen Taschentuch wischte er eine bestimmte Stelle am Rohr vom Staub frei, die er vorher durch Abklopfen ausfindig gemacht hatte. Dann hielt er sein Ohr an das Rohr und lauschte. Ich hatte auf sein Kommando hin den Schieber zu betätigen. Ich mußte an einen Arzt denken, der bei seinem Patienten die Herztöne kontrolliert.
Ein andermal mußte ich einen gut gekleideten Herrn durch die Anlage begleiten. Den Weg kannte er. Ich hatte nichts weiter zu tun, als ihm die Eisentüren zu öffnen, auf deren Türgriffen dicker Staub lag.
Häufig gehen auch Herren durch die Anlage, die uns nicht in Anspruch nehmen. Sie gehen meist sehr schnell, wie auf ein bestimmtes Ziel zu, das wir nicht kennen. Sie finden sich in den verschachtelten Gängen gut zurecht, fragen nie nach dem Weg, als ob sie den Schlüssel zum Labyrinth besäßen. Ich weiß nie, wie ich mich verhalten soll, wenn ich einem von ihnen begegne. Soll ich sie grüßen oder so tun, als ob ich sie

nicht bemerke? Normalerweise grüßt man sich, wenn man sich in einer einsamen Gegend trifft, auch wenn man sich nicht kennt. Ich habe anfangs auch gegrüßt, sagte guten Tag und nickte ihnen freundlich zu. Ich wurde aber nicht wiedergegrüßt. Ein einziger ließ sich auf mein »guten Tag« hin zu einem flüchtigen Kopfnicken herab. Dann habe ich nicht mehr gegrüßt. Bis mich dann plötzlich wieder einer grüßte, so freundlich, daß ich verblüfft war. Was soll ich davon halten? Ich habe mich beeilt wiederzugrüßen, an mir soll es nicht liegen. Das schien der Herr nicht erwartet zu haben, er schaute mich leicht verwundert an, und um seine Mundwinkel zuckte es. Das bilde ich mir womöglich nur ein, man wird überempfindlich hier, aber nachdem der nächste Herr meinen Gruß wieder ignorierte, bin ich völlig irritiert. Ich versuche fortan, ihnen rechtzeitig aus dem Weg zu gehen, oder wende meinen Blick einfach ab.

Vor nicht allzulanger Zeit wurde eine Dame durch unsere Anlage geführt. Das erregte Aufsehen. H. kam sogar von seinem Dach heruntergeklettert, um sie näher in Augenschein zu nehmen, wurde aber sogleich von Meister Z., der sich neben dem Betriebschef und dem Ingenieur in ihrer Gefolgschaft befand, auf seinen Dachposten zurückgeschickt. Die Dame trug Filzpantoffeln, wie sie auch bei Schloß- und Museumsführungen ausgeteilt werden, und war in ein Plastikcape gehüllt, das sie vor Staub schützen sollte. Trotz des unförmigen Umhangs und der breiten Filzpantoffeln war sie eine elegante Erscheinung. Der Rundgang schien ihr sichtliches Vergnügen zu bereiten. Sie lächelte charmant, wenn ihr unser Betriebschef mit großen Handbewegungen etwas erklärte, zierte sich ein wenig vor ihm und kokettierte einmal sogar mit unserem Meister, als dieser sich anschickte, ihr ein Brett aus dem Weg zu räumen. Sie trat absichtlich mit dem Fuß auf das Brett, als sich der Meister schon gebückt hatte und es in der Hand hielt.

Als sie ihn dann noch anlächelte, wußte unser Meister dieses Sphinxlächeln nicht zu deuten: Stotternd entschuldigte er sich.

Die Dame mußte eine Direktorengattin sein, oder sie war im Auftrag einer staatlichen Behörde oder einer sozialen Institution bei uns. Ihr Alter ließ sich nicht schätzen. Es könnte zwischen Anfang 30 und annähernd 50 gelegen haben. Sie gehörte zu den Frauen, deren Make-up eine genaue Altersbestimmung nicht zuläßt. Wahrscheinlich war sie wesentlich älter, als sie sich den Anschein gab. Ihre gepflegten Hände machten einen welken Eindruck, und das stand im Widerspruch zu ihrem glatten Gesicht.

Der junge S. konnte es sich nicht verkneifen, ihr in gebührendem Abstand nachzugehen und sie, hinter Pfeilern versteckt, zu beobachten. Nachher machte er anzügliche Bemerkungen über sie. Noch Tage später beschäftigte sie ihn stark. Er malte uns aus, wie er »so eine am liebsten aufs Kreuz legen und vergewaltigen würde, falls ihm so was alleine begegnen sollte«.

Die Dame stieß kleine Entzückungsschreie aus, als sie in der Anlage die Sinterkatze entdeckte. Dieses bemitleidenswerte Vieh ist einmal von einem Arbeiter mitgebracht worden. Er muß die Anlage inzwischen verlassen haben oder kümmert sich aus irgendwelchen Gründen nicht mehr um das Tier. Die Katze gehört keinem. Keiner erhebt Anspruch auf sie. Sie ist auf die Gnade der Arbeiter angewiesen, die ihr schon mal etwas von ihren Broten abgeben. Mäuse findet sie bestimmt nicht in den Staubmassen. Bei Nachtschicht erschreckt sie mich manchmal, wenn sie plötzlich hinter einer Staubwolke auftaucht und nach imaginären Mäusen jagt. Sie ist sehr scheu und läßt sich von niemandem anfassen. Ihr Fell hat die Farbe des Sinters angenommen. Die Dame konnte sich gar nicht beruhigen und brachte die Führung ins Stocken, so erstaunt war sie, eine Katze hier vorzufinden. Sie wollte das »Kätz-

chen« unbedingt streicheln, aber als sie näher kam, sprang das Tier mit einem Satz in eine dunkle Ecke.
Sie versuchte es mit Schokolade hervorzulocken, aber die Katze kam nicht zum Vorschein. Der Meister begab sich hierauf in die Ecke und griff ins Dunkle, wo er die Katze vermutete. Er sah es wohl als seine dienstliche und menschliche Pflicht an, der Dame die heißersehnte Katze herbeizuschaffen. Er bekam sie zu packen, und wie ein Beutestück hielt er das miauende Tier der Dame hin. Diese hielt ihre Hand hin, um sie endlich zu streicheln. Die Katze biß sie, und vor Schreck ließ sie der Meister fallen. Wütend rief ihr die Dame nach: »Elendes Vieh«, und der Rundgang wurde fortgesetzt. Was die Dame zu sehen bekam, waren die Maschinen oder vielmehr die Auswirkungen der Maschinen, die zahllosen Bewegungen der Anlage, deren Sinn wir nicht kennen. Ich vermute, daß sie außer H. keinen zweiten Arbeiter zu Gesicht bekam, wir jedenfalls haben sie beobachtet und lange nach ihrem Besuch noch die Schlurfspur ihrer Filzpantoffeln gesehen. Am stärksten muß die Katze sie beeindruckt haben. Uns ist die Katze egal.

Wir müssen uns mit den Gegebenheiten abfinden. Das Erfinden und Vortäuschen von Arbeit verlangt Phantasie, ist oft mühseliger und lästiger, als wirklich zu arbeiten. Besonders bei Nachtschicht. Die Früh- und die Spätschicht haben meist die Arbeit schon getan, wir müssen uns nur in Bereitschaft halten, falls etwas schiefläuft. Wenn wir das nur dem Meister beibringen könnten, der müßte es dem Betriebsingenieur beibringen, der dem Betriebschef, der seinem Vorgesetzten und so fort, ich weiß nicht, bis wohin diese Kette geht, womöglich bis zum lieben Gott, womit dann wieder mal bewiesen wäre, daß alles seine gottgewollte Ordnung hat, woran nicht zu rütteln ist. Das sinnvollste bei Nachtschicht wäre, zu schlafen und sich wecken zu lassen, falls etwas schiefgeht. So

zerfällt meine Arbeit bei Nacht in drei Phasen: Bis gegen ein Uhr kämpfe ich gegen den Schlaf an. Ich fege nur wenig Staub zusammen und verteile ihn wieder, wenn ich den Meister in der Nähe vermute. So brauche ich nicht so weit zu laufen. Die »Arbeit« bleibt in meiner Nähe und ist überschaubar. Ungefähr um zwei Uhr mache ich mich auf den Weg zur Toilette und bleibe eine Viertelstunde dort. Ich döse leicht, und es ist ein angenehmes Gefühl, mit sauberen Händen dazusitzen. Ich habe immer ein Stück Seife bei mir. Ich wasche mir die Hände vor und nach der Toilettenpause. Nach der Pause wasche ich mir mehrmals die Hände und das Gesicht, obwohl ich weiß, daß das unsinnig ist, in kürzester Zeit bin ich wieder genauso schmutzig. Aber das Waschen selbst ist angenehm, ich könnte mich hier immerfort waschen.
Ich muß dabei an den Arbeiter von der Koksmühle denken, der den Tick mit der stark parfümierten Seife und den vielen Duftwassern hat. Wenn man sich seinem Arbeitsplatz nähert, riecht man ihn, noch bevor man ihn sieht. Nach der Arbeit unter der Dusche reibt er sich mit seinen diversen Wässerchen ein. Als ich einmal nach dem Grund seiner Einparfümierung fragte, sagte er: »Anders bekommst du den Geruch der Dreckarbeit nicht aus dir raus.«
So ähnlich muß das auch mit meinem Waschzwang sein. Je größer der Dreck, um so stärker der Reinlichkeitsfimmel. Nach diesem Waschritual begebe ich mich in den Abschnitt, der mir angewiesen worden ist. Ich arbeite jetzt sehr schnell, um nicht einzuschlafen. Wenn ich mich hinsetze, ist es aus. In kurzer Zeit schlafe ich ein. Eine Zeitlang habe ich mir zu helfen versucht, indem ich mich gegen ein Geländer lehnte und den Besen in der Hand behielt. Das sieht dann nur nach einem Augenblick des Ausruhens aus, und der Meister hat keine Handhabe, wenn er vorbeikommt. Aber der Besen entgleitet mir gerade in dem Moment, als er seinen Kontrollgang macht. »Sogar im Stehen schläfst du, das ist die Höhe«, sagt

er. Er läßt mich die Sinterwarte putzen, mit Schrubber ohne Stiel und Aufnehmer, das besorgen sonst die Putzfrauen auf der Frühschicht.

Gegen vier Uhr früh ist ein Stadium erreicht, wo man vergeblich gegen den Schlaf ankämpft. Dann ist es mir oft egal, wenn mich der Meister vermißt. Ich suche mir eine Stelle zum Schlafen aus. Der Lärm kann noch so stark sein, er stört mich nicht mehr, wie er einen Ohnmächtigen nicht aus seiner Ohnmacht weckt. In kalten Nächten lege ich mich unter den Schüttelrost. Die Hitze von oben strahlt herunter, und die Eisenplatten sind angenehm warm. Hier vermutet mich der Meister nie. Dieses ohrenbetäubende Gestampfe und Schütteln ist normalerweise nicht die rechte Nachtmusik. Es ist nicht so, daß sich meine Ohren im Schlaf schalldicht verschließen, ich nehme den Lärm auf in meinen Schlaf. Aber er ist gemildert, und in den Träumen verwandelt er sich zuweilen in Musik. In beängstigende elektronische Klänge, die mich oft aufschrecken lassen, aber dann weiß ich, es ist nur ein Traum, und ich kann weiterschlafen. Der Staub rieselt wie Schnee und deckt einen zu. Die Nasenlöcher verkleben, und die eingeatmete Luft knirscht zwischen den Zähnen.
Nicht der Lärm stört diesen Schlaf; wenn die Anlage einmal stockt, macht mich die plötzliche Stille wach. Es ist eine Stille, die noch von einem ununterbrochenen fernen Geräusch angefüllt ist, ein sanftes Summen wie von einer Turbine. Diese Nächte scheinen nie enden zu wollen.
In den wärmeren Nächten schlafe ich lieber im Freien. Da kann ich durchatmen, und die ausgebrannte Schlackenerde ist weich wie ein Daunenbett im Gegensatz zu den harten Eisenplatten.
Es ist trotzdem ein unruhiger Schlaf. Die Allgegenwart des Meisters verfolgt einen bis in den Traum. Wenn er mich entdeckt, bekomme ich die Papiere. So ist es L. ergangen, der

neben dem Kratzband eingeschlafen ist und nicht mal wach wurde, als Z. mit dem Fuß auf ihn trat. Leichtfertiges und grob fahrlässiges Verhalten stand in dem Kündigungsschreiben. Es soll uns zur Warnung dienen, ließ uns der Betriebschef nach L.s Kündigung durch Z. ausrichten, und Z. faßte dabei diejenigen scharf ins Auge, die in den Morgenstunden öfter unauffindbar sind. Aber solange er einen nicht beim Schlafen entdeckt, kann er nichts machen. Das ist das Gute an dem Labyrinth. Wenn man will, ist man unauffindbar. Ich war eben mal an der frischen Luft oder auf der Toilette oder habe den Mann von der Verladung abgelöst, weil er zur Toilette mußte. Gegen solche Ausreden ist Z. machtlos. Um so eifriger bemüht er sich, einen zu überführen. Seine ausgedehnten Patrouillen verlegt er in die frühen Morgenstunden. Zu immer wechselnden Zeiten und an unvorhergesehener Stelle taucht er auf. Ich habe jetzt vorgebeugt. Mit dem Nachtschichtarbeiter halte ich Wache. Auf H.s Dach beziehen wir abwechselnd Stellung. H. hat abgelehnt, sich an der Wache zu beteiligen: »Das ist zu gefährlich. Ich säg doch nicht am eigenen Ast, auf dem ich sitze.« Man muß ihn verstehen. Er hat viel durchgemacht, ist immer geduckt worden und zwangsläufig übervorsichtig. Der Nachtschichtarbeiter hat da weniger Bedenken. Seine Idee war es auch mit dem Wacheschieben auf dem Dach. Er ist noch sehr jung. Höchstens 25. Er arbeitet immer auf Nachtschicht und springt von Schicht zu Schicht. Warum er nur nachts arbeitet, verrät er mir einmal: Er arbeitet tagsüber anderswo. Bei einem freien Unternehmer sechs Stunden täglich. Er kommt mit fünf Stunden Schlaf aus. Der freie Unternehmer weiß von seiner Doppelarbeit, auf der Hütte muß er es geheimhalten. Er steht häufig unter Alkohol. »Sonst hältst du diese doppelte Maloche auf die Dauer nicht durch. Am Wochenende besauf ich mich regelmäßig. Sekt laß ich dann wie Wasser durch die Kehle rinnen, und es macht mir gar nichts aus, einen Hunderter auf den Kopp zu hauen. Und wenn ich 'ne flotte Alte dabeihab, wo ich weiß, bei der kannst du später 'ne Nummer schieben, laß ich auch noch ein paar Scheinchen mehr springen.« Der Nachtschichtarbeiter ist unverheiratet und hat für keinen zu sorgen. Er schindet sich doppelt für seinen Suff und die flotten Alten. Oder steckt mehr dahinter? »Die feinsten Bars sind gerade gut genug für mich. Und längst nicht mit jeder Alten geb' ich mich ab. Du kannst mir glauben, wenn du mich da picobello und groß in Schale die Runden schmeißen siehst, erkennst du deinen Kumpel von Sinter zwo nicht wieder«, gibt er an.

»Nicht mehr vom Unternehmer zu unterscheiden«, will ich ihn aufziehen. Aber er geht ernst darauf ein. »Stimmt. Diese Zeiten sind vorbei. Meinen Chef vom Bau, dem der ganze Laden gehört, hab' ich mal mitgeschleppt. Der hat den Weibern auch keinen Deut mehr imponiert. Wenn ich daran denke, wie sich mein seliger Alter jeden Freitag mit seinem Fusel besoffen hat und dann in der Gosse lag. Nee, da haben wir goldene Zeiten dagegen. Wer heute noch von ausgebeuteter Klasse spricht, den möcht ich am liebsten in die Fresse schlagen. Wer von den Industriebossen kann sich schon so'n lockeres Leben leisten wie unsereins. Die krepieren doch alle am Managertod. Wenn wer wen ausbeutet, dann machen wir's mit den Industriebossen. Die können uns ja bald keine Löhne mehr zahlen, weil wir nicht maßhalten«, so der Nachtschichtarbeiter.

Ein älterer Arbeiter, der sich an unserer Wache hin und wieder beteiligt, meist in den warmen Nächten – »meine Pumpe macht nicht mehr so mit« –, hält ihm entgegen: »Bei uns zu Hause sieht das anders aus. Bei uns ist am Ersten oft schon Ultimo. Meine Alte braucht 'nen Kühlschrank, 'ne Waschmaschine, Fernseher sowieso, und neulich ließ sie sich von so 'nen Vertreterfritzen sogar 'ne Spülmaschine aufschwätzen.

Und alles vom Neuesten. Die neueste Fernsehtruhe mit drittem Programm, der alte Kasten wurde in Zahlung gegeben, und was die in dem Kasten dann anpreisen, muß sie auch haben: die Waschmaschine automatisch und den Kühlschrank mit enormem Fassungsvermögen. Dabei haben wir oft nichts zum Reinstellen. Wir leben von der Hand in den Mund. Dann sind die Raten am Ersten fällig und dann warten wir schon auf den nächsten Ersten. Ich weiß nicht, wie ich's anstellen soll, daß die Kohlen stimmen. Weil die Nachbarin es hat, muß meine Alte es auch haben und möglichst noch 'nen Typ neuer. Ich bin nur fürs Geldranschaffen da. Wenn ich von Nachtschicht komm, raunzt sie mich an, ich soll leise machen, die Kinder würden wach. Meinen Ältesten – der jetzt auch noch auf die höhere Schule soll, weil meine Alte sich das in den Kopf gesetzt hat, meine Kinder sollen mal was Besseres werden –, den seh ich nur jede dritte Woche, wenn ich von Frühschicht nach Haus komm. Er kriegt Nachhilfeunterricht, damit er die Aufnahmeprüfung besteht, unsereins kann ihm da nicht helfen. Ich möcht' manchmal, daß wir noch mal vor der Währungsreform lebten, das war hart, aber normal. So leben wir auf Pump, als ob wir uns das alles leisten könnten, was uns da angedreht wird. Ich schlag meine Alte tot und zieh' in 'nen Wohnwagen. Dann kann ich mich wenigstens satt essen.« H., der auf dem Dach dabeisteht, wendet ein: »Immer noch besser so 'ne Alte als so 'ne, wie ich hab'. Bei Nachtschicht betrügt sie mich mit 'nem jüngeren Kumpel von der Gegenschicht. Am liebsten würd' ich sie zum Teufel jagen, aber find mal in meinem Alter eine Dumme, die dir den Fraß aufwärmt und die Klamotten in Ordnung hält. Da halt ich lieber die Schnauze und laß drei gerade sein. Die bringt's fertig und brennt noch mit dem durch.« Dann streiten sich die beiden, welche der beiden Alten das kleinere Übel ist. Jeder meint, die des andern.

Um sechs Uhr früh heulen die Sirenen. Die lange Nacht ist

überstanden. H., der vor Übermüdung zittert, wäscht sich erst gar nicht, sondern steigt auf sein altes Rad und stakst, in der Kolonne der anderen Räder, nach Haus. Werksomnibusse öffnen sich und nehmen ausgelaugte Gestalten auf. Jüngere darunter, mit grauen Schläfen schon und fahlen Gesichtern. Ausgekotzt von der Nacht. Die neue Schicht rückt heran. Die gleichen Gestalten, jetzt schon müde, bereits jetzt erschöpft, drei Stunden vorzeitig aus den Betten gerissen, mit schlafwandlerischen Bewegungen. Die Blicke der An- und Abrückenden treffen sich nicht.
Die Stadt erwacht. Kolonnen von Autos durchqueren die Rauchstadt. Ein wirres Knäuel von Scheinwerferschlangen, die sich vor einem der fünfzig Tore der Fabrikstadt wieder entwirren. Proviantwagen schaffen alles heran, was zum Leben gebraucht wird. Brotwagen, Fleischwagen, Milchwagen, Kohlenwagen, Wagen, die die großen Warenhäuser mit dem lebensnotwendigen Kleinkram anfüllen. Dann Müllwagen wie Leichenwagen, die Platz schaffen für neue Konsumgüter und neue Arbeiter.

Im Ledigenheim habe ich Quartier bezogen. Dort schlafe ich mir die Müdigkeit aus den Knochen wie einen schweren Rausch. Ein schmaler Raum. Zwei Schritte von der Tür zu meinem Bett. Das Bett aus Stahlrohr. Auch der Schrank aus Stahl, mit einem Vorhängeschloß daran. Ein viereckiger Tisch und drei Stühle. Ein Bild an der Wand. Das Bett habe ich mir so eingerichtet, daß mein Kopf am Fenster liegt. Dadurch erspare ich mir den Anblick der Ziegelsteinfassade der Fabrikhalle. An der Wand mir gegenüber hängt das Bild ohne Rahmen. Eine Stiftung der Hütte. Eine automatische Walzstraße. Bunt.
Zwei weitere Betten stehen noch im Raum. Wenn ich von Nachtschicht komme, ist eins davon besetzt. Von dem Arbeiter, der Spätschicht hat. Ein Bett steht leer. Der dazugehö-

rende Arbeiter hat Frühschicht. Der schlafende Arbeiter wird kurz wach, wenn ich eintrete. Er dreht sich auf die andere Seite und schläft weiter. Ich ziehe einen Stuhl an mein Bett heran, ziehe mich aus und lege meine Sachen über den Stuhl. Ich lege mich ins Bett, drehe mich zur Wand und schlafe sofort ein. Eine Stunde später wird der Stuhl aus dem Raum gerückt, und eine elektronische Säuberungsmaschine wird durch den Raum gefahren. Zwei Putzfrauen rücken den Tisch einmal in die eine Seite des Raums und einige Minuten später in die andere. Sie bemühen sich, keine lauten Geräusche zu machen, und sprechen nur leise miteinander.
Ich werde kurz wach davon und nehme den Reinigungsvorgang im Halbschlaf wahr. Das zweite Mal werde ich wach, wenn der Arbeiter, der Spätschicht hat, aufsteht. Er läßt einen elektrischen Rasierapparat surren und nimmt nicht so viel Rücksicht wie die Putzfrauen. Er knallt das Fenster auf oder zu, je nachdem wie das Wetter ist und wie der Wind sich gedreht hat. Bei Ostwind ist der Raum voll Qualm.
Das dritte Mal werde ich wach, wenn Post unter der Tür durchgeschoben wird. Nicht immer werde ich davon wach. Wenn der Hausmeister die Tür aufmacht, um ein dickeres Kuvert oder ein Päckchen ins Zimmer zu legen, fahre ich aus dem Schlaf hoch.
Kurz nach zwei Uhr mittags kommt der Arbeiter ins Zimmer, dessen Bett leer war, als ich kam. Oft legt er sich ins Bett, oder setzt sich an den Tisch, ißt etwas und hört Radio dabei. Auch er weckt mich für kurze Zeit.
Vor vier Uhr nachmittags stehe ich selten auf. Dann gehe ich in den Waschraum. Dort stehen noch andere Arbeiter, die auch Nachtschicht haben.
Danach gehe ich in die Kantine, frage, ob Brötchen vom Morgen übriggeblieben sind, wenn nicht, kaufe ich geschnittenes Brot. Als Belag nehme ich Rahmkäse, immer dieselbe Sorte, weil keine andere geführt wird, die Leberwurst mit den dik-

ken Speckstücken mag ich nicht. Ein oder zwei Flaschen Bier kaufe ich meist noch dazu und manchmal eine Flasche Trauben- oder Johannisbeersaft. Die trinke ich dann auf einmal, weil ich glaube, daß es gesund ist. Dann gehe ich wieder ins Zimmer hoch, esse und trinke das Bier aus der Flasche. Dazu höre ich Radio.
Oft macht das Bier mich müde. Ich lege mich dann aufs Bett und versuche zu lesen. Die werkseigene Zeitung »Unsere Hütte« oder eine andere Lektüre. Dabei schlafe ich manchmal ein.
Spätestens um neun Uhr abends muß ich wieder wach sein. Ich schmiere mir ein paar Brote zum Mitnehmen. Wenn ich zu spät wach geworden bin, wickele ich die Brotschnitten trocken ein oder lasse es. Um zehn Uhr abends muß ich auf Nachtschicht sein.

Der Arbeiter, der auf Frühschicht ist, wenn ich von Nachtschicht komme, redet gern. Es stört ihn nicht, wenn ihm niemand zuhört. Er erwartet auch keine Antwort. Er ist Vollwaise und noch keine einundzwanzig. In Heimen aufgewachsen, wollte er Elektriker werden. Der Staat bezahlte seine Ausbildung. Bei der Gesellenprüfung fiel er durch. Er hätte es gern noch mal versucht, aber der Staat ist in solchen Fällen hart. Der muß mit fremden Steuergeldern sorgfältig haushalten, das versteht er. Er mußte die Lehre ohne Gesellenprüfung abbrechen, man verschaffte ihm eine Stelle als Hilfsarbeiter. Es tut ihm jetzt leid, daß er die Prüfung nicht beim erstenmal geschafft hat. Elektriker findet er interessant, und so kann er leichter mehr Geld verdienen. Er bedauert, daß er keine Eltern hat, die hätten ihn sicher noch ein Jahr Lehre nachmachen lassen, immerhin fallen dreißig Prozent bei der Prüfung durch. Jetzt redet er viel über die technischen Daten von neuen Autos und welchen Wagen er sich kaufen würde, wenn er das Geld hätte. Er redet selten von etwas anderm, und er merkt nicht, daß ich ihm schon lange nicht mehr zuhöre.

Der dritte in unserem Zimmer redet kaum. Unter seinem Bett steht meist eine Flasche Korn. Als er sie einmal leergetrunken hat, erzählt er mir von seiner Frau, die ihm eines Morgens, er kam gerade von Nachtschicht, »wie aus heiterem Himmel« klarmachte, daß sie sich scheiden lassen wollte. »Es war nichts gewesen vorher. Unsere Ehe lief gut. Sie schüttete gerade Kaffee auf, als sie es mir sagte. Ich wollte nicht, aber sie bestand darauf. Beim dritten Gerichtstermin habe ich schließlich nachgegeben.« Das Kind wurde seiner Frau zugesprochen. Er hat noch drei Monate in der gemeinsamen Wohnung gewohnt und ist dann ins Ledigenheim gezogen. Er weiß bis heute nicht, warum sie sich von ihm getrennt hat. »Vielleicht, weil sie diesen Alltagstrott mit einem Arbeiter satt war. Sie hatte immer gedacht, ich hätte auf Abendkursen meine Facharbeiterprüfung gemacht und wäre dann noch Ingenieur geworden. Ich weiß noch, sie sagte oft: ›In Wirklichkeit bist du nicht mit mir, sondern mit der Fabrik verheiratet. Du kommst nur nach Hause, um zu essen und zu schlafen, und deine Kollegen kennst du besser als deine eigene Frau.‹ Sie ist verrückt, anders kann ich mir das nicht erklären. Heiraten werde ich bestimmt nicht mehr. Ich hab' gehört, sie soll jetzt oft Besuch von einem Meister aus der Kokerei bekommen. Der hat selbst Frau und Kinder. Mein Junge tut mir leid.«
In den freien Tagen zwischen dem Wechsel der Schichtwoche besäuft er sich regelmäßig und bleibt oft den ganzen Tag im Bett liegen. Der andere geht an diesen Tagen oft tanzen. Er war bereits zweimal verlobt. Mit seiner zweiten Verlobten ging es auseinander, weil sie immer in Heimat- und Liebesfilme gehen wollte, die er nicht mag. Denn er steht auf Krimis.

Auch das Ledigenheim gehört mit zur Fabrik, steckt mit in der Umklammerung. Die Stahlwerke brüllen in der Finsternis, und der Qualm bläht den qualligen Himmel auf. Die im Wind wehenden Handtücher vor den vielen Fenstern saugen sich voll Kohlenstaub.

Unter den unzähligen Fabrikgeräuschen ist die Stimme der Sinteranlage unverkennbar. Ein dreimaliger Sirenenschwellton, zunächst laut, dann leiser und wieder laut, ruft uns wie ein Warnsignal in die Anlage. In der Anlage selbst warnt uns niemand vor Gefahren. Als der Staubberg in zwanzig Meter Entfernung von mir hinunterstürzte, kam das völlig überraschend. Ich hörte es klatschen, so, als wenn ein plötzlicher Wolkenbruch niedergeht. Dann sah ich nichts mehr, und als die Staubwolken sich in dem zugigen Gang etwas gelichtet hatten, türmte sich der Berg vor mir auf. Zwanzig Meter weiter, und ich wäre verschüttet worden. Wir hatten drei Tage zu schippen.
Im Hochbunker drei unter dem Fallrost läßt man uns ohne vorherige Warnung arbeiten. Immer wenn sich dort ein Haufen Steine angesammelt hat, wird ein Arbeiter mit Schubkarre hingeschickt, um die schweren Brocken wegzutransportieren. Die Anlage wird deswegen nicht zum Stillstand gebracht. Das kann keiner verlangen. Man braucht nur zu rechnen, um das einzusehen. Mindestens eine Viertelstunde benötigt man für diese Arbeit. Das bedeutete für das Werk ca. 12000 Mark Ausfall. Eine Unsumme für diese lächerliche Arbeit.
Ein Unfall ist auch nicht wahrscheinlich. Höchstens alle zwei bis drei Stunden stürzt ein Steinbrocken herab. Und längst nicht immer ist es ein so großer, der gleich einen Arbeiter erschlägt. Die Arbeiter tragen schließlich nicht umsonst ihre Schutzhelme. Bis jetzt ist jedenfalls noch nichts passiert. Einmal fiel zwar einem Arbeiter ein kleinerer Brocken auf den

Schutzhelm und schlug ein Loch hinein. Aber der Arbeiter bekam anstandslos einen neuen Helm.
Im Hochbunker drei sitzt der Arbeiter, der mit dem Zentralsteuerstand in Sprechverbindung steht. Ich war dabei, als sich die beiden Arbeiter zum erstenmal gegenüberstanden, die sich nur als Stimme kannten. Über ein Jahr standen die beiden in Sprechverbindung, jetzt sahen sie sich das erste Mal und erkannten sich nicht. »Du bist der, der schon mal Schlager übers Radio durchspielt?« – »Nein, das macht mein Kumpel.« – »Dann geh wieder, dann interessierst du mich auch nicht.«
Im Außengelände von Sinter zwo, wo gebaut wird, fährt täglich ein Tieflader Eisenteile an. Mit dem Fahrer komme ich ins Gespräch, als er seine dritte Flasche Coca-Cola hinuntergestürzt hat und mit zittrigen Händen seine Brote auswickelt. Ich erfahre, daß er seit fast einem Jahr sechzehn Stunden pro Tag einen Tieflader fährt. Er hält mir seine zitternden Hände hin und sagt: »Diese Woche sind's wieder 96 Stunden. Zu Hause sacke ich oft vor Müdigkeit mit dem Kopf in den Teller. Und dabei arbeite ich nur fürs Finanzamt. In der letzten Lohnwoche gingen 65 Mark allein für Lohnsteuer weg. Den Reibach macht der Unternehmer.«
Der freie Unternehmer läßt im Auftrag der Hütte drei Tieflader fahren. Die Hütte zahlt ihm pro Wagen und pro Stunde 60 Mark. Sein monatliches Bruttoeinkommen beträgt demnach mehr als 80 000 Mark. Höchstens sieben Prozent gibt er für Löhne aus. Der Rest fließt zu einem Großteil in seine eigene Tasche. Dafür tut er nicht viel. Das Geschäft läuft sozusagen von selbst. Das Kapital für die Tieflader mußte erst mal dasein und dann Beziehungen zur Hüttendirektion, alles Weitere läuft von selbst bis in alle Ewigkeit. Der Fahrer sagt: »Ich habe die Arbeit nur bekommen, indem ich mich schriftlich einverstanden erklärt habe, die Doppelschicht zu fahren. Da verdient der Unternehmer noch mehr bei. Außerdem

kriegt er schlecht Leute. Lange halt' ich das nicht mehr durch. Dann hab' ich einen Knacks weg.«

Als ich vier Monate in Sinter zwo arbeite, lese ich in der Zeitung, daß ein verregneter Sommer ist. Das ist mir bisher nicht aufgefallen. Auch daß Sommer ist, ist mir nicht aufgefallen. Der Rhythmus des Schichtwechsels läuft konträr zu jedem natürlichen Rhythmus. Tag, Nacht, Sommer, Winter sind nur noch Erinnerungen an eine vergangene Zeit. Einschlafen und Aufwachen zu immer wechselnden Zeiten, das ist unser Rhythmus. Ich weiß manchmal nicht, was der wirkliche Schlaf und das wirkliche Leben ist. Die Zeit in der Fabrik erscheint mir manchmal wie der Schlaf und die Zeit außerhalb der Fabrik wie der Traum davon.

Seit kurzem verändert sich manches in der Anlage. Die Roste auf dem Band, die bisher von einem Arbeiter mit einer Stange freigestoßen wurden, werden jetzt von einer Klopfmaschine gereinigt. Dem Arbeiter wurde gekündigt. Auch der Mann von der Mischtrommel bangt um seinen Posten. Er wird jetzt öfter zum Fegen herangezogen und die Mischtrommel von der Sinterwarte aus reguliert.
H. sagt doch neulich: »Ich weiche hier nicht. Jede Handbreit auf meinem Dach werd' ich verteidigen. Oder die sollen mir eine neue Stelle besorgen. Hier, genau unter uns, laufen noch Stollen der Hüttenzeche. Ich bin froh, daß ich da raus bin. Und jetzt soll ich diese Arbeit verlieren.«
Der Betriebschef läßt uns zu sich rufen, spricht von »neuer technischer Revolution« und vom »letzten Schritt der Automatisierung« und daß wir uns »so langsam nach einer neuen Stelle umsehen sollen«. »Die Anlage wird im nächsten Vierteljahr mit der halben Mannschaft auskommen. Bereits jetzt halten wir euch mehr aus Luxus hier.«
Diese Worte des Betriebschefs bringen einige Unruhe unter die Arbeiter.

»Man kann nichts machen«, sagt der Mann von der Mischtrommel. »Wir werden alle noch Frührentner wider Willen«, sagt ein anderer.
Abends treffen wir uns ausnahmsweise in einer Kneipe, um zu überlegen, ob sich etwas tun läßt. Nach den ersten Bieren haben wir vergessen, warum wir zusammengekommen sind. Wir sprechen weder über die Arbeit noch über die Anlage. Wir reden kaum etwas. Wir trinken und rauchen und blicken zu den anderen Tischen. Dort sitzen Arbeiter und warten auf ihre Schicht. Sie rauchen und blicken hinaus. Sie sind genauso gekleidet wie wir. Sauber und nicht zerlumpt. Einer trägt sogar einen Hut auf dem Kopf.

Die Judenehrung von Paderborn

»Baun wir doch aufs neue das alte Haus« (1968)

Zusammen mit Irma Reblitz recherchierte Wallraff 1968 in Paderborn und enthüllte eine sehr eigenwillige Art der Vergangenheitsbewältigung.

Um eine »kurze teuflische Zeit« zwischen 1933–1945 dem endgültigen Vergessen zu entreißen, machten sich die Stadtväter von Paderborn daran, ihr Stück Vergangenheit zu bewältigen.
Man sah die Zeit gekommen, »die Erinnerung an unsere Paderborner jüdischen Mitbürger, die Opfer der Verfolgung wurden, ehrend wachzuhalten«. Also veranstaltete man die alljährlichen Kulturtage auch einmal als »Jüdische Kulturtage«, die »aufhorchen« lassen sollten. Vom Stadtrat wurde dazu ein bleibendes Dokument in Auftrag gegeben, das zeigen sollte, »in welch grausamer, satanischer Weise geschah, was nur wenige wußten«.
Der Archivrat der Stadt, Ferdinand Molinski, wird vom 1. Stadtdirektor, Wilhelm Sasse, angewiesen, die erforderlichen Unterlagen herbeizuschaffen.
Mit der entsprechenden Sorgfalt und wissenschaftlicher Genauigkeit macht Molinski sich ans Werk: Er durchforscht die Archive Paderborns und anderer Städte, korrespondiert mit den wenigen Überlebenden im Ausland, treibt Quellenstudium in der Monumenta und Bibliotheca Judaica in Köln und besorgt die notwendige Literatur. So trägt er allmählich eine umfassende Dokumentation zusammen über die Vorgänge in Paderborn während des Dritten Reichs, über die einzelnen

Verfolgten und ihre Verfolger. Er begnügte sich nicht mit dem allgemein »Schicksalhaften«, er benennt Schuldige. Er beläßt es nicht bei dem Hinweis, daß die Synagoge vollständig niedergebrannt wurde, er stellt dabei die Rolle der damals noch freiwilligen Feuerwehr fest, die zwar löschte, doch vorsorglich nur die umliegenden städtischen Gebäude. Außerdem findet er heraus, was bisher in keiner Lokalzeitung berichtet worden war: daß neben dem Stadtheiligen Liborius noch ein unheiliger Schutzpatron mit Paderborn verknüpft ist: Josef Klehr, der lange in der Stadt Paderborn gelebt hat und in Auschwitz einen Rekord aufstellte im eigenhändigen Massenmord durch Phenolspritzen ins Herz. Bilanz (lt. Zeugenaussagen im Auschwitzprozeß): 20000 bis 30000 Tote. Und Molinski zeigt, daß gerade im Landkreis Paderborn das Rüstzeug für die Endlösung vermittelt wurde: in der Wewelsburg, die der SS des gesamten Reichsgebietes als zentrale Mörderschule diente. Doch bald muß Molinski erkennen, daß seine Gewissenhaftigkeit bei den Auftraggebern wenig Anklang findet. So hatten sie es nicht gemeint: »Den genannten Herren (Bürgermeister, Stadtdirektoren, Amtmännern) kam es darauf an, keine angeblich vernarbten Wunden aufzureißen.« Seine Vorgesetzten gaben ihm zu verstehen, daß seine Gedenkschrift nicht nur für die Toten verfaßt sein dürfte, sondern ebenso im Interesse der Lebenden. Und damit sich der Archivrat wieder stärker den Aufgaben des Tages zuwende, streichen ihm seine Vorgesetzten die Gelder für Buchanschaffungen und diesbezügliche Reisen.
Molinski, der kurz vor Abschluß der Bestandsaufnahme steht, bestreitet die Kosten aus eigener Tasche. Dennoch kürzt ihm der Stadtrat seinen allgemeinen Archivetat zunächst um 15 %, zuletzt um 70 %. Sein unverständliches Engagement und der »östliche« Name haben zur Folge, daß man ihn im Amt »Jude«, auch »dreckiger Jude« nennt und ihm nahelegt, doch »in die Wüste Negev auszuwandern«. Als

Molinski weiterforscht, zwingen ihn Sasse und Leidinger, alles erarbeitete Material herauszugeben – ca. 5 kg Papier.
»Dann hat man mir verboten, dienstlich oder privat weiterhin über das Thema zu arbeiten und zu veröffentlichen... obwohl ich mich auf die im Grundgesetz garantierte Freiheit der wissenschaftlichen Forschung berufen habe.«
Zur Absicherung verlangen 1. und 2. Stadtdirektor (Sasse und Leidinger) mit Hinweis auf Beförderungssperre auch noch eine schriftliche Erklärung:
»daß ich gar nicht bereit sei, eine Judenschrift herauszugeben«. Als Molinski ablehnt, versucht man, ihm das Geständnis mit einem inhaltlich verfälschten Protokoll unterzuschieben:
»Auf weiteres Befragen des Herrn Bürgermeisters Tölle und beider Stadtdirektoren erklärte Herr Molinski, daß er persönlich gewünscht habe, mit der Abfassung der Schrift, wie sie jetzt vorliegt, nicht betraut zu werden, und daß er seine Mitarbeit damals aus eigenen freien Stücken zurückgezogen habe.«
Molinski reagierte nicht, wie es von einem Beamten erwartet wird. Er zeigt seine Vorgesetzten wegen »Falschbeurkundung im Amt« an. Dieser zweifache Ungehorsam hat zur Folge, daß er aus dem Amt entfernt wird unter Weiterzahlung seiner Bezüge, die man um 25 Prozent kürzt. In der Presseerklärung der Stadtverwaltung heißt es:
»Archivrat Molinski mußte vom Dienst suspendiert werden, weil sein Verbleiben im Dienst für die Stadt untragbar ist.«
Die von ihm Beschuldigten drehen den Spieß um: Die Institution im Rücken, stellen sie gegen Molinski Strafantrag wegen Beleidigung und Verleumdung.
Als Molinski ankündigt, den Fall an die Öffentlichkeit zu bringen, versucht man die Öffentlichkeit vor ihm zu schützen: Man erklärt ihn für unzurechnungsfähig und betreibt seine Zwangsvorführung in die Landesheilanstalt Nieder-

marsberg. (Und falls der Arzt ihn »als Gefahr für sich selbst und die Allgemeinheit« ansehen würde, ließe sich schnell ein richterlicher Einweisungsbeschluß nachholen.)

Am 12. Januar 1968 klingeln kurz nach 6 Uhr früh zwei Polizisten mit Handschellen bei Molinskis, um den Archivrat in psychiatrische Obhut zu überführen. Vorabsprachen zwischen den Behörden waren schon getroffen worden, wie aus Polizeiberichten über die Nacht- und Nebelaktion ersichtlich wird:

»Der Vorführungstermin war bereits mit Herrn Dr. Jahn abgestimmt worden und sollte am heutigen Vormittag erfolgen.

Um dieser Vorführung wenig Aufsehen zu verleihen, wurde von uns Zivilkleidung getragen, und die Fahrt zur Wohnung des Molinski erfolgte mit einem Dienstfahrzeug – neutraler Farbanstrich. Herr Molinski, notdürftig angezogen... begrüßte uns kurz... schrieb sich nicht nur unsere Namen auf, sondern notierte sich auch die Unterschrift des Richters sowie den Namen des Herrn 1. StA Bechthold. Herr Molinski erkannte den Beschluß vom 4. 9. 1967 nicht an und erklärte, daß dieser seiner Meinung nach zu Unrecht bestehen würde. Auch den Vorführungsbefehl erkannte Herr Molinski nicht an. Er machte uns aufmerksam, daß wir bei einer eventuellen Gewaltanwendung wegen Freiheitsberaubung im Amt zur Anzeige gebracht würden. Desgleichen würde er auch Strafanzeige gegen den AGR Ewers und Herrn 1. StA Bechthold erstatten... Als ihm dann unmißverständlich mitgeteilt wurde, daß er in jedem Falle von uns vorgeführt würde und selbst unter Gewaltanwendung, lenkte er ein und verhielt sich so, als ob er mitkommen wollte. Vorher führte er noch aus, ob wir auch unter gleichen Voraussetzungen – wie vor 30 Jahren – Juden festgenommen hätten, um sie dem Tode auszuliefern. Ihm wurde daraufhin mitgeteilt, daß wir nur die jetzige Anordnung durchführen würden. In ein politisches Gespräch wurde sich mit Herrn Molinski nicht eingelassen. Ihm wurde beschieden, daß uns seine Angelegenheit nichts anginge...« Molinski entkommt der Zwangseinlieferung. Unter dem Vorwand, sich noch Schuhe anziehen zu müssen, flüchtet er durch eine Nebentür. Zuerst sucht er als gläubiger Katholik in einer Kirche vorläufigen Schutz und Asyl, doch der Pfarrer hat Bedenken. Er will nicht mit der weltlichen Ordnung in Konflikt geraten, kann auch für nichts garantieren.

Molinski gelingt es, sich ins Ausland abzusetzen. Von dort erbringt er psychiatrische Gutachten, daß er zurechnungsfähig ist, und erwirkt einen Beschluß des Landgerichts, der die damals angeordnete Zwangseinweisung in eine Irrenanstalt als nicht gerechtfertigt aufhebt.

Nach dem Verschwinden Molinskis durchsuchen die Polizisten nicht nur dessen Wohnung, sondern auch die abgeschlossenen Räume seines Bruders, Prof. Waldemar Molinski, sowie zwei an Studenten vermietete Zimmer. Ohne Hausdurchsuchungsbefehl wurde diese Inspektion wenige Tage später wiederholt. Tagelang war das Haus von einem uniformierten Polizeiaufgebot mit Streifenwagen umstellt und bewacht.

Molinski hat sein Fleiß viel freie Zeit eingebracht. Seit zweieinhalb Jahren zahlt Paderborn ihm sein Gehalt (wenn auch vermindert) – ohne Gegenleistung in Anspruch zu nehmen. Molinski nennt es Korruption und Veruntreuung von Steuergeldern.

Die Schrift, die ihn zu Fall brachte, ist inzwischen ohne seine Mitwirkung erschienen. Unter dem sinnigen Titel:

»BAUN WIR DOCH AUFS NEUE DAS ALTE HAUS.«

Herausgeber: die Stadt Paderborn. Man fand für die Verantwortlichkeit den rechten Mann, einen Kurdirektor aus dem Schwarzwald, der sich schon immer zum Schreiben berufen fühlte und dem in Paderborn das Kultur- und Pressereferat anvertraut worden war. Dieser übernahm es gern, die Vergangenheit im Sinne der Stadtväter aufzubereiten, auf daß das Ansehen Paderborns keinen Schaden nehme. Innerhalb von sechs Wochen legte er das Werk vor, wobei er das von Molinski erarbeitete Material nicht einmal zu berücksichtigen brauchte. »Wir wollen damit einer uns Deutsche in besonderer Weise angehenden Frage nicht ausweichen«, bekennt Paderborns Altbürgermeister Christoph Tölle (MdL) »zum Geleit«. Man dürfe »nicht mit leichter Hand über dieses dunkle Kapitel deutscher Geschichte hinweggehen«, »vielmehr solle die Schrift, die nun in alle Welt gehen wird, ihren Teil dazu beitragen ... daß jetzt noch Unbekanntes bekannt und Dunkles erhellt wird.«

Die erste Hälfte der Schrift »erhellt« nur die (Vor-)Geschichte des Paderborner Judentums, wobei sich bereits hier wie ein roter Faden das Thema der bevorzugten Behandlung der »jüdischen Mitbürger« durch geistliche und weltliche Macht durchzieht.

Schon im 13. Jahrhundert, so wird behauptet, hielten die »Paderborner Fürstbischöfe, deren ›Kammerknechte‹ die Juden waren, schützend ihre Hand über sie.«

Selbst wenn es zu unkontrollierten Ausschreitungen kam, stellte die Obrigkeit die Juden unter ihren besonderen Schutz, so will es die Schrift:

»Im Jahre 1627 führte die Paderborner Judenschaft einstimmig Beschwerde über Ausschreitungen, die zum Stürmen von Judenhäusern, Einschlagen von Fenstern und Türen und Zerstörung des Mobiliars geführt hatten. Der Paderborner Fürstbischof befahl daraufhin dem Magistrat der Stadt, bei der Bestrafung der Übeltäter äußerste Strenge walten zu lassen.«

Nach einer Pestzeit, für die die Juden nach allgemeinem Brauch verantwortlich gemacht und vertrieben oder ausgerottet wurden, ließen die Paderborner aus christlicher Nächsten-

liebe doch einige am Leben, und da »den Juden (wiederum) menschliche Lebensbedingungen gewährt wurden, vermehrte sich die Zahl der Judenfamilien ziemlich schnell«.
Aus jüngerer Zeit wird lobend hervorgehoben, daß die Juden im Ersten Weltkrieg mit »in den Krieg ziehen, Auszeichnungen für ihre Tapferkeit empfangen, verwundet werden oder im Kampfe fallen« durften. Der Prozentsatz der Toten war »im Vergleich zur jüdischen Bevölkerung zumindest so hoch... wie der Prozentsatz der christlichen deutschen Mitbürger«.
Und aus der NS-Zeit, die in der Ablaßschrift gleich einem Naturereignis als »sichtbare Geißel« oder »Braune Pest« bezeichnet wird, werden die an den Juden begangenen Verbrechen kaum benannt, vielmehr geht es um »das gute Wort, das damals gesprochen, die gute Tat, die getan wurde«.
So z. B. die gute Tat des Generalvikars Prälat Rhode, der zwar keine jüdischen Menschenleben, dafür aber eine Tora-Rolle aus der abgebrannten Synagoge der Nachwelt erhielt und diese 1959 (!) der winzigen jüdischen Gemeinde feierlich zurückgab.
Sichtbares Zeichen für den auch in Paderborn lebendigen Widerstandsgeist:
»Anfang 1933 erkletterte ein Nazi das Rathaus über die Giebelsprossen der Fassade und brachte am Gesims die Hakenkreuzfahne an. Oberbürgermeister Philipp Haerten war mutig genug, durch die Paderborner Feuerwehr die Fahne wieder entfernen zu lassen... Man wehrte sich noch in den Kreisen der Bürgerschaft gegen das totalitäre System, aber wie überall in Deutschland wurde jeder Widerstand mit Gewalt zerbrochen.«
Vom Paderborner Widerstand war nichts mehr zu spüren, als einige Jahre später »das Jüdische Waisenhaus im Zuge der teuflischen sogenannten ›Endlösung der Judenfrage‹ aufgelöst« wurde. Hat einer protestiert?

Erwähnt wird zwar ein Lager in Paderborn, das junge Juden aus ganz Deutschland sammelte und umliegenden Firmen als Arbeitskräftereservoir diente. Nichts gesagt wird von der inneren Struktur, den Verbrechen und eventuellen Todesarten in diesem Lager, das als »Vorstufe« für die Deportation nach Auschwitz diente. Dafür ist von einem Dr. med. Heinrich Schmidt die Rede, der dort »ärztlich betreute« und »versuchte, gesundheitliche Schäden weitgehend abzuwenden«. Als weiteres Alibi verweist man auf »das humane Verhalten von einigen Paderborner Firmen«, wodurch »der Wert des Essens verbessert« worden sei. Und wieder die einzigartige Judenfreundlichkeit der Stadt, die besonders früh als »judenfrei« galt und es bis heute nicht übers Herz brachte, die Ehrenbürgerschaft Adolf Hitlers offiziell zu tilgen:

»Viele Paderborner Bürger zeigten den Lagerinsassen gegenüber eine tolerante Haltung, indem sie ihnen in versteckter Weise Nahrungsmittel zukommen ließen.«

Die Broschüre erhebt für sich den Anspruch, »ein Beitrag zur Stärkung der jungen deutschen Demokratie« zu sein, »ein Schritt nach vorn, diktiert von der Verantwortung und menschlicher Verpflichtung«. Das schafft sie, indem sie z. B. die Zahl der ermordeten Paderborner Juden auf ein Sechstel reduziert. Statt der mindestens 450 Umgebrachten, wie sie in dem vom Stadtdirektor beschlagnahmten Material Molinskis belegt sind, gesteht die Stadt »nur« 79 Opfer zu. In der »Schicksals«-Liste »jüdischer Paderborner Mitbürger« (DEN TOTEN ZUM GEDENKEN, DEN LEBENDEN ZUM GRUSS) heißt es nie: In ›Paderborn erschlagen‹, ›erschossen‹, ›im KZ Auschwitz oder Bergen-Belsen vergast‹, ›verhungert‹, ›zu Tode gefoltert‹, wird kein Verantwortlicher genannt, nicht der Richter, der das Urteil wegen »Rassenschande« sprach, nicht die Firmen, die Zwangsarbeiter verschlissen.

Stereotyp taucht statt dessen die Wendung auf: »deportiert

und im Osten umgekommen«, man schiebt die Schuld an diesen Morden weit von sich, in eine barbarische Zone, wo die Eigenverantwortung aufhört.
In der Hauptsache ist von »Mitbürgern die Rede, die wie durch ein Wunder der Hölle entgingen«. Der christliche Begriff »Hölle« dient ebenfalls der Verschleierung und Entschuldigung. Hölle untersteht nicht der menschlichen Gerichtbarkeit, ist etwas Ewiges, gerecht Sühnendes, Unumstürzliches. Hölle wird in der Chronik manchmal auch durch »Teufelswerk«, »blinder Haß« oder »alles zerstörender Schrecken« ersetzt. So umgeht man es, die konkreten Ursachen und Auswirkungen von Faschismus und Rassismus aufzuzeigen.

Die meisten der in der Namensliste aufgeführten Juden haben überlebt. Bei diesen Überlebenden spart die Schrift nicht mit positiven Beiworten wie »hoch geachtet und beliebt«, »sehr bekannt«, »rührig«, »angesehen«, »aktiv in der Feuerwehr tätig«, »allgemein geschätzt«, »im stillen Gutes tuend«, »rührig und gesellig«, »ehrenamtlich tätig«, »beispielhaft«, »erfolgreich und tüchtig«, »originell und geschickt«, »einfach und rührig«, »umsichtig«, »weitbekannt«, »schöngeistig«.
Den anderen, »im Osten Umgekommenen«, wird – von ein paar Ausnahmen abgesehen – solche Anerkennung versagt. Waren es keine wertvollen Menschen, keine dem Gemeinwohl dienenden Bürger? Waren sie am Ende doch zu Recht umgekommen, als sogenannte Volksschädlinge?
Die wahren Volksschädlinge, die heute wieder das politische Leben in Paderborn mitbestimmen, unterschlägt die »Judenschrift«. Molinskis sichergestelltes Material – von dem es leider keine Kopie gibt – könnte einige Fälle aufdecken.
Es wäre z. B. interessant zu erfahren, welche Rolle der Paderborner Landgerichtsrat Paul Wolff, der 1959 wieder in den Justizdienst eingestellt wurde, seinerzeit als Landgerichtsrat am Sondergericht in Oppeln (Polen) spielte.

Auch die Aufklärung der Vergangenheit des Landgerichtsrats Dr. Ernst Beismann könnte evtl. dazu beitragen, daß ein *»Licht in die Nacht kommt«* (aus dem Nachwort zu »Baun wir doch aufs neue das alte Haus«). Landgerichtsrat Dr. Beismann stellt heute wieder seine als Kriegsgerichtsrat bei der NS-Wehrmacht erworbenen Fähigkeiten Paderborn zur Verfügung.

Echte Vergangenheitsbewältigung im Sinne von Schuldnachweis hätte man leisten können, wenn man einem zugezogenen großen Sohn der Stadt einige Seiten gewidmet hätte: dem Landgerichtsdirektor *Dr. Amedick*, der beispielsweise 1941 als beisitzender Richter einen Juden wegen »Rassenschande« mit seiner »arischen« Verlobten zu acht Jahren Zuchthaus verurteilte.

Aus der Urteilsbegründung, die mit perverser bürokratischer Exaktheit das »Sexualleben« eines angeklagten Juden durchleuchtet: (Die Urteilsbegründung wird ausführlich wiedergegeben, da sich hier die Verfolgung des Juden in ihrer Totalität widerspiegelt. Hätte der Angeklagte mit seiner arischen Verlobten ein Kind gezeugt, hätte er mit der Todesstrafe rechnen müssen.)

»Ende Oktober 1938 kam es zwischen dem Angeklagten und der Templin im Kuhstall auf dem Gehöft des Timmermann zum ersten Male zum Geschlechtsverkehr. Hierbei handelte es sich aber nicht um einen vollendeten Verkehr. Der Angeklagte brachte nur sein Glied an das Geschlechtsteil der Templin und führte daran Bewegungen aus. Dann brach er den Verkehr ab, ohne daß es zum Samenerguß gekommen wäre...

In der Folgezeit kam es zwischen dem Angeklagten und der Templin auf immer wiederholtes Drängen des Angeklagten bis in die zweite Hälfte des Jahres 1940 in unbestimmten zeitlichen Abständen wiederholt zum Geschlechtsverkehr, bei welchem regelmäßig der Angeklagte sein Glied bei der Zeugin

Templin einführte. Alles in allem genommen verkehrten die beiden Personen 25- bis 30mal geschlechtlich miteinander. In den meisten Fällen brach der Angeklagte den Verkehr ab, ohne daß es zum Samenerguß bei ihm kam. Dann befriedigte sich der Angeklagte hinterher selbst. In der letzten Zeit kam es bei dem Angeklagten infolge des Verkehrs mit der Templin manchmal aber auch zum Samenerguß. Bevor es dazu kam, zog der Angeklagte sein Glied aus der Scheide der Zeugin zurück...

Bei der Strafzumessung war zu berücksichtigen, daß der Angeklagte das Gastrecht, das er als Jude im Deutschen Reich genoß, schwer mißbraucht hat...

Er hat es in echt jüdischer Art verstanden, die Zeugin trotz ihrer Abgeneigtheit seinen geschlechtlichen Gelüsten gefügig zu machen. Der große Umfang seines strafbaren Verhaltens kennzeichnet die Hartnäckigkeit seines verbrecherischen Willens, mit der er sich bewußt über wichtigste nationalsozialistische Gesetze hinweggesetzt hat. Er hat über lange Zeit hin mit der Templin Geschlechtsverkehr gepflogen, und zwar zur Hauptsache noch dann, als das nationalsozialistische Deutschland im November 1938 dem Judentum letztmalig schärfsten Kampf angesagt hatte und insbesondere noch nach Ausbruch des jetzigen, vom Judentum zur Vernichtung des deutschen Volkes entfesselten Krieges...«

März 1944 zeichnete Dr. Amedick sich aus durch sechs Todesurteile gegen holländische Widerstandkämpfer und Juden – wegen Herausgabe der illegalen Zeitung »Waarheid«.

Diese Fakten verschweigt die Schrift, die besonders an den Schulen des Paderborner Kreises kostenlos verteilt wurde und an viele Botschaften, an in- und ausländische Städte ging – um für eine schönere Vergangenheit und Gegenwart zu sorgen. Denn so will es die Schrift:

»In der mit der Zeit wachsenden Stille wird gehört und gefühlt, was einmal in all dem Bösen Gutes war.«

Der 1. Stadtdirektor Paderborns, Wilhelm Sasse, wohnt im Villenviertel. Seine SA-Vergangenheit (Altbürgermeister Tölle: »Davon weiß hier nur ein kleiner eingeweihter Kreis.«) hat ihn in den ersten Nachkriegsjahren für den Kommunaldienst untauglich gemacht und der freien Wirtschaft zugeführt. Die dort erworbene Praxis stellt er nun seit 1952 der Stadt bei Landankäufen zur Verfügung und auch sich selbst: Er hat vier Häuser in den Besitz seiner Familie gebracht und ist Makler aus Leidenschaft.

Wir suchen ihn auf in seiner Villa. Wir kommen aus Israel, sagen wir, und bieten ihm die »Jakob-Goldmann-Versöhnungsmedaille« des Kulturzentrums Tel Aviv an. Für besondere Verdienste in Sachen Vergangenheitsbewältigung.

Sasse ist gerührt: »Ist uns eine Freude, wirklich... Gott sei Dank... Schön, daß Sie da sind.« Er feiert gerade seinen 62. Geburtstag. Er läßt es sich nicht nehmen, uns in den engsten Kreis der Familie einzubeziehen. Er bittet uns in den Garten, wo alle versammelt sitzen, bei Sekt und Orangensaft. Er schüttet uns ein, hebt das Glas: »Darauf stoßen wir erst einmal an!«

Er sieht es als ganz selbstverständlich an, daß die »Gäste aus Israel« sich bei ihm einfinden, ihm zu der Schrift »Baun wir doch aufs neue das alte Haus« gratulieren, ihm dafür eine Auszeichnung antragen und ihn gleich nach Israel einladen. (Es scheint, als habe er die ganze Zeit auf solche Vorzeigejuden gewartet, die bereit sind, ihm einen »Persilschein« auszustellen.)

Er hat dem Alkohol schon etwas zugesprochen. Dennoch wählt er seine Worte bedächtig und voll Selbstbewußtsein wie zu einer offiziellen Rede:

»Es ist mir eine Ehre, wer hätte das gedacht, aber wie gesagt, wir haben uns ehrlich bemüht, alles, was wir irgendwie in Erfahrung bringen konnten, rein objektiv darzustellen... Wir haben alle Quellen, die uns zugänglich wurden, ausge-

forscht und aufgefunden, so daß wir eine umfassende Darstellung von allen Schicksalen geben konnten ... Wir sind der Auffassung, daß wir uns verpflichtet fühlen, unsern Bürgern, die hier in Paderborn gelebt haben, auch nach dem Schrecklichen, was geschehen ist, dieses Gedenken, dieses Erinnern, dieses Dartun schuldig sind, weil wir meinen, es sind *unsere* Bürger, denen wir diesen Dienst erweisen.
Wir in Paderborn sind eine alte historische, wirklich wohlbekannte Stadt. In unseren Räumen lebten seit Jahrhunderten unsere jüdischen Mitbürger in Eintracht und Frieden, und ich darf wohl sagen, es gibt auch einige von ihnen, die in besonderen kommunalen höheren Ämtern hervorgetreten sind, die also Mitglied des Rates beziehungsweise besonderer Organisationen waren und ein sehr hohes Ansehen gewannen. Ich könnte einzelne Namen nennen, das will ich jetzt nicht tun. Das ist aber Wirklichkeit und Wahrheit.«
Er gesteht den Juden zu, dem Gemeinwohl gedient zu haben, und entbindet sie von der Schuld, für ihren Untergang selbst verantwortlich zu sein:
»Wir hatten damals ganz prächtige jüdische Mitbürger, die damals schon mitgeholfen haben, das moderne Gesicht unserer Stadt vorzubereiten – ich denke z. B. an den Bau des ersten Stadthallenbades –, als Hauptaktionäre und Spender und Interessenten und Aufrufer. Wir sind schuldig, auch rein der Gerechtigkeit wegen, dieses anzuerkennen.«
Er ist der Ansicht, daß mit Schuldbekenntnissen der Deutschen nichts gewonnen ist:
»Das ist doch uninteressant, von ständigen Schuldbeweisen haben sie doch gar nichts. Wir leben schließlich in der Gegenwart. Es kommt auf die Überlebenden an, sind das Bürger von uns, die, wenn sie hier sind, sich wohl fühlen und mit denen wir ein gutes Verhältnis haben ...«

Auf die Frage nach Pogromen und Boykotts in Paderborn:

»Was heißt schon Boykott? Boykott ist ja, wenn ich es veranlasse, eine allgemeine amtliche Verordnung... Sie wissen ja, wenn so was angedreht ist, dann läuft die Sache. Das ist überall so.«

Hat er von KZs gewußt?

»Das ist also hundertprozentig sicher, daß bis auf einen verschwindend geringen Prozentsatz kein Mensch etwas gewußt hat, das kann man also hundertprozentig sagen. Die Tatsache haben wir nicht gewußt.«

Obwohl er als SA-Mann mehr wußte als die meisten, schlägt er sich jetzt auf die Seite der Nichtwisser:

»Die wurden in Deutschland doch deportiert, nicht etwa um getötet zu werden oder so etwas, sondern nur um außerhalb des Staatsgebietes angesiedelt zu werden, in Polen, in der Ukraine usw. Da gibt es keinen, dem gesagt wurde, der wird rausgebracht, damit er... das gibt es überhaupt nicht.«

Er macht auf Völkerverständigung: gute Deutsche damals sind wie gute Israeliten heute.

»Sie folgen ja auch einer politischen Idee, und Sie können ja deswegen nicht persönlich für jeden Mißgriff der politischen Idee verantwortlich gemacht werden... Sie wären doch schlechte Isrealiten, wenn Sie das nicht täten, was man von Ihnen verlangt. Sie werden es aus wahrer Überzeugung tun. Das war damals auch so: man hat ja auch nur getan, was Sie auch tun, nämlich gemeint, für sein Volk das Richtige zu tun, dann kann man das ja nicht verurteilen...

Ja, bitte schön, daß das nachher schiefgegangen ist, daß das falsch geleitet worden ist, da kann man doch nicht den einzelnen für verantwortlich machen, nicht, das ist doch das Problem. Ich meine, Sie können schließlich auch nicht dafür verantwortlich gemacht werden, daß Sie die Araber bekämpfen oder so was...«

»Doch sind die Deutschen schließlich in andere Länder eingefallen, ohne bedroht worden zu sein.« Darauf Sasse:
»Ja, wie soll ich sagen... Das ist ein solches psychologisches Moment, das kaum zu erklären ist...«
Er ist stolz darauf, wie man hier in Paderborn die junge Demokratie hingekriegt hat:
»Genauso wie Sie neu anfangen mußten, haben wir hier neu angefangen. Ja, es ging hart zu. Trotzdem, es ist erstaunlich, was die Leute nach der Niederlage politisch geleistet haben... was die aufgepickt haben an Steinen aus den Trümmern und Staub, und neue Häuser entstanden, und nun geht es uns durch den bekannten deutschen Fleiß wieder sehr gut, mit der politischen Vorsorge...
Wir sind heute eine moderne Stadt, hoffen wir wenigstens, daß wir's hingekriegt haben, haben wir hingekriegt.
Wir sind zu 85 % eine katholische Stadt. Die CDU hat schon immer die absolute Mehrheit, aber selbst wenn das nicht wäre, die andern Parteien sind ja bei uns der gleichen Auffassung, die Fraktionen sind bei uns aus einem Guß. Darüber sind wir alle glücklich bei uns im Rat. Deswegen ist die erfreuliche Entwicklung in unserer Stadt überhaupt möglich gewesen, weil wir uns in den Sachen so vollkommen einig sind. Hier gibt es keine politische Minderheit oder Opposition.
Bei uns kommt es darauf an: ist einer für Paderborn oder ist er nicht für Paderborn...«

Die Bob-Hansen-Story*

Ein literarischer Test (1968)

Die Literaturwissenschaft zählt ihn zu den bedeutendsten Schriftstellern des Jahrhunderts. Kenner nennen seinen Roman »Der Mann ohne Eigenschaften« »eines der geistvollsten und aufhellendsten Romanwerke unserer Zeit«, »Wendepunkt des Romans überhaupt« und »den schonungslosesten Roman der Weltanschauungskritik«. Dennoch: Zahlreiche Verlage haben ein Kernstück aus diesem Roman mit spöttischem Kommentar zurückgeschickt. Das Manuskript stimme nicht überein »mit unseren Vorstellungen von Literatur«, habe »für unser spezifisch literarisches Programm nicht sehr günstig beurteilt werden« können, die »Thematik« sei »etwas eng« und die Geschichte »zudem peinlich«. Selbst renommierte Schriftsteller mochten das zur Begutachtung eingesandte Probestück nicht gutheißen: »Sie leiden unter Stilkrampf«, »... nimmt Ihnen heutzutage kein Verlag ab!«

Ich nannte ihn Bob Hansen. Angeblich lebt er im rechtsmainischen Steinheim, in der Ludwigstr. 46 – meiner damaligen Adresse. Dort tippt er seit nunmehr vier Jahren an einem Roman-Manuskript, das ihm zum literarischen Durchbruch verhelfen soll.

Jedoch: Tatsächlich ist er bereits im April 1942 – im Alter von 61 Jahren – gestorben. Und er heißt nicht Bob Hansen, sondern Robert Musil. Der Durchbruch schließlich ist ihm bereits 1906 mit seinem Erstling »Die Verwirrungen des Zöglings Törless« gelungen.

* In Zusammenarbeit mit Dieter Just.

Ich hatte Musil zu neuem Leben erweckt und – der Schriftsteller, der sich auch als Satiriker verstand, wird es mir verzeihen – für ein literarisches Experiment benutzt. Mit Hilfe der Robert-Musil-Aktion sollten Verlage, Literaturwissenschaftler und Schriftsteller einem Test unterzogen werden. Ich wollte erfahren,

wie aufmerksam und unvoreingenommen Manuskripte unbekannter Autoren in den Verlagshäusern gelesen werden,

ob Lektoren und Experten fähig sind, von einem Text (30 Schreibmaschinenseiten) auf Entstehungszeit und Autor des Werkes zu schließen (anhand weniger Zeilen müssen ja die Teilnehmer literaturwissenschaftlicher Seminare ihr Urteilsvermögen unter Beweis stellen),

welche Noten unsere Prüflinge heute einem Roman der Weltliteratur geben. Das Test-Manuskript entnahm ich dem Hauptwerk des österreichischen Schriftstellers, dem unvollendeten 1632-Seiten-Roman »Der Mann ohne Eigenschaften«: eine erotische Szene, in der Musil die Liebesbeziehung des Mädchens Gerda detailliert schildert, und ein Stück Reflexion über eine Jugendfreundschaft.

Vorsichtshalber änderte ich die Namen: Ulrich, der Mann ohne Eigenschaften, nannte sich nunmehr Jürgen, Gerda wurde Helga, Clarisse hieß jetzt Brigitte, und Walter wurde mit dem altfränkischen Namen Giselher versehen. Erkennbar blieb Musil trotzdem: schon an seinen einmaligen Satzkonstruktionen, mit denen sich der unfreiwillige Musil-Kritiker Robert Neumann nach Erhalt unseres Text-Auszuges eingehend befassen sollte.

Prunkstück der Bob-Hansen-Ausstattung (s. auch Originalbrief) war ein prächtiger, allerdings etwas altmodisch anmutender Stempel, den ich nicht ohne Absicht mit einem Fehler (»liberté ecrivain«) versah. Der Stempel sollte bei den Adressaten des Literatur-Pakets ein wenig Verwirrung stiften:

Bob Hansen
freier Schriftsteller
[illegible]
z. Zt. techn. Abteilungsleiter
6452 Steinheim/M.
Ludwigstraße 46

Steinheim, den 4.12.1967

An den
Luchterhand-Verlag

5450 Neuwied
Heddesdorfer Straße 31
Lektorat

Sehr geehrte Herren,

Ich erlaube mir, Ihnen ein Manuskript zur Prüfung vorzulegen. Das Kapitel, das ich Ihnen anliegend übersende, ist ein Auszug aus einem großen Roman, an dem ich seit nunmehr vier Jahren in meiner Freizeit arbeite. Nun ist das Werk zur guten Hälfte fertig, und ich glaube, daß ich den Roman rasch zu Ende schreiben kann, wenn ich einige Unterstützung finde.
Deshalb schreibe ich an Sie, mit der Bitte, freundlicheweise zu prüfen, ob Ihr Haus an der Veröffentlichung meines Romans interessiert ist. Wenn Sie dem Manuskript einigen Reiz abgewinnen können, wäre ich natürlich hocherfreut. Sollten Sie jedoch einen ablehnenden Bescheid geben müssen, wäre ich Ihnen für eine kurze Beurteilung des Textes sehr dankbar. Denn Sie werden verstehen, daß man - wenn man sich so lange in eine Arbeit vertieft hat - sehr im Unsicheren ist, ob die Arbeit überhaupt Zweck hat. Ihr Rat würde mir sehr helfen.
Für Ihre Bemühungen danke ich Ihnen im voraus.

Mit den besten Empfehlungen

Bob Hansen

Ich ernannte Hansen zum *»Technischen Abteilungsleiter«* – schließlich hatte Robert Musil einst in Brünn Maschinenbau studiert; technischer Abteilungsleiter hätte er werden können.

Und alle, alle schrieben

Mit dem Test versorgt wurden 32 deutsche, österreichische und Schweizer Verlage sowie vierzehn Literaturwissenschaftler, Kritiker und Schriftsteller. Der Erfolg war enorm: Fast 80 Prozent der Adressaten würdigten Bob Hansen einer Antwort. Per Vordruck reagierten drei Verlage und der von Hansen um ein Urteil gebetene »Zeit«-Feuilletonist Rudolf Walter Leonhardt. Der Münchner Scherz-Verlag ließ auf seiner Antwortkarte den Satz ankreuzen: *»Leider ist das Manuskript für unser Programm nicht geeignet«*, der ebenfalls ablehnende Vordruck des Münchner Wilhelm Goldmann Verlages bestach durch den netten Begriff *»Inverlagnahme«*, der Limes Verlag Wiesbaden schließlich tat dem Hansen kund: *»Grundsätzlich dürfen wir, als eine Art Rat für Sie, noch anfügen, daß es zweckmäßig ist, einem Verlag nicht gleich ein komplettes Manuskript einzusenden.«* Genau das hatte Hansen vorausgeahnt. So hatte er nur einen Auszug geschickt. Geholfen hat es ihm nicht.

Vorsichtig waren nur drei

Lediglich drei Verlage zeigten jene abwägende Vorsicht, die von allen Adressaten zu erwarten gewesen wäre. Lektor Lorenz Gyömörey vom Paul Zsolnay Verlag in Wien ließ ihn wissen: *»Sie werden sicher verstehen, daß es vollkommen unmöglich ist, aus so wenig Seiten – ohne dazu die Geschichte* *wenigstens in den Grundzügen zu kennen – einen ganzen Roman zu beurteilen.«* Und dem Ostberliner Aufbau-Verlag – er antwortete zugleich im Namen des Verlages Rütten & Loening – schien es *»nicht möglich, Ihr Vorhaben anhand so kurzer Proben und ohne Exposé zu beurteilen«*. Hatten die drei etwas geahnt?

Rücksichtsvoll reagierten der Westberliner Germanistik-Professor Dr. Peter Wapnewski und Schriftsteller Ernst Herhaus (»Die homburgische Hochzeit«). Der Professor klagt in seiner Antwort, mit dem Urteil sei *»eine viel zu große Verantwortung verbunden für ein Menschenleben und seine Entwicklung, und ich habe es mir zur Regel gemacht, Empfehlung und Ermutigung oder Absage nur dort auszusprechen, wo Mensch und Werk mir genau bekannt sind«*. Mensch Musil und dessen Werk scheint Wapnewski nicht so genau zu kennen.

Ähnlich Literat Herhaus. Er sandte das Manuskript sogar *»ungelesen«* zurück: *»Ich kann und will nicht eine Verantwortung übernehmen für ein Votum dieser Art und seine möglichen Folgen; mir fehlen für dieses Votum Zeit, Nerven, Lust und Selbstsicherheit. Ich habe vor Jahren eine gut bezahlte und aussichtsreiche Stelle als Lektor aufgegeben, weil ich mich nicht mehr imstande fand, professionell und privat Urteile abzugeben, deren Herkunft mir unsicher und deren Folgen mir unbehaglich waren.«* Ich war gerührt.

Enge Erfahrung

Erfreulich selbstbewußt waren die Urteile jener Verlage und Persönlichkeiten, die den Musil-Auszug mit sicherem und oft vernichtendem Urteil zurückwiesen. Eine der prägnantesten Kritiken lieferte Peter Stehlin vom Walter Verlag aus Olten, Schweiz (s. Originalbrief S. 153).

»Mit den Wölfen heulen«

Nicht weniger abgestoßen als Stehlin fühlte sich auch Lektorin Ursula Matzerath vom Eugen Diederichs Verlag Düsseldorf, die *»ehrlich gesagt«* daran zweifelte, *»ob man den modernen Büchermarkt auch noch um diese abschreckend desillusionierende, erotische Schilderung ›bereichern‹ sollte... Muß man wirklich immer mit den Wölfen heulen?«* Zu spät: Schon 1931 hatte Ernst Rowohlt geheult...
Hart ging Bertelsmann mit Musil ins Gericht: *»Wir würden Ihnen empfehlen, sich noch einmal mit dem Text zu befassen und die allzu sentimentalen Stellen eventuell zu streichen. In dieser Form, glauben wir jedenfalls, wird sich kaum ein Verlag für Ihr Werk interessieren.«* Recht hat er.
Lektor Urs Widmer vom Frankfurter Suhrkamp Verlag strich den »Mann ohne Eigenschaften« unbefangen, aber mit leiser Ironie und nicht ohne Arroganz, aus der Literaturgeschichte (s. Originalbrief S. 154). Mit feiner Höflichkeit meldete dagegen Dr. Marianne Spiegel vom Lektorat des S. Fischer-Verlages *»einige Zweifel«* an und bat um *»Verständnis dafür, wenn wir Sie nicht auffordern möchten, uns Ihren ganzen Roman einzusenden.«* Bermann-Fischer war seinerzeit bei weitem interessierter. Seine Wiener Niederlassung brachte den »Mann ohne Eigenschaften« 1938 in einer Neuauflage heraus.

»Grenzen an Kitsch«

Böse Kritik setzte es vom Biederstein Verlag München. Zwar seien Hansen-Musils *»Empfindungen... psychologisch richtig«*, aber: *»... die Handlung ist nicht auf eine höhere Ebene übertragen, viele Wendungen zeigen eine primitive Ausdrucksweise, verlaufen sich in falscher Sentimentalität und grenzen an Kitsch. Auf diesem Weg kommen Sie zum Niveau*

WALTER-VERLAG AG OLTEN UND FREIBURG

Herrn
Bob Hansen
Ludwigstrasse 46

D-6452 Steinheim/M.

Olten, 9. Januar 1968
St/sm

Sehr geehrter Herr Hansen,

Ihr Manuskript habe ich bekommen, vielen Dank für das Angebot.
Leider sehe ich keine Möglichkeit, bei uns ein solches Werk zu publizieren. Die Thematik ist etwas eng, die Erfahrung, aus der Sie schreiben, ist es vielleicht auch.
Einige Stellen sind zudem, für meinen Geschmack, peinlich. Etwa Seite 2, vom Absatz an.
Nun, ich bin nicht befugt, Ihnen Ratschläge zu erteilen, vor allem nicht solche wie: machen Sie weiter, oder: hören Sie auf. Aber ich würde zumindest sagen: schreiben Sie mal konsequent über Themen, die gar nichts mit Erotik zu tun haben. Als technischer Abteilungsleiter sind Sie ja auch noch in anderen Bereichen zuhause.

Ich wünsche Ihnen dabei viel Erfolg und grüsse Sie freundlich

Ihr

P. Stehlin

Peter Stehlin

SV Suhrkamp Verlag

Herrn
Bob Hansen

6452 Steinheim
Ludwigstr. 46

am 17. Januar 1968
wi-sch

Sehr geehrter Herr Hansen,

vielen Dank für Ihr Romanangebot. Ich fürchte leider, daß das was Sie schreiben mit unseren Vorstellungen von Literatur nicht ganz übereinstimmt. Ich muß Ihnen also eigentlich raten, sich an einen anderen, dafür geeigneteren Verlag zu wenden.

Mit meinem besten Dank und mit besten Grüßen bin ich
I h r

Urs Widmer
(Urs Widmer)

6 Frankfurt am Main, Grüneburgweg 69, Postschließfach 2446. Telefon 720881. Telex 413972. Telegramme Suhrkampverlag Frankfurtmain. Konten: Deutsche Bank Frankfurt am Main 95/7100. Postscheck Frankfurt am Main 115761

eines üblichen Unterhaltungsromans ohne Anspruch.« Verlagsleiter Gustav End empfiehlt dem so scharf attackierten Schriftsteller: *»Sie sollten noch eine Reihe guter Romane aus Vergangenheit und Gegenwart lesen, bevor Sie mit Schreibübungen beginnen.«* Wie wäre es... mit Musils »Mann ohne Eigenschaften«?

Unzufrieden mit dem Hansen-Skript gab sich auch einer der führenden Schweizer Literaturkritiker. Dr. Werner Weber, Feuilletonchef der »Neuen Zürcher Zeitung« und Träger des Literaturpreises der Stadt Zürich, stellte in Zweifel, *»ob hier Thema und Sprache auf einer Höhe sind, wo für den Text ein allgemeines Interesse erwartet werden könnte«.*

Stärker ins Detail ging Schriftsteller Gerhard Zwerenz: *»Sie haben sich aber gleich so ungefähr das Schwierigste ausgesucht – Liebesszenen sind für die schriftstellerische Gestaltung in der Tat wohl das non plus ultra... Die Auffassung der ›Sache‹ und was Sie ausdrücken wollen, mag ganz interessant sein, aber wie Sie es sagen, das nimmt Ihnen heutzutage kein Verlag ab.«*

Wenn das Ernst Rowohlt wüßte...

Einige Verlage begründeten ihr Desinteresse mit verlagspolitischen Erwägungen: die Deutsche Verlags-Anstalt Stuttgart, Joseph Melzer in Darmstadt, der Gala Verlag in Hamburg, Molden in Wien, Droemer-Knaur in München und auch das von Otto F. Walter geleitete Luchterhand-Lektorat. Mit *»ganz verlagstechnischen Überlegungen«* untermauerte auch der Rowohlt-Verlag die Rücksendung des Probe-Kapitels.

Rowohlts von offenbar mehreren Lektoren *(»unsere Lektoren«)* getroffene Entscheidung (s. Originalbrief S. 157) ist die peinlichste von allen: Schließlich hatte Ernst Rowohlt die Arbeit am »Mann ohne Eigenschaften« als verlegerisches Glaubensbekenntnis fast ein Jahrzehnt lang honoriert, bevor er 1931 den ersten Band herausbrachte. 1952 bis 1957 erschien bei Rowohlt – mehrmals aufgelegt – die große, von Adolf Frise edierte Ausgabe des »Mannes ohne Eigenschaften«, und vor wenigen Wochen gab der Rowohlt-Verlag einen Band »Erzählungen« von Musil heraus.

Nur ein geringer Teil der Gutachter gelangte zu der Überzeugung, daß Musil-Hansen trotz einiger schwerer sprachlicher Schwächen so ganz unbegabt nicht ist. So schrieb Dr. Wolfgang Schwerbrock vom Hamburger Claassen Verlag, daß er Frau Dr. Claassen das Manuskript gern vorgelegt hätte, *»wenn das... Probekapitel mit der sehr reizvollen psychologischen Studie stilistisch nicht soviel zu wünschen übrig ließe.«* Er schloß allerdings nicht aus, *»daß Sie in anderen Teilen Ihres Romans eine glücklichere Hand bei der Feilung der Sprache zeigen«.*

Lob von Kennern

Lob erhielt Bob Hansen endlich – und darüber hat er sich sehr gefreut – von dem Erotika-Verleger Karl Schustek aus Hanau, der dem nur wenige Kilometer entfernt residierenden Hansen versicherte, daß der Musil-Auszug ihm »gut gefällt, insbesondere der Stil; er ist modern, und ich glaube schon, daß Sie dafür einen Verleger finden werden.« Der tote Österreicher muß keine Angst haben, daß sein Roman nun im Hause des Hanauer Sex-Verlegers neu aufgelegt wird: Zur Zeit könne er sich, teilte Schustek mit, »mit Neuem nicht belasten«.

Beim Schriftsteller Krämer-Badoni endlich fand wenigstens mein Stempel die richtige Würdigung: *»Darf ich mir eine kleine Bemerkung zu Ihrem Briefkopf erlauben? Werfen Sie den Stempel noch heute weg. ›Liberté écrivain‹ heißt auf*

ROWOHLT VERLAG GMBH
2057 Reinbek bei Hamburg
Postfach 9 · Hamburger Straße 17 · Ruf: 7 22 10 71 · Telegr.: Rowohltverlag · Telex: 021 3412

Rowohlt Verlag GmbH · 2057 Reinbek bei Hamburg · Hamburger Straße 17

Herrn
Bob Hansen,
6452/ Steinheim/M.,
Ludwigstraße 46.

9.1.68
T/K

Sehr geehrter Herr Hansen,

aus Ihrem noch nicht fertiggestellten Roman schickten Sie uns freundlicherweise ein Kapitel, das sich unsere Lektoren umgehend angesehen haben. Sie baten uns zu prüfen, ob unser Verlag an der Veröffentlichung Ihres Manuskripts interessiert ist, und wir müssen die Frage leider abschlägig beantworten, denn die Publikationschancen der Arbeit konnten für unser spezifisch literarisches Programm nicht sehr günstig beurteilt werden. Das hat nichts mit einem Werturteil zu tun, sondern sollte lediglich durch ganz verlagstechnische Überlegungen erklärt werden; wir sind daher auch nicht in der Lage, Ihnen die erbetene detaillierte Kritik beizufügen. Bitte haben Sie Verständnis für unsere Situation.

Mit freundlichen Grüßen
Ihr
ROWOHLT VERLAG GMBH
LEKTORAT

(U. Treumann)

Anlage: 8 Probeseiten

Deutsch ›Freiheit Schriftsteller‹. Sie meinen aber doch: freier Schriftsteller. Ich würde übrigens auch die deutsche Berufsbezeichnung weglassen. Das ist ja kein diplomierbarer Beruf. Ob man ein Schr. ist oder nicht, das sagen einem das Publikum, die Verleger, die Kritiker.«

Die meiste Mühe hatte sich Schriftsteller und Parodist Robert Neumann (»Mit fremden Federn«) mit Hansens Probestück gemacht. Zwar sagte er dem Autor unverblümt: *»Sie leiden unter einem Stilkrampf.«* Aber er fügt sofort das Lob hinzu: *»Sie investieren da eine große literarische Bemühung am falschen Ort – diese komplizierten Schachtelsätze wären selbst dann schlecht, wenn sie richtiger konstruiert wären.«* Seine Argumente erläutert Neumann mittels Text-Korrekturen.

Mit besonderer Hingabe rügt Neumann die berühmten Konjunktiv-Konstruktionen Robert Musils, die bereits 1961 den Germanisten Albrecht Schöne veranlaßt hatten, einen Aufsatz über den »Gebrauch des Konjunktivs bei Robert Musil« zu veröffentlichen. Grundsätzlich jedoch ist Neumann von der Begabung Hansens überzeugt: *»Können Sie eine völlig normale und natürliche Prosa finden – Sätze mit höchstens einem Nebensatz und, sagen wir, einer Maximallänge von 4 Zeilen, so werden Sie nach Wegfallen dieses Stilkrampfes vielleicht Ihr Buch mit sehr viel geringerer Mühe zu Ende führen können. Hält es dann das Niveau dieser Probe, so kommt es praktisch für jeden Verlag in Betracht – es hätte keinen Sinn, wenn ich Ihnen den Namen nenne, denn der ›Markt‹ verschiebt sich ununterbrochen. Auch kommt es ja darauf an, wie es mit der weiteren Substanz thematisch aussieht ... Jedenfalls wäre es schade, wenn Sie bei einer so eindeutigen Begabung die Flinte vorzeitig ins Korn würfen.«*

Verfremdungen hatten den Stilkundigen verwirrt. Denn eigentlich kannte Neumann Musil. Vor Jahren schrieb er: *»Robert Musil gehört ohne Zweifel zu den glänzendsten unter den lebenden Autoren des Kontinents. Sein englischer ›Gegenspie-*

ler‹ ist James Joyce – diese Tatsache erklärt es vielleicht, warum der einfache Mann ihn weniger kennt als andere, leichter zugängliche Schriftsteller. Es kann kein Zweifel daran bestehen, daß, wenn eines Tages die Literaturgeschichte unserer Zeit geschrieben wird, Musil mehr Raum gewidmet werden muß als Dutzenden anderer Namen zusammen.«

Asyl ohne Rückfahrkarte

Als Obdachloser im Pik-As (1969)

Hamburg. Am Montag vor Weihnachten. Ich suche das Obdachlosenasyl. In der Neustädter Straße frage ich Passanten. – »So was gibt's nicht mehr, so was gab's kurz nach dem Krieg.« – »Nie gehört, Sie meinen wohl die Jugendherberge?« – »Arbeiten gehen solltet ihr, dann hättet ihr auch ein anständiges Dach über dem Kopf!« Ich frage weiter. Ohne Erfolg. Erst ein Polizist kann mir helfen. »Dort ist«, sagt er von oben herab, »der Eingang von Hamburgs billigstem Hotel.« Seine ausgestreckte Hand weist auf ein Tor mit Eisenstreben. Dahinter, zwischen zwei schmutzigen, fensterlosen Hauswänden, ein schmaler Gang. Ich komme auf einen Hinterhof und stehe vor *Pik As*. Ein alter Bau. Eine rissige Holztür. Ich stoße sie auf und bin in der Empfangshalle. Hinter einer Sperre sitzen vier Männer in grauen Kitteln vor Karteikästen. Sie sehen aus wie Lageristen. In ihren Kästen sind keine Werkzeuge oder Ersatzteile registriert, sondern Personalausweisnummer, Herkunftsort, Übernachtungsgrund und Reiseziel der Untergebrachten.

Keiner hat in aufeinanderfolgenden Nächten ein Recht auf dieselbe Schlafstätte, steht auf einem großen Schild in der Halle. Die Aufgenommenen sollen sich hier nicht einleben. Auf einem zweiten Schild steht – rot unterstrichen: *Unbefugten ist das Betreten der Übernachtungsstätte strengstens untersagt.*

Der letzte der Männer ist für *W* zuständig. »Schon mal hier gewesen? Ausweis!« Er sucht in großen Karteikästen. Dann legt er eine Stammkarte für mich an. »Was willst du hier?«

– »Vorübergehend«, sage ich, »im Ruhrgebiet keine Arbeit mehr, vielleicht kann ich im Hafen...« – »Ha, vorübergehend, das sagen alle. Ich will Ihnen was sagen: geben Sie mir drei Groschen und erscheinen Sie morgens gefälligst früher, sonst kannst du sehen, wo du eine Platte machst.«
Als ich zum Treppenhaus gehe, höre ich, wie er den Telefonhörer abnimmt. Er meldet sich mit »Neustädter Straße« und gibt meinen Namen und meine Personalausweisnummer durch. Die Registratur von *Pik As* arbeitet mit der Kriminalpolizei Hand in Hand.
Auf der ersten Treppenstufe hocken drei Männer. Ein etwa 50 Jahre alter *Stammkunde* von *Pik As* und zwei kaum 20 Jahre alte Neulinge. Der ältere hält mich am Mantel fest. »Laß dir nieder. Oben in den Sälen ist nichts zu machen. Du wirst dir's schon hier bequem machen müssen. Hier, zur Stärkung!« Er greift zur Wermutflasche seines Nebenmannes und hält sie mir hin. Ich lehne ab. Er rückt zur Seite und läßt mich durch: »Du wirst ihn auch noch mal schätzen lernen, verdammt will ich sein, ja, das wirst du!«
Auf dem ersten Treppenabsatz liegt ein Mann verkrümmt in seinem eigenen Urin. Er ist etwa 60. Das Hemd ist ihm aus der Hose gerutscht. Sein Rücken, mit roten Geschwüren bedeckt, ist blutig gekratzt. Die Taschen seiner zerrissenen Jacke sind aufgetrennt und hängen in Fetzen herab. Das Gesicht ist grau und schmutzig wie der Zementboden.
»In den Rinnstein sollte man den schmeißen«, sagt ein freier Hafenarbeiter, der mit ein paar Kumpels die Treppe hochkommt. Er flucht, daß er morgen schon um halb fünf zur Schicht muß und der Mann an der Sperre zu ihm gesagt hat: »Nee, geweckt wird nicht, fünf Uhr ist Wecken für alle.« – »Jetzt könnt' ich endlich die Stelle fest kriegen, wenn ich die ersten 14 Tage keinen Schiet mache und dann ist alles wieder aus, wenn ich morgen verpenne.«
Ich kann in dieser ersten Nacht nicht schlafen und auch in den

folgenden Nächten sind es 3, 4, höchstens 5 Stunden Ruhe, die ich bekomme. Man muß schon sehr erschöpft sein, um es länger auszuhalten. In den fünf großen Schlafsälen liegen je 60 bis 80 Männer. Die Betten sind zweistöckige Eisengestelle. Keine Matratzen, keine Bettwäsche, keine Decken. Die oberen Plätze sind begehrt. Wer unten liegen muß kann das Pech haben, daß der Kumpel im Oberbett im Delirium den Urin nicht halten kann. Die Säle sind überheizt. Der Schweißgeruch ist stechend. Doch trotz der Hitze hat kaum jemand mehr als den Mantel ausgezogen, der als Unterlage oder – zusammengerollt – als Kopfkissen dient. Je abgerissener man ist, um so besser für die Nacht. Wer in Lumpen geht, kann sich wenigstens nachts davon befreien. Verdreckte und zerrissene Sachen klaut selbst hier so schnell keiner.
In der zweiten Nacht liege ich neben einem jüngeren Mann. Er hat sein rechtes Bein angewinkelt über seinen Pappkoffer gelegt und mit einer Schnur den Koffer ans Bein gebunden. Mit dem Kopf liegt er auf seinen Schuhen. Die hat er noch sicherheitshalber mit den Schnürsenkeln ans Eisengestell gebunden.
Eine Woche *Pik As* reicht in der Regel, um den Mut zu verlieren. »Ein Monat *Pik As* genügt und du schaffst es nicht mehr. Weil du einfach keine Kraft mehr hast. Schon rein physisch gesehen. Besonders, wenn der Alkohol noch dazu kommt und der kommt garantiert, sonst hältst du es gar nicht aus und du wirst verrückt.« Der das sagt, ist seit vielen Jahren im Obdachlosenasyl. Mit Unterbrechungen, denn in warmen Nächten zieht er die *Wiese* vor. Er hat vor Jahren ein Studium abgebrochen. Sein Vater ist höherer NATO-Offizier. Als er durch Zufall von dessen Vergangenheit erfuhr, Folterungen und Erschießungen von Frauen und Kindern in Frankreich, hat er zu Hause alles im Stich gelassen und mit Trinken angefangen. Die Erschießungen, an denen sein Vater maßgeblich beteiligt gewesen sei, hätten, so sagt er, unter dem Befehl

eines Generals Lammerding stattgefunden. Den gibt es tatsächlich. Er lebt jetzt als Bauunternehmer in Düsseldorf, wie ich später herausfinde.
Ich bin jetzt viel mit einem 24jährigen zusammen. Er hat Gärtner gelernt und war in Saarbrücken in eine Hehlergeschichte verwickelt. Er bekam neun Monate Gefängnis, sechs Monate wurden zur Bewährung ausgesetzt, da es seine erste Straftat war. Weil er in Hamburg zuletzt gearbeitet hatte, ließ er sich nach der Strafverbüßung eine Fahrkarte dahin ausstellen. Seine frühere Firma wollte ihn jedoch nicht mehr. Bei acht Firmen – davon zwei Werften – hat er sich bisher beworben. Keine hat ihn genommen. Sein abgerissener Zustand machte die Leute mißtrauisch. Außerdem kann er keinen festen Wohnsitz nachweisen. »Wenn Sie keinen festen Wohnsitz haben, können wir Sie leider nicht einstellen«, heißt es immer. Aber ein Zimmer bekommt er erst, wenn er Geld verdient und es bezahlen kann.
Ein anderer erzählt mir nachts im Treppenhaus, daß er im Krieg einem Exekutionskommando zugeteilt gewesen sei. Er habe auf Deserteure, Partisanen und Geiseln geschossen. »Wir waren zu sechst und keiner wußte, wer den tödlichen Schuß abgab. Wir mußten es. Es waren aber einmal Kinder darunter, die den Partisanen geholfen hatten. Wir mußten schießen, sonst hätten es andere besorgt. Was blieb mir anderes übrig?« sagte er fast flehend. »Die anderen schossen sicher bereitwilliger«, sage ich. Aber er sieht mich nur mit glasigen Augen an.
Ein 60jähriger mit Vollbart versteht es, »auf die fromme Tour zu reisen«. Besonders an Priester macht er sich heran, um »Im Namen des Gekreuzigten« um Geld zu betteln. Aber: »Wenn Not am Mann ist, staube ich auch in Kirchen ab.« Mit einem Holzstäbchen, das er unten mit Klebstoff bestrichen hat, holt er aus den Opferstöcken die Münzen. »Wenn es ein guter Fang war, stelle ich am nächsten Tag dafür eine Kerze auf,

gegen Bezahlung, versteht sich.« Einmal zeigt er mir stolz einen vergilbten Zeitungsausschnitt. Darauf steht, daß er wegen Gotteslästerung, versuchter Nötigung und Hausfriedensbruch zu 13 Monaten Gefängnis verurteilt worden ist. Er hatte sich in angetrunkenem Zustand im Ulmer Münster auf den Bischofsstuhl gesetzt, die Kerzen um sich herum angezündet und obszöne Lieder gesungen. Als der Pfarrer erschien, um ihn aus dem Münster zu jagen, wollte er ihn zwingen, vor ihm niederzuknien.

Letzte Station ist *Pik As* auch für Kranke, psychisch Kranke. Er ist etwa 35. Und auch seine Geschichte höre ich nachts auf der Treppe. Der Alkohol hat ihn gesprächig gemacht. Bei der Geburt war sein Geschlecht nicht eindeutig feststellbar. Mit 15 operierte man ihm die Hoden aus der Leistengegend. Als er aus der Narkose erwachte, war sein erster Eindruck die Gummischürze der Operationsschwester, der erste sexuelle Reiz. Das bestimmte sein weiteres Geschlechtsleben. Er wurde Gummifetischist. Er kramt aus seiner Brieftasche vergilbte Illustriertenannoncen, auf denen Frauen für enganliegende Taucheranzüge werben. Und abgegriffene Fotos von Schauspielerinnen in glänzenden Nappalederröcken. Sie üben auf ihn die gleiche Wirkung aus.

Sonntags steht er meist auf dem Fischmarkt und beobachtet die Marktfrauen, die Fische verkaufen. In Gummischürzen. Einmal hat er eine Stelle in einer Fischfabrik angenommen. »Obwohl mir der Gestank zuwider war.« Er wurde dort bald entlassen, weil er die Gummischürze, die eine junge Arbeiterin trug, streichelte. Das war dem Mädchen unheimlich. »Ich wäre heute noch dort, wenn ich statt dessen versucht hätte, sie zu küssen oder wenn ich ihr unter den Rock gefaßt hätte«, sagt er. Ein andermal wurde er wegen Hausfriedensbruch zu zwei Monaten Gefängnis verurteilt. Durch das Fenster einer Hotelküche hatte ihn eine Kaltmamsell mit Gummischürze fasziniert. Er war zu ihr hinaufgestiegen und hatte fassungs-

los vor ihr gestanden. Erst die herbeigerufene Polizei brachte ihn zur Besinnung.
In der Bundesobdachlosenkartei in Bethel, in der jede Asylübernachtung registriert wird, wird auch über seinen Fall Buch geführt. Nach der Folge seiner einzelnen Reisestationen hat er in den letzten fünf Jahren mehr als 30000 km, teils zu Fuß, teils per Anhalter zurückgelegt. Aber er hat noch nicht ganz aufgegeben. Kurz nach Neujahr schreibt er mir, daß er ein »neues Leben« anfangen will, er habe jetzt »eine gute Arbeit bei einer privaten Spedition«, wo er »als Roller mit der Karre« fährt. »Wenn es sich regeln läßt, werde ich sorgen, daß Du auch anfangen kannst!« und: »Vorige Woche kaufte ich mir eine Bügeltasche mit zwei Schlössern, ich kann Dir sagen, Sonderklasse, eine sogenannte Chef-Aktentasche. Wenn ich bei dieser Firma längere Zeit bleibe, kaufe ich mir jede Woche ein Stück zu.«
Er blieb nicht lange bei dieser Firma.
Von den 500, die jede Nacht auf *Pik As* angewiesen sind – im vorigen Jahr und den Jahren davor waren es halb soviel – leben etwa 100 von gelegentlichen kleineren Diebstählen.
Dienstagnacht werde ich plötzlich aus dem Schlaf gerüttelt. Ein Polizist verlangt meinen Ausweis: »Polizeikontrolle«. Mit der Taschenlampe sieht er in seiner Suchliste nach. Er gibt mir den Ausweis zurück. Aus dem Nebensaal holen sie einen heraus. Er läßt sich widerstandslos abführen. Ich hatte ihn am Abend vorher in der Kneipe neben *Pik As* gesehen. Er hatte aus der Musikbox dreimal hintereinander die Platte gewählt: *Kennst du das Land, wo immer nur die Sonne scheint und ein Mädchen auf dich wartet?*
Einen Tag nach der Verhaftung steht in der Zeitung, daß er einen Schweizer Kaufmann umgebracht und ausgeraubt haben soll.
Wer länger als drei Nächte im *Pik As* gewesen ist, wird mit einem Schein zum Landesfürsorgeamt geschickt. Dort wird

das Recht auf weitere Übernachtungen bewilligt oder verweigert. Ich muß auch dorthin. Zur Abteilung *Wohnungslose, Wanderer, Durchreisende, Anmeldung Zi. 40/41.* Ich gebe meinen Schein dort ab. Der Fürsorgebeamte trägt den gleichen grauen Kittel wie die Männer auf der Anmeldung von *Pik As.* Männer in grauen Kitteln tragen Akten von einem Raum zum anderen. Ich soll draußen auf einer der Holzbänke warten, bis ich aufgerufen werde. Es sitzen noch andere auf der Bank, einige habe ich im *Pik As* schon gesehen. Die Beamten lassen uns mehr als zwei Stunden warten. Nur einer wurde abgefertigt. Als er herauskommt: »Totenköpfe ausbuddeln soll ich, was anderes käme für mich nicht in Frage.«

Endlich wird mein Name aufgerufen. Eine Fürsorgerin fragt mich aus. Ich erzähle ihr, daß ich aus dem Ruhrgebiet komme, da sei nichts mehr los. »O je«, sagt sie, »was wollen Sie denn hier?« – »Ich dachte, der Hafen...« – Sie schüttelt den Kopf: »Da ist auch nichts los.« »Ich muß aber da raus«, sage ich, »im *Pik As* geht man vor die Hunde. Kann ich nicht in ein Überbrückungsheim?« – »Da ist überhaupt nichts zu machen, auf gut deutsch gesagt«, antwortet sie. Sie verlängert meinen Schein für weitere 14 Tage. Ihr Rat: es später bei der Heilsarmee zu versuchen. »Der Staat zahlt mehr als zwei Drittel der Übernachtungskosten in *Pik As* für Sie«, gibt sie mir noch als Trost mit auf den Weg.

Auf der Treppe am Ausgang hockt ein Mann, der seit drei Tagen ohne einen Pfennig in Hamburg ist. Auf St. Pauli hat er die Nutten um Geld für Brötchen angebettelt und es auch bekommen. In Frankfurt hat er neun Monate im Gefängnis gesessen. Als er begnadigt wurde, mußte er ein Reiseziel angeben. Eine Wohnung hatte er nicht, direkte Angehörige auch nicht. Er erinnerte sich an eine Tante, die ihm vor Jahren gesagt hatte: »Wenn du mal in Schwierigkeiten bist, kannst du zu mir kommen.« Sie wohnt in J. bei Buxtehude. Er bekam die Fahrkarte dorthin. Doch die Tante war zufällig verreist. Eine Bekannte der Tante gab ihm 8 Mark. Davon löste er eine Fahrkarte nach Hamburg. Jetzt geht es ihm darum, wieder eine Fahrkarte nach J. zu bekommen, denn die Tante müßte inzwischen zurück sein. Zuerst versuchte er es auf einer Polizeidienststelle. Von dort wurde er zur Gerichtsstraße nach Altona geschickt. Er ging die zehn Kilometer zu Fuß. Dort schickte ihn schon der Pförtner weg. Zum Fürsorgeamt. Die schickten ihn zur Entlassenenfürsorge. Und die schickten ihn wieder zurück.

Jetzt hat er es aufgegeben. Er will hier vor dem Landesfürsorgeamt sitzenbleiben, bis die Polizei ihn mitnimmt. Ich kann ihn überreden, mit mir zusammen noch mal zur Entlassenenfürsorge zu gehen. Der Mann dort sagt: »Was wollt ihr, du warst doch heute schon mal hier?« Und zu mir: »Was ist mit dir los?« – »Wir gehören zusammen.« Und der Mann fängt an, von seiner Tante zu erzählen. Der Beamte hört nicht hin, er sagt: »Kommt nach Neujahr wieder, dann ist der Andrang nicht so groß.« – Ich sage: »Es geht doch nur um eine Fahrkarte von sechs Mark, dann sind Sie den Mann endgültig los.« – »Wenn's weiter nichts ist, die kannst du kriegen«, sagt der Beamte. Er ruft ins Nebenzimmer: »Händigen Sie dem Mann sechs Mark gegen Quittung aus.« Und dann, weil Weihnachten vor der Tür steht: »Ach was, geben Sie ihm zehn.« Zu uns: »Und laßt euch hier nicht wieder blicken.«

Weil Heiligabend ist, öffnet das Asyl zwei Stunden vor der üblichen Zeit. Es gibt ein Weihnachtsessen: eine heiße Bockwurst, dazu ein trockenes Brötchen, als Geschenk zusätzlich eine Schachtel HB-Filterzigaretten und einen Becher schwarzen Bohnenkaffee.

Die Heilsarmee rückt an und verteilt Konsumtüten mit Tannengrünaufdruck. Die Hälfte von uns geht leer aus. »Wir wußten ja gar nicht, daß ihr diesmal so viele seid«, bedauert die Schwester. Dann setzt sie zu einer Rede an. Weil wir so laut sind, bricht sie wieder ab. Sie dreht sich zu ihrer Truppe um, hebt den Arm wie zu einem Schießbefehl. Und jetzt hören wir es alle, es dringt bis nach draußen: »Christus macht Dein Leben neu.« Sie singen uns noch das Lied »Christ der Retter ist da«. Wir sollen mitsingen. Die meisten kennen das Lied aber nicht, und einige brüllen »Scheiße«. Als die Heilsarmee uns verläßt, grölen Betrunkene die besser bekannten Weihnachtslieder wie »Stille Nacht« und »Holder Knabe im lockigen Haar«. Andere singen Soldatenlieder dazwischen. Der »einsame Soldat am Wolgastrand« wird mehrmals gesungen.

In den nächsten beiden Tagen bin ich auf drei Armenbescherungen, die für uns veranstaltet werden. Wir müssen jedesmal viel beten und viel singen. Singen ist angenehmer, dabei dürfen wir sitzen bleiben. Am Ende bleiben die Geschenke hinter den Erwartungen zurück. Altbackene Plätzchen, als besondere Überraschung eine Dose Schuhcreme, eine Zahnbürste oder eine Tube Zahnpasta in der Weihnachtstüte. Zwischen den Bescherungen lange Ansprachen und Predigten. Von den 200 bis 300 Besuchern aus *Pik As* schlafen 20 bis 30 jedesmal ein. Die Geschenke werden immer erst zum Schluß verteilt, »weil die genau wissen, daß wir sonst wieder abhauen«, sagt der Mann aus *Pik As*, den ich begleite.

Am zweiten Weihnachtstag veranstaltet die *Straßenmission* – eine staatlich unterstützte Sekte – in der Seilerstraße ihre Feier. Wir müssen 26mal singen und 11mal beten. Aber die erhofften Geschenke fallen am Ende unter den Tisch. Bruder Krebs, das Haupt der Sekte, droht einem alten Mann mit Rausschmiß, weil der Alte beim Beten sitzen geblieben ist. Auch andere Unandächtige weist er zurecht. Während der dreistündigen Feier treten 12 Sektenmitglieder einzeln auf und legen ihre Bekenntnisse ab.

Ein vorzeitig pensionierter Kapitän berichtet unter Zuckungen, wie ihm Christus einst auf hoher See in den Sternen erschienen ist. »Bis zu meinem 21. Lebensjahr war ich ein guter Jüngling. Dann erlag ich der Versuchung in den vielen Hafenstädten. Bis mich Gott in den Sternen – ich war damals 50 – von der sündigen Fleischeslust erlöste.« Die Sektenmitglieder stimmen den Choral an: »Halleluja, halleluja, der Herr ist gekommen... jubelt, daß wir mit ihm verheiratet sind.«

Ein anderer Prediger hat eine besondere Verheißung: »Man sagte mir mal: eine einzige Atombombe genügt und alles ist aus. Da mußte ich lachen und antwortete: Im Gegenteil, da fängt es erst an.« – Das ist auch der »Wahlspruch«, den er uns heute »mitgeben möchte«: »Ertragt euer jetziges Leben in Not und Elend. Es zählt nicht. Freuet euch auf den Tag, da euch Christus zu sich holt, denn dann fängt das wirkliche Leben mit Jauchzen und in Herrlichkeit an!«

Als Attraktion wird uns Bruder Wolfgang vorgestellt. Er begrüßt uns: »Auch ich habe einst zu euch Elendigsten der Elendigen gehört«, und er sagt, daß er »elf Jahre fern vom Heiland im Knast gesessen hat.« – Einer von uns ruft: »Angeber, ich war fünfzehn Jahre drin!« Bruder Wolfgang: »Jesus Christus hat mich reich gemacht im wahrsten Sinne des Wortes reich gemacht, auch äußerlich«, und er spricht von seinem schwarzen Anzug, den er trägt und den er »gegen seinen blauen mit Streifen« tauschen durfte. Auf der Straße parkt sein Opel Kapitän, sein Dienstwagen. Er wurde ihm vom Staat für seine Missionstätigkeit in Zuchthäusern und Erziehungsanstalten zur Verfügung gestellt. Sein Rat, wie auch wir »den Weg des Heils finden« können: wir sollen »nicht länger in der Grube der Gottlosigkeit hausen«, sondern wie er »in bedingungslosem Gehorsam vor dem Herrn und seinem Diener, dem Staate«, leben.

Er erzählt von einer Weihnachtsfeier in einem russischen Gefangenenlager, wo ein Studienrat »durch alle Filzungen hindurch, obwohl man ihm sämtliche Haare am Körper abrasiert hatte, eine Handvoll Blätter des Neuen Testaments rettete.

An einer Stelle, liebe Männer und Frauen, wo man normalerweise kein Evangelium aufbewahrt. Sie wissen Bescheid, nicht wahr?« Er erinnert sich an andere »Mithäftlinge, die das gleiche dünne Testamentpapier auf die gleiche Weise einschmuggelten und sich mit dem Papier der Heiligen Schrift Zigaretten gedreht haben«. Er folgert: »Zur Strafe holten sie sich dadurch die Schwindsucht an den Hals.« – »Diese zwei Möglichkeiten bestehen immer in bezug auf das Evangelium. Man kann zum Leben kommen oder zum Tod.« Dann bricht Bruder Wolfgang vorzeitig auf. Er muß noch zu weiteren Weihnachtsfeiern in geschlossenen Anstalten, um »den Verdammten das Evangelium zu bringen«. Die Sektenmitglieder singen ihm nach: »Mein Herr, wir danken Dir. Wie groß bist Du. Wie groß bist Du.«
Zurück im *Pik As*. Am Schwarzen Brett hat der Hamburger Sozial- und Arbeitssenator eine Weihnachtsbotschaft aushängen lassen: »Weihnachten« steht dort und als Leitspruch: »Vertrauen in die Zukunft!« »Liebe Bewohner«, nennt der Senator die hier Untergebrachten und fährt fort: »Sicherlich ist das Jahr, das nun seinem Ende entgegeneilt, für manche von Ihnen nicht nur eitel Freude gewesen«, und zum Trost: »Für unser ganzes Volk war es ein Jahr mit enormen negativen Vorzeichen.«
Überall im Asyl sind Plakate angebracht: die Rückseite eines gebeugten alten Mannes mit Stock. Darunter steht: *Sieh Dir Deinen Nachbarn an, ob man ihm nicht helfen kann.*
Sollen die Blinden den Blinden helfen!

Als Alkoholiker im Irrenhaus

»Ab nach Goddelau!« (1969)

Eine 56 Jahre alte Steno-Kontoristin aus W. war regelmäßig ihrem Beruf nachgegangen, obwohl sie hochgradige Alkoholikerin war. Dann mußte sie sich jedoch auf richterlichen Beschluß hin vier Jahre lang in der Heil- und Pflegeanstalt Eichstätt einer Entziehungskur unterziehen. Danach war sie dem Alkohol entwöhnt. Aber sie kann nicht mehr arbeiten. Die lange zwangsweise Unterbringung zusammen mit Geisteskranken hat sie unfähig gemacht, für sich selbst zu sorgen. Sie macht heute einen abwesenden, isolierten Eindruck.

Am 25. Februar 1967 berichtete die »Offenbach-Post« über folgenden Fall: Herr P. klingelte spätabends im Beisein seiner Frau seine Ärztin in Offenbach wegen eines Beruhigungsmittels aus dem Schlaf. Die Ärztin trat ans Fenster im zweiten Stock und wollte wissen, was Herr P. wünsche. Wegen der Entfernung kam es zu Verständigungsschwierigkeiten. Herr P. beschrieb das von ihm benötigte Medikament unter anderem als »in Wasser löslich«, das genaue Wort sei ihm entfallen. Er rief hinauf, »Sie wissen doch, diese Lösung...« Die Ärztin im zweiten Stock verstand nur »Losungswort« und vermutete, daß sich der Mann an der Tür für »den lieben Gott« halte und stellte dementsprechend gleich die Diagnose. Wenig später fuhr ein Krankenwagen vor. Herr P. stieg ein in der Annahme, man bringe ihn zur Ambulanz in ein Krankenhaus, wo er das Beruhigungsmittel erhalten würde. Erst als ihm in der Heil- und Pflegeanstalt in Goddelau ein Pfleger den Arm auf den

Rücken drehte und ihn in eine geschlossene Abteilung abführte, wußte er, daß etwas nicht stimmen konnte. Es gelang ihm aber auch in den folgenden Tagen nicht, den Stationsarzt über den wahren Sachverhalt aufzuklären. Der sagte nur: »Hier steht's doch schwarz auf weiß.« Er bezog sich damit auf die Aussage der Ärztin.
Diese hatte Herrn P. zuletzt ein Jahr vorher wegen eines Armbruchs behandelt. Ihre jetzige Diagnose – »Geistesverwirrung, Geistesschwäche und Gefahr für sein eigenes Leben und das Leben anderer« – stellte sie vom Fenster aus.
Frau P., die ihren Mann erst nach einer Woche besuchen durfte, beauftragte einen Rechtsanwalt mit dem Fall. Nach einem Monat wurde Herr P. – als Normaler rehabilitiert – entlassen.

Ein junger Alkoholiker aus F. unterzog sich ein halbes Jahr in der geschlossenen Abteilung einer Heil- und Pflegeanstalt einer sogenannten Antabus-Entziehungskur. Sie besteht darin, daß der Patient, nachdem er schon längere Zeit keinen Alkohol mehr bekommen hat und durch die damit hervorgerufenen Entziehungserscheinungen (Zittern, Schweißausbrüche) geschwächt ist, plötzlich wieder Alkohol trinken darf – im Beisein des Arztes und nachdem er vorher Antabus-Tabletten eingenommen hat.
Die unmittelbare Wirkung (laut Pschyrembel Klinisches Wörterbuch besteht durch den plötzlich auftretenden Blutdruckabfall, durch Steigerung von Puls- und Atemfrequenz sogar Lebensgefahr): rasendes Herzklopfen und Angstzustände. Der Patient gibt bereits nach den ersten Schlucken unter Schmerzen und Krämpfen alles wieder von sich. Der Magen stülpt sich um, der Darm entleert sich.
Im Fall des Alkoholikers G. belegte der beaufsichtigende Arzt den Patienten während der »Kur« mit Schimpfwörtern wie »Schwein« und hielt ihm vor: »Da sehen Sie, wie weit Sie der Suff gebracht hat.« Die Erniedrigung gehört zu dieser Aversions-Therapie.

Die Antabus-Kur brachte einen Halbjahreserfolg. Danach trank G. die gleichen Mengen an Alkohol wie vor seinem Aufenthalt in der Anstalt.
Die Anzeige eines Nachbarn wegen »Störung der Nachtruhe« – G. war öfter volltrunken nach Hause gekommen – brachte ihm erneut einen Einweisungsbeschluß.
G. entzog sich einer zweiten »Antabus-Kur«, indem er durch eine Überdosis Schlaftabletten Selbstmord beging.

Das um die Jahrhundertwende erbaute Philipshospital zu *Goddelau* in Hessen, so genannt seinem Stifter Prinz Philip zu Ehren, beherbergt 1300 Patienten: Geisteskranke und, ihnen gleichgestellt und mit ihnen zusammenlebend, Triebverbrecher, gescheiterte Selbstmörder – und Alkoholiker. Grund meiner Einlieferung: Alkoholismus, ich »gefährde mich und meine Umwelt«. Aber es besteht *Krankheitseinsicht*, darum ist eine richterliche Einweisung nicht erforderlich. Ich bin freiwillig hier.
Ein höchst seltener Fall. Ein Alkoholiker, der zugibt, Alkoholiker zu sein und der eine Einschließung freiwillig auf sich nimmt, ist meinen Pflegern in Goddelau noch nicht begegnet. Sie nehmen mir das *freiwillig* jedenfalls nicht ab, denn »das sagen viele hier«.
Ich unterschreibe bei der Einlieferung eine Erklärung, nach der ich damit einverstanden bin, daß ich von nun an der Anstaltsordnung unterstehe, und daß meine ein- und ausgehende Post vom Arzt eingesehen »und nach ärztlichem Ermessen zensiert werden kann«. Da ich Freiwilliger bin, bleibt mir die sonst für jeden neu Eingelieferten obligatorische Beruhigungsspritze erspart.
Ich werde auf eine geschlossene Abteilung gebracht. Ein Pfleger nimmt mir Anzug, Hemd und Schuhe ab, damit ich »nachts nicht ausrücke«. – Auch mein Geld muß ich gegen

Quittung abliefern. Es ist 22.00 Uhr. Ich liege auf einem Eisenrohrbett, wie ich es von Krankenhäusern her kenne: die Umrisse des Saales im Halbdunkel. In dem etwa 7 mal 15 m großen Raum stehen 30 Betten. Neben mir richtet sich ein älterer Mann im Bett auf und starrt mich an. »Ich werd' verrückt«, sagt er, »du bist doch gerade vor zwei Nächten abgekratzt.« Am nächsten Tag erfahre ich, was er gemeint hat. In meinem Bett soll vor kurzem jemand gestorben sein.

Die erste Nacht ist am schlimmsten. Ich kann nicht schlafen, obwohl ich vorher eine Flasche Weinbrand getrunken habe. Der Pfleger macht viertelstündlich seinen Saalrundgang. Er tritt an jedes Bett heran und manchmal beugt er sich über einen Schlafenden. Es sieht aus, als wolle er hören, ob der Patient noch atmet.

Trotz der Nachtzeit ist der Saal voller Stimmen. Abgesehen von gelegentlichem Ächzen und Stöhnen scheinen sich einzelne zu unterhalten. Aber bald merke ich, daß die Gespräche keine logischen, aufeinanderbezogenen Dialoge sind. Nur dem Rhythmus nach erfolgen Antworten. Es sind unverständliche Wort- und Satzfetzen, die nur in einem akustisch-assoziativen Zusammenhang zum Monolog des jeweiligen Nachbarn stehen.

Vom rechten Saalende her ruft eine dünne Stimme in gleichmäßigen Abständen »Hilfe«, nicht übermäßig laut, fast automatisch. In der anderen Ecke des Saals versucht jemand, sich bemerkbar zu machen. Seine Stimme wird lauter und wieder leiser, lauter, leiser, immer abwechselnd, als koste es ihn Kraft, überhaupt zu rufen. Zuerst höre ich heraus: »Häb! Fleehe, häb' Fleehe«, dann verstehe ich, wonach er ruft: »Herr Fleecher, Herr Fleecher«, etwa 50mal und dann lauter: »Ich muß pissen, ich muß pissen.« Als der Pfleger seinen Rundgang macht, ist der Patient ruhig.

Dafür schreit jetzt ein anderer: »Hol' mich raus hier...«, und

er wiederholt einen Namen, den ich nicht verstehe. »Ich will raus, ich will endlich raus, laßt mich raus!« Sein Schreien wird immer lauter, Patienten sind davon wach geworden. Der Pfleger rollt das Bett des Schreienden auf den Flur. Von dort dringt seine Stimme nur noch leise zu uns in den Saal.
Morgens um 7.00 Uhr ist Wecken. Von den 30 Betten im Saal sind 26 belegt. Sechs Patienten stehen nicht auf. Die Betten stehen in drei Reihen, dicht aneinander. In der dritten Reihe liegen besonders schwere Fälle. An diesen Betten sind seitlich Bretter angebracht, damit die Patienten nicht aufstehen können.
Die in der dritten Reihe sind *Pflegefälle*. Sie werden vom Pfleger mehrmals am Tag trockengelegt und wie Kleinkinder gefüttert. Es sind Altersschwache, die von keinem Krankenhaus oder Altersheim aufgenommen werden und die hier auf den Tod warten. Das dauert oft mehrere Jahre.
Zum Waschen schließt uns der Pfleger die Tür zum Flur und die Tür zum Waschraum auf. Die Tür zum Treppenhaus bleibt verschlossen.
Die Türen haben keine Klinken; die Pfleger und Ärzte schließen und öffnen sie mit Spezialschlüsseln. Auch die Fenster haben keine Griffe. Sie werden selten geöffnet. Die Fensterrahmen sind aus Eisen, ohne Scheiben wären es Gitter.
Der Raum neben dem Schlafsaal ist Speise- und Aufenthaltsraum zugleich. Hohe Fenster ohne Vorhänge. Aus den Fenstern blicken wir auf den Anstaltshof. Da schwimmen Goldfische in einem Bassin, das etwa die Größe unseres Raumes hat. An der Wand unseres Raumes klebt ein Kelch, aus Silberpapier geformt. Keiner weiß, wer ihn hier angebracht hat. Von einem Pfleger erfahre ich, daß ein Patient in der Anstalt lebt, der sich für Gott hält. Wenn Kommissionen erscheinen, wird er vorgestellt. Wenn er dann den Anstaltsleiter fragt, wann er denn wieder in die Welt entlassen werde, antwortet der ihm: »Das geht nicht. Was sollen wir denn ohne Herrgott

machen?« – Vielleicht stamme der Kelch von jenem »Gott«, sagt der Pfleger, dieser Mann sei bereits in unserer Abteilung gewesen.

Zwei Polstersessel, der eine kann in eine Liege verwandelt werden, stehen an der Wand. Herr P., ehemals gut verdienender Beamter und nun Rentner, hat sich vom Überschuß seiner Rente – DM 425,– behält die Anstalt monatlich an Unterbringungs- und Pflegekosten ein – die beiden Sessel herkommen lassen. Mit Sondergenehmigung des Arztes.

Herr P., der Nichtraucher ist – Rauchen ist sonst das einzige erlaubte Laster hier – macht es sich in den Ruhepausen in seinen Sesseln bequem, und wenn er »überarbeitet« ist, läßt er nicht zu, daß ein anderer neben ihm in dem freien Sessel Platz nimmt.

Herr P. ist unser Bettenbauer. Mit bewundernswerter Akkuratesse macht er morgens und nach der Mittagspause das Bett jedes einzelnen. Er habe es beim Kommiß gelernt, sagt er, nichts sei umsonst im Leben, nichts sei umsonst.

Um 8.00 Uhr wird das Frühstück hereingefahren. Wir sitzen zu sechst an einem Tisch. Die Tischdecken werden zu den Mahlzeiten abgenommen. Ein älterer Herr macht mich darauf aufmerksam, daß ich seinen Platz eingenommen habe. Er sitze dort seit acht Jahren, und da könne ich ihn nicht so einfach vertreiben. Er sagt es ohne Nachdruck und lächelt dazu, aber als ich nicht sofort aufstehe, zeigt er erregt auf einen freien Stuhl am Nebentisch.

Dort sitze ich mit vier Alten zusammen. Meinem Gegenüber rinnt der Speichel in langen Fäden aus dem Mund, er knetet das Brot mit den Fingern im Kaffee und führt dann den Mund zur Tasse.

Vom Eßsaal, ebenso wie vom Schlafsaal aus, haben wir Einblick in die Toiletten. Da hocken sie zu dritt nebeneinander auf den Becken. Keine Brillen, auch die Türen fehlen. Seitlich sind zwar Trennwände, aber sie sind so niedrig, daß einer den anderen sieht. Ich kann mich während meines Aufenthaltes nicht daran gewöhnen, oft warte ich bis nachts, dann kann mich nur der Pfleger von seinem Platz aus beobachten, aber ich glaube, er merkt, daß ich mich schäme, und sieht weg.

Wenn man auf dem Klo sitzt, stören diejenigen am meisten, die aus anderen Gründen den engen Toilettenraum betreten. Sie waschen sich das Gesicht oder die Hände oder trinken einen Schluck Wasser, denn der Waschraum wird nur morgens aufgeschlossen. Der kleine Debile mit seiner nach oben gezogenen Stirn, der stets mürrisch und gereizt ist und Kalfaktordienste verrichtet, geht im Toilettenraum ein und aus. Er spült die Trinkbecher, kommt mit jedem Becher einzeln herein, spült ihn und trägt ihn wieder hinaus.

Er nimmt seine Tätigkeit sehr ernst. Gestank und Geräusche stören ihn oft bei seinen Aufgaben. Dann macht er seinem Ärger Luft. Er stellt sich vor einen, klatscht in die Hände und sagt: »Mach mal voran« oder »jetzt sitzt du schon sechs volle Minuten hier«. Und er zeigt stolz auf seine Armbanduhr.

Meine Umgebung in der Anstalt bedrückt mich. Ich stelle fest, wie mir alles gleichgültig wird. In den ersten Tagen deckte ich den Klorand noch mit Zeitungspapier ab, bevor ich mich daraufsetzte, jetzt lasse ich es. Den elektrischen Rasierapparat, der für alle da ist, benutze ich jetzt, wie ihn alle benutzen. Anfangs hatte ich immer noch abgewartet, bis sich jemand damit rasierte, dessen Haut nicht den typischen Anstaltsausschlag hatte. Dann säuberte ich den Apparat noch sorgfältig außen und innen mit dem Anstaltstaschentuch, ehe ich damit über meine Haut ging. Jetzt ist es mir gleichgültig. Ich rasiere mich überhaupt nur noch, wenn der Pfleger mich dazu auffordert, alle zwei, drei Tage.

Ich stelle plötzlich fest, daß ich einfach dasitze und vor mich hindöse: vor zwei, drei Stunden gab's das letzte Mal was zu essen, was war das noch? –

Das Frühstück und die anderen Mahlzeiten sind reichlich.

Die Bestecke sind aus Plastik, damit keiner sich selbst und andere damit verletzt. Die meisten essen nicht, um satt zu werden, sie essen, um zu essen. Das Essen ist Ersatz für alles, was sie hier entbehren. Drei Gänge sind es in der Regel, und dreimal in der Woche gibt es Butter. Jeder kann vom normalen Essen nachholen, soviel er will. Das Essen hält den Tag zusammen. Sonst bietet er nicht viel. Höchstens Aufundabgehen. Aber die meisten sitzen oder liegen herum.
Fast alle *Langjährigen* haben sich mit der Zeit dicke Bäuche angegessen. Ein Neueingelieferter, Herr H., hat in der ersten Woche 16 Pfund zugenommen, und man kann nicht sagen, daß er besonders ausgehungert hier ankam.
Kurz vor der Essenszeit greifen die meisten nach einem Teller und stellen sich in einer Reihe auf. Trifft das Essen einige Minuten später ein als gewöhnlich, kommt Unruhe in die Reihe. Einer schubst den anderen vorwärts, oder jemand wird aus der Reihe gedrängt und muß sich hinten neu anstellen. Der Mund eines Alten beginnt zu mahlen, wenn der Essenstopf auf den Tisch gestellt wird. Als er seine Suppe löffelt, rinnt ihm die Hälfte an den Mundwinkeln herunter. Der Pfleger wird nach dem Essen mit einem Lappen kommen und die Lache vom Boden aufwischen.
Nach den Mahlzeiten gehen einige ihre Route im Aufenthaltsraum. Das ist kein Spazierengehen, kein Gehen auf ein Ziel zu. Man geht, um zu gehen, jeder seinen raumbedingten Weg: 12 Schritte und dann 7 Schritte im rechten Winkel, mehr ist nicht drin, die Diagonale ist wegen der Tische nicht möglich. Jeder Gang endet an der gegenüberliegenden Wand. Wenn sich zwei begegnen, geht einer am andern vorbei, ohne den Blick zu heben oder zu senken, keine Gespräche, kein Aufundabgehen gemeinsam, jeder für sich.
Zeitschriften liegen aus und Lesemappen, in der Regel mehrere Jahre alt, das macht nichts. Für die meisten ist die Zeit stehengeblieben, seit sie hierhergekommen sind.

Auch die Kleidung der meisten ist aus der Mode. Einige tragen immer noch die Sachen, mit denen sie eingeliefert worden sind: das Neueste von damals, inzwischen verwaschen, verschlissen und ausgefasert. Die Patienten könnten sich von der Anstalt andere Sachen geben lassen, die dann zwar auch nicht neu wären, sondern abgelegt, Spenden meist oder billig aufgekaufte Lagerbestände. Aber sie hängen an ihren eigenen alten Sachen, dem einzigen oft, was sie noch mit ihrem früheren Leben verbindet.

Die Anstaltsbibliothek bleibt unserer Abteilung verschlossen. Einzelne lasen die Bücher nicht, sondern zerrissen sie oder verstopften das Klosett damit. Einige trennten auch nur die Seiten heraus, die sie besonders beeindruckt hatten und bewahrten sie unter ihrem Kopfkissen oder in der Nachttischschublade auf.

Morgens, nach 10.00 Uhr, ist Visite. Dann kommt Bewegung in die vor sich hin dösenden Gestalten. Sie stehen auf, und der Doktor reicht jedem einzelnen die Hand.

Dann erwachen längst begrabene Hoffnungen. »Herr Doktor, wann komm ich endlich raus?« – »Nun«, sagt der Arzt beruhigend, »erst müssen wir mal ganz gesund werden. Sie wissen ja, ich kann mich da überhaupt nicht festlegen, ob's nun noch ein halbes Jahr dauert oder noch ein oder zwei Jahre, das müssen wir abwarten.«

Als ihn ein Patient erregt stotternd fragt: »Vor zwei Jahren sagten Sie, ich käme in zwei Jahren raus. Wann komm ich denn jetzt wirklich raus?«, spricht der Arzt leise mit dem Pfleger. »Ja«, sagt er dann sanft, »ich weiß, ich weiß, bei Ihnen ist's doch so, daß Sie keinen mehr draußen haben. Und ohne Arbeit und ohne Wohnung kann ich das nicht verantworten. Sie haben's doch gut bei uns, oder etwa nicht?« – »Ja, schon«, antwortet der Patient, und der Arzt begrüßt bereits den nächsten.

So macht er allmorgendlich seinen Rundgang, begrüßt die

Langjährigen wie alte Bekannte, klopft ihnen auf die Schulter, erkundigt sich: »nun, wie geht's?« und mit der Antwort: »gut« oder, sehr selten, »schlecht«, läßt er es bewenden. »Kopf hoch« oder »wird schon wieder werden«, – »alles halb so schlimm« oder »wir werden doch nicht gleich...«
Er spricht ihnen Mut zu, wie man Kindern Mut zuspricht.
Er verspricht auch schon mal Konkretes: »Sie machen ja wieder ein ganz freundliches Gesicht. Nur weiter so, und ich schicke Sie bald wieder in die halboffene Abteilung.«
Ich beginne langsam zu fürchten, die Anstalt nicht mehr normal zu verlassen. Ich registriere, wie ich mich anpasse und unsinnige Reaktionen entwickele. Beim *Mensch-ärgere-Dich-nicht* mit zwei Patienten und dem Pfleger verstelle ich dem Pfleger die Steine, als er das Spiel unterbricht, um seinen Rundgang zu machen. Er tut so, als habe er nichts bemerkt, und spielt weiter. Dann wirft er plötzlich die Steine um und fragt: »Sagten Sie nicht, Sie seien freiwillig hier? Das ist der Opa hier doch auch.« Der bejaht freudig und nimmt die Gelegenheit wahr, um sich für den nächsten Tag, Punkt 9.00 Uhr, mit mir zu verabreden, um gemeinsam auszubrechen.
Wir wollen uns die Taxifahrt teilen. Ich rechne aus, was die Fahrt kostet, es ist ihm zuviel. »Das übernehme ich«, sage ich großzügig. Das will er aber auch wieder nicht. Wir streiten uns, ob wir mit dem Taxi oder mit der Eisenbahn fahren. In den folgenden Tagen spricht er mich wiederholt an, wann wir denn nun endlich führen, ich gehe jedesmal darauf ein und verabrede mich mit ihm auf den nächsten Tag.
Da ist der lange N. – Wenn er am Tisch sitzt und nichts ißt, raucht er, und wenn er weder ißt noch raucht, liegt er auf einer der Liegen. Er kann stundenlang in gekrümmter Haltung auf derselben Stelle liegen oder ebenso lange unbeweglich auf dem gleichen Fleck sitzen. Manchmal stöhnt er auf und wenn ich frage, was ihm fehle, winkt er ab.
Er merkt oft nicht, wenn ihm die Zigaretten bis auf die Finger

abbrennen. Wenn N. seine 10 Mark Taschengeld – die jedem Patienten aus dem Wohlfahrtsfonds monatlich zustehen – für Zigaretten aufgeraucht hat, sucht er sich aus den Aschenbechern Kippen und Tabakreste zusammen und dreht sich neue davon. Das ist nichts Besonderes hier.

Das Rauchen ist zwar erlaubt, aber das Besitzen von Streichhölzern oder Feuerzeugen ist streng verboten. Die Pfleger sind es manchmal, besonders in den Abendstunden, leid, fortwährend Feuer zu geben, außerdem noch aus ihren Privatfeuerzeugen. Dann holt sich einer an der Zigarettenglut des anderen Feuer.

Die meisten Patienten sind wie N. – Sie sind abgestumpft, wissen oft nicht, wo sie in Wirklichkeit sind. Hatten sie vor ihrer Einlieferung noch starke Emotionen, die ihnen in ihrer Umwelt zum Verhängnis wurden, so wurden sie hier durch starke Medikamente blockiert.

Wenn jemand von den Patienten verlegt wird, wird das kaum beachtet, auch wenn er bereits jahrelang auf derselben Station gewesen ist. Er erfährt es auch meist erst, wenn er weggeholt wird. Der Pfleger sagt: »So, gehen Sie mal mit, Sie kommen jetzt woanders hin.« Der Patient nimmt seine paar Sachen und folgt dem Pfleger, ohne sich von den anderen Kranken zu verabschieden.

Aber es sind auch andere da, die bewußt ihre Umwelt erleben. Es dauert nur einige Zeit, bis ich sie kennenlerne. Jeder, der sich über seine Situation hier im klaren ist, weiß, was immer er auch sagt, tut oder auch nicht tut, es wird ihm als typisch geisteskrank ausgelegt. Also wird er versuchen, sich möglichst unauffällig zu verhalten.

Der Selbstmörder wurde nach altem englischen Recht bis in das 19. Jahrhundert hinein verfolgt. Mißlang sein Versuch, aus dem Leben zu gehen, stellte man ihn vor Gericht, klagte ihn des Mordes an und fällte das Todesurteil über ihn.

Im Frankreich der gleichen Zeit galt der Selbstmord als weni-

ger schändlich. In manchen Orten wurde Gift auf Antrag von den Behörden an Lebensmüde ausgegeben: im alten Marseille lieferte der Stadtrat das Gift frei Haus, wenn zuvor zwingende Gründe für den Freitod glaubhaft gemacht wurden.
Heute scheint man einen Mittelweg gefunden zu haben: Ich lerne Herrn D. während meines ersten Hofspazierganges kennen. Ich bin seit drei Tagen in der Anstalt. Heute ist der erste schöne Tag, darum wurden wir in Begleitung von zwei Pflegern für eine Stunde auf den Hof geführt. (Bei Regenwetter am frühen Nachmittag entfällt der Hofspaziergang.) Gitterzäune teilen das Anstaltsgebäude nach Stufen des Irrsinns ein. Das gesamte Gelände ist von der Anstaltsmauer umgrenzt, dahinter eine Straße.
Ich sitze neben Herrn D. auf einer der Bänke, als er unvermittelt erzählt, wie er hierherkam.
Herr D. ist 63. Das ist ein Alter, in dem man schon mal zurückblickt im Leben. Und Herr D. stellte fest, daß er es zu nichts gebracht hatte. Was der unmittelbare Anlaß für seinen Entschluß gewesen sein mag, wird er allein wissen.
Herr D. hatte alles im Leben »halb und falsch« gemacht, wie er sagt. Einmal wollte er etwas ganz machen. Damit auf keinen Fall etwas schiefging, nahm er erst eine Überdosis Schlaftabletten und legte sich anschließend den Strick um den Hals.
Aber der Ast, an dem er den Strick befestigt hatte, hielt sein Gewicht nicht und brach ab. Und das Herz hielt den Schlaftabletten stand. Zwei Tage später fand die Polizei Herrn D. So kam er nach Goddelau.
Nur: in solch einer Anstalt wird Herrn D. die Freude am Leben nicht wiedergeschenkt. Aber wohin mit ihm? – Draußen hat er keinen, der sich um ihn kümmert. Und der Arzt beschwichtigt ihn, wenn er ihn nach der möglichen Dauer seines Aufenthaltes fragt: »Bei uns sind Sie doch vorerst gut aufgehoben.«

Herr D. befürchtet, daß aus dem *vorerst* ein *dauernd* werden kann. Der Arzt beurteilt die Unterbringung eines Patienten nicht allein nach medizinischen Gesichtspunkten, sondern ebensosehr nach sozialen. Könnte Herr D. der Gesellschaft zur Last fallen, wenn er draußen wieder auf eigenen Beinen steht?

Das Sozialamt hat ein Wort mitzureden, ob Herr D. jemals wieder rauskommt. Der Arzt hat ihn vor einigen Tagen gefragt: »Haben Sie da schon einmal mit zu tun gehabt? Ich muß mich da nach Ihnen erkundigen.« – Herr D. befürchtet das Schlimmste. Vor einigen Jahren bezog er eine ganze Zeit lang Fürsorgeunterstützung, als er seinen alten Arbeitsplatz verloren und so schnell keinen neuen gefunden hatte.

Und was ihn seine Lage fast hoffnungslos erscheinen und ihn nachts oft nicht schlafen läßt, hat ein Gespräch mit dem alten Herrn L. bewirkt, der seit 8 Jahren den gleichen Platz am Eßtisch einnimmt und das 13. Jahr in der Anstalt ist.

Herr L. war vor 13 Jahren in der gleichen Situation, in der Herr D. jetzt ist. L. war damals 58, als er von einer Brücke sprang. Aus Geschäftsgründen. Seine Firma war bankrott. Auch dieser Selbstmord klappte nicht. Sein Pech war, daß er allein dastand. Herr L. kam in die Anstalt. Und da er seine Existenzgrundlage verloren hatte und somit Wiederholungsgefahr bestand, behielt der Arzt Herrn L. da. Seit 13 Jahren.

Warum er nicht in ein Altersheim gekommen ist, in das er doch viel eher gehört – er ist geistig noch sehr rege, liest viel und kann überall mitreden –, dafür gibt er sich selbst die Erklärung: »Es fehlen in Hessen 10000 Plätze in Altersheimen.«

Als Herr D. Herrn L. fragt, ob er nicht doch noch eine Möglichkeit sähe, wieder herauszukommen, winkt dieser ab. »Was sollte ich jetzt draußen machen? Dafür ist es längst zu spät.«

Und als Herr D. nachbohrt, ob eventuell Geschäftspartner oder Verwandte daran interessiert gewesen sein könnten, ihn in der Anstalt zu wissen, legt der ältere Herr seinen Finger auf den Mund. »So etwas oder Ähnliches dürfen Sie hier nie äußern, dann legt man Ihnen das als Verfolgungswahn aus.«

Besonders aufschlußreich ist folgender Fall, von dem Herr L. erzählt: ein als gemeingefährlich eingelieferter Alkoholiker sei nach einem halben Jahr auf Betreiben seines Rechtsanwalts wieder entlassen worden. Dem Anwalt sei es gelungen, nachzuweisen, daß die Ehefrau sich selbst Stichwunden beigebracht und beim Gesundheitsamt vorgesprochen habe, um ihren Mann loszuwerden. Der Mann sei in Wirklichkeit kein Alkoholiker gewesen.

Am 5. Tag wird ein Neuer zu uns strafversetzt. Er ist kaum über 20 und sehr unruhig: wirft, als ein Pfleger einmal kurz ein Fenster öffnet, seinen gesamten Besitz: Pullover, Taschentücher und Handtücher hinaus und versucht, selbst hinterher zu springen. Aber dafür ist der Fensterspalt zu klein.

Der Neue läuft wie ein gefangenes Tier durch den Saal und stößt Verwünschungen aus: »Schlimmer als Zuchthaus« ... »Verbrecher« ... »Verrecken« ... ist zu verstehen und dann noch: »Ich wünschte, ich wär tot.« Eine kaum verkrustete Fleischwunde unter seinem rechten Auge kratzt er sich auf, bis ihm das Blut übers Gesicht läuft. Ich versuche ein paarmal mit ihm zu reden, aber er reagiert nicht. Er verweigert 2 Tage lang das Essen mit der Begründung: »Kräht doch kein Hahn danach. Will verrecken.«

Am zweiten Tag biete ich ihm eine Zigarette an. Bruchstückweise erfahre ich, daß er Epileptiker und seit seinem 12. Lebensjahr in der Anstalt ist. Seine Schwester ist im Frauenbau.

Das vermutlich auslösende Moment seiner derzeitigen Erregungszustände erfahre ich ebenfalls. Er war einer Arbeitskolonne auf dem Anstaltshof zugeteilt. (Für ein Päckchen Tabak

pro Woche bestellen Patienten die Felder, melken die Kühe und lassen sich sogar als *Zugvieh* vor die Pflüge spannen.) Auf dem Bauernhof versuchte er, sich einer jungen spanischen Hilfspflegerin zu nähern, die ihm gefiel. Sie lachte ihm auch zu, doch als er ihr zu nahe trat, muß sie sich bedroht gefühlt haben und rief um Hilfe. Männliche Aufseher erschienen und warfen ihn zu Boden. Dabei hat er sich auch die Gesichtsverletzung zugezogen, wie er sagt. Als ihn am 2. Tag seines Aufenthalts in unserer Abteilung ein Pfleger hart anpackt und mit Gewalt versucht, ihn aus dem Schlaf- in den Tagesraum hinüberzuschieben, schlägt der Epileptiker um sich. Der Pfleger betätigt die Alarmklingel. Drei weitere Pfleger aus unserem Bau sind gleich zur Stelle, und zu viert stekken sie den sich Wehrenden in eine Zwangsjacke aus Sackleinen. Mit den daran befestigten Riemen schnallen sie ihn an sein Bett. Anfangs bäumt er sich wild auf, dann wackelt das ganze Bett, nachher zittert er am ganzen Körper, zuletzt liegt er ruhig da und wimmert nur noch leise.
Am Abend ist er wie verändert. Er liegt immer noch in der Zwangsjacke ans Bett gefesselt, aber seine Augen leuchten und sein Gesicht hat einen fast verklärten Ausdruck. Er spricht hastig und betont jedes Wort: »Guck dir das an, die Wände sind lauter Tabakpäckchen, alles verschiedene Sorten. – Dreh die Wasserleitung auf. Da fließt Milch und Nescafé raus. – Der Hof ist mit Streuselkuchen gepflastert.« Und er zeigt auf den Anstaltsfriedhof hinter der Mauer, wo die Gräber alle die gleichen Grabsteine tragen: »Der Baum da vorm Friedhof, Mensch hab ich ein Glück, hängt voller Personalausweise.«
Mit den Personalausweisen hat das seine besondere Bewandtnis. Er ist bisher dreimal aus der Anstalt ausgebrochen. Jedesmal wurde er nach wenigen Tagen von der Polizei aufgegriffen und in die Anstalt zurückgebracht. Er konnte sich nie ausweisen, weder mit seinem richtigen noch mit einem falschen

Ausweis. Den richtigen Ausweis bewahrt die Anstaltsleitung für ihn auf, und von falschen Ausweisen kann er höchstens träumen.
Ich habe Besuch von meiner Frau gehabt. Der Pfleger holte mich aus dem Aufenthaltsraum und führte mich in ein kleines Zimmer, in dem meine Frau wartete. Er ging hinaus, ließ aber die Tür offen. Ich wußte zuerst nicht, was ich sagen sollte, und als ich sprach, flüsterte ich.
»Ist was Besonderes?« fragte meine Frau, worauf ich stumm den Kopf schüttelte. Ich glaube, ich benahm mich sehr merkwürdig, als wir uns verabschiedeten. Die Besuchszeit war um und der Pfleger stand dabei, ich gab ihr linkisch die Hand, als ob wir uns kaum kennen würden. Der Pfleger faßte mich am Arm und führte mich in den Tagesraum zurück, da fühlte ich mich erleichtert. Vorher mußte ich ihm noch die Sachen vorlegen, die mir meine Frau mitgebracht hatte.
Die meisten auf der Station bekommen keinen Besuch mehr. Sie sind für die draußen so gut wie gestorben.
Die meisten Patienten unserer Abteilung waren vorher schon im *U-Bau*, so genannt seines u-förmigen Grundrisses wegen. Er ist die berüchtigste Abteilung der Anstalt. Die Regel ist, daß jeder richterlich Eingewiesene erst einmal eine Zeitlang im *U-Bau* verbringt, bis er gefügig geworden ist. Ich komme nicht dorthin, da ich freiwillig hier bin; anderen Alkoholikern bleibt er nicht erspart. Manche sind bis zu zwei Jahren im *U-Bau*. Diese Zeit kann ausreichen, um den Verstand zu verlieren, falls man ihn bei der Einlieferung noch gehabt hat.
Vor kurzem soll dort ein 19jähriger homosexueller Patient einen anderen Patienten geknebelt und vergewaltigt haben, ohne daß der Pfleger etwas davon bemerkte. Ein Patient ist da, weil er seine Frau nachts umgebracht hat und sich am nächsten Morgen nicht daran erinnerte. Ein anderer, weil er seiner Frau aus Eifersucht die Nase abbiß.

Fragt man einen bestimmten Patienten, warum er dort sei, antwortet er: »Weil ich Kartoffeln gestohlen habe«, und er verschweigt, daß er den Bauern, der ihn dabei erwischte, tötete.

Patienten, die schon im Zuchthaus waren, halten den *U-Bau* für »schlimmer als Zuchthaus«. Herr H., jetzt bei uns, war einige Wochen im *U-Bau*. Er hat sich auf richterlichen Beschluß einer zweimonatigen Beobachtungszeit zu unterwerfen, weil er einen schweren Verkehrsunfall verursacht und sich anschließend auf der Polizeiwache *renitent* verhalten hat.

Seine Einlieferung wird er kaum vergessen. Man hatte ihm gesagt, er komme in ein normales Krankenhaus auf die »neurologische Abteilung«, damit er sich während der Fahrt ruhig verhielte. Im *U-Bau* zogen ihn erst einmal zwei Pfleger nackt aus und steckten ihn in ein weißes verwaschenes Anstaltshemd, das ihm gerade bis zur Hüfte reichte. Selbst Ehering und Brille mußte er abgeben. Er weigerte sich, Medikamente einzunehmen, worauf ihm die Pfleger unter Zwang drei Spritzen verpaßten. Zwei Pfleger warfen ihn auf ein Holzbett, drehten ihm die Hände auf den Rücken und hielten ihn fest. Ein dritter setzte die Spritze *intrapopolär*, so ungeschickt oder auch mit Absicht – ein Pfleger verriet ihm später mal: »Wenn wir merken, daß uns ein Patient absichtlich dumm kommt, verpassen wir ihm eine Spritze in den Ischias-Nerv« –, daß sein Bein drei Tage steif und geschwollen war und er jetzt noch Schmerzen spürt, wenn er das Bein beugt.

Nachts mußte Herr H. hören, daß Menschen »wie Hyänen und Löwen brüllen können«, und tagsüber mußte er mit ansehen, wie ein sadistischer Pfleger einem Schwachsinnigen in die Hose griff und ihn zum Gaudi der anderen Patienten am Penis durch den Saal führte.

Zwei Briefe von ihm an Dr. Binsack, den Leiter der Anstalt,

blieben unbeantwortet. Zum Glück wurde Herr H. von einem Patienten, der irgendwie an Alkohol gekommen und stark angetrunken war, im *U-Bau* zusammengeschlagen und aus diesem Grund in unsere Abteilung verlegt.

Bei uns sieht es anders aus: die Behandlung durch die Pfleger ist besser als in manchen Krankenhäusern. Aber auch das ändert nichts daran, daß Alkoholiker in dieser Umgebung kaum gesund werden können.

Wir haben einen Einarmigen auf der Station, der seine Prothese nicht tragen darf, aus Sicherheitsgründen. Den linken Unterarm hat er sich im letzten Krieg mit einer Handgranate selbst weggesprengt. »Es war an der Front, und unsere Kompanie wurde von Tag zu Tag kleiner. Ich sagte mir, besser ein Arm als ganz tot.« Sein den Umständen entsprechend »vernünftiger« Entschluß sei mit daran schuld, daß er hier »zum Irren abgestempelt« sei.

Vor kurzem erst erfuhr der Einarmige vom Tod seiner Frau, beiläufig auf einer Urlaubskarte eines früheren Arbeitskollegen. Dieser schrieb ihm, wie schmerzlich es für ihn sein müsse, daß seine Frau vor einem Vierteljahr so plötzlich verstorben sei.

Er wußte es nicht, und obwohl sich seine Frau – wie das bei so langjährigen Fällen häufig der Fall ist – von ihm hatte scheiden lassen, traf es ihn sehr. Er bekam »Schwermutsanfälle« und weinte auch gelegentlich. Der Arzt wertete das als erneutes »Krankheitssymptom«. Er verlegte ihn von einer halboffenen Abteilung zu uns in die Geschlossene. Oft spricht er von seinem zwölfjährigen Jungen, er hat von ihm vor fünf Jahren zum letztenmal etwas gehört.

Im Stockwerk unter uns ist ein Patient ausgebrochen. Beim Hofspaziergang ist er über die Mauer gesprungen. Aber er hatte anderen von seinem Vorhaben erzählt, und die Polizei wußte, wo sie ihn zu suchen hatte. Er wollte den Geburtstag seines Kindes zu Hause feiern. Zu Hause erwartete ihn be-

reits die Polizei seines Heimatdorfes und brachte ihn, noch ehe er sein Kind gesehen hatte, in die Anstalt zurück.
Ich bin neun Tage hier. In dieser Zeit ist ein Patient gestorben. Nachts hörte ich über längere Zeit ein Geräusch, wie das Gurgeln der Wasserleitung. Am nächsten Morgen stand ein Bett weniger da.
Ein zweiter Patient liegt jetzt im Sterben.
Der Arzt hat mir keine Medikamente verordnet, da mein Alkoholismus noch im Anfangsstadium sei. Er bedauert, daß die Unterbringung so »wenig schön« sei. »Deutschlands psychiatrische Kliniken stehen an letzter Stelle in ganz Europa.« – Von einem Pfleger erfahre ich, daß vor zwei Jahren plötzlich der Etat gekürzt worden sei und das Geld für die notwendigsten Medikamente gefehlt habe. »Da mußten wir dreimal soviel anschnallen wie üblich.«
Als ich entlassen werden will, gibt es Schwierigkeiten. Ein neuer Arzt ist da. Er hält eine »mindestens vierteljährige Entziehungszeit« für erforderlich, alles darunter habe keinen dauerhaften Erfolg.
Meine Freiwilligkeitserklärung hätte mir bei meinem Entlassungsgesuch nichts genützt, denn wenn es der Arzt für erforderlich hält, kann er jederzeit eine richterliche Einweisung nachträglich erwirken. Er braucht nur zu diagnostizieren, daß der Patient für sich und seine Umwelt eine Gefahr darstelle.
Meine Frau holt mich schließlich heraus. Sie erklärt dem Arzt auf Befragen, daß ich sie nicht geschlagen habe und im allgemeinen ein verträglicher Mensch sei.
Sie hätte nur anzugeben brauchen, sie fühle sich von mir bedroht – und ich wäre ein Langjähriger von Goddelau geworden.

Gerling-Konzern

Als Portier und Bote (1973)

»Um Erfolg zu haben, braucht man Kopf, Genie und Ellenbogen.«
(Konzerngründer Robert Gerling)

Am Telefon macht mich der Mann vom Personalbüro darauf aufmerksam, daß man eigentlich im Augenblick nicht unbedingt einen Portier oder Boten suche, ich könne jedoch trotzdem einmal vorsprechen, falls ich die geeigneten Voraussetzungen mitbrächte, ließe sich darüber reden.
Mit entsprechenden Papieren und einem dazugehörenden Lebenslauf ausgestattet, mache ich im 8. Stockwerk des Gerling-Hochhauses meine Aufwartung. Alles an mir wirkt vertraueneinflößend, die Akzente des Lebenslaufes sind so gesetzt, daß ich für so einen Posten geradezu prädestiniert erscheine.
Schon das Schriftbild des handgeschriebenen Lebenslaufes drückt für einen Graphologen Selbstverleugnung, einen hohen Grad von Anpassungsfähigkeit und Verfügbarkeit im Sinne des Konzerns aus. (Eine akkurate steile Druckschrift, die Buchstaben nicht ineinandergreifend, sondern jeweils voneinander abgesetzt, garantieren bedingungsloses Funktionieren und Fehlen von Eigeninitiative, gerade die rechte Mischung, wie sie einer unteren Charge hier abverlangt wird.)
Bereits mein Vorname »Friedrich Wilhelm« – bewußt gewählt – klingt familiär vertraut. Der Herr im Personalbüro stellt anerkennend fest: »Die ›Friedrich-Wilhelm‹ ist unsere Stammhaus-Versicherung, falls Sie eingestellt werden sollten,

werden Sie dort auch mal an der Pforte sitzen.« Er zeigt auf den Eingang gegenüber vom Hochhaus. »Friedrich-Wilhelm-Magdeburger« steht dort in goldenen Lettern.
An der rechten Motivation, daß ich nun unbedingt eine Anstellung als Portier und Bote will, hapert's etwas.
Als ich vorbringe, ich sei bisher freischaffender Maler gewesen und hoffte, durch die neue Tätigkeit einmal ein finanzielles Auskommen zu haben, zum andern, nicht so total eingespannt zu sein, so daß ich am Feierabend und an den Wochenenden noch Zeit fände, mich »meiner Kunst zu widmen«, da fällt mir der Herr auf dem Personalbüro ins Wort: »Das werden Sie sich hier nicht leisten können. Bei uns werden Sie voll da sein müssen und Ganz-Einsatz zu leisten haben. Da werden Sie sich schon entscheiden müssen...« –
Beim Durchlesen des Lebenslaufes wird er wieder versöhnlicher, nickt an einigen Stellen anerkennend, und als er zur Stelle kommt, wo ich angebe, »Meisterschüler« gewesen zu sein, nötigt ihm das die Bemerkung »Respekt« ab.
Zum Schluß schaut er mich noch prüfend an, so als hätte er einen bestimmten Verdacht: »Gibt es irgend etwas, was Sie uns vorenthalten haben, das, wenn wir es später in Erfahrung bringen, Ihnen zum Nachteil gereichen könnte...?« Als ich zögere: »Sagen Sie es jetzt, wir haben da unsere Möglichkeiten, so etwas herauszubekommen, später könnte es für Sie peinlich werden!« – Ich tue, als überlegte ich und forschte mein Gewissen bis in die entlegendsten Winkel hin aus. »Nein«, sage ich, »ich glaube, da gibt's nichts, was Sie nicht wissen dürften.«
Das Gehalt gibt er mit 1160 DM brutto monatlich an, vorausgesetzt, daß ich eingestellt werde. (Da bleiben – verheiratet, ein Kind – alle Abzüge ab, netto noch 749,16 DM übrig, wie sich später herausstellt. Die »Selbständigen«, die das 5- bis 10fache so eines Botenhungerlohnes einstecken, haben in der Regel eine weitaus geringere Steuerquote; sie können weitge-

hend ihre privaten Vergnügen vom »Aus-Essengehen-mit-Geschäftsfreunden« bis hin zur Ferienreise, die sich als Geschäftsreise tarnen oder koppeln läßt, steuerlich absetzen; und da fast alles, was sie tun, in irgendeinem Zusammenhang mit ihrem Beruf steht und auf Profitmaximierung ausgerichtet ist, können sie sich letztlich selbst absetzen.)
Als der Personalbevollmächtigte merkt, daß mich die Höhe des Gehalts nicht gerade in Begeisterung versetzt, sondern eher nachdenklich stimmt, meint er: »Ich weiß, das Gehalt ist nicht die Welt, es wird sich auch, außer dem Tarifüblichen, kaum steigern lassen, aber aus diesem Grund bieten wir Ihnen die Möglichkeit zu Sondereinsätzen. Sie können zu ganz beträchtlichen Überstundenzuschlägen kommen, wenn Sie regelmäßig *Notdienst* machen.« (Dieser Notdienst bedeutet 11stündiges Wacheschieben an Wochenenden und Feiertagen. Die meisten Boten und Portiers sind darauf angewiesen. Bis zum Schluß meiner Anstellung konnte mir keiner sagen, warum man es *Notdienst* nennt. Ich würde den Begriff auf die Not der Kollegen zurückführen, die so wenig verdienen, daß sie auf diesen Marathondienst angewiesen sind, um über die Runden zu kommen.)
Zum Schluß hält mir der Personalbevollmächtigte zum Trost noch vor: »Im Grunde ist es gleich, in welcher Position Sie bei uns eingesetzt werden. Alle wirken ja – jeder an seinem Platz und jeder nach seinen Fähigkeiten – fürs Gesamtwohl unseres Konzerns mit. Ob Sie nun als Bote oder als Direktor bei uns tätig sind, jeder Beruf verlangt vollen Einsatz und hat seine Freuden, und auch ein Bote kann aus seiner Tätigkeit etwas ganz Einzigartiges machen.« Ich verkneife es mir, ihm auf seine metaphysische Tröstung etwas zu entgegnen. (Den Boten oder zum Beispiel auch den Straßenkehrer kann seine Einzigartigkeit erst dann erfreuen, wenn sie die gebührende äußere Anerkennung findet. Und sogar Künstler verbittern, deren ›Genie‹ unbeachtet bleibt.) Ich ziehe es vor, ihn zustim-

mend und dankbar anzulächeln und mir mein Teil zu denken, denn schließlich will ich ja eingestellt werden.
Der Gesamteindruck, den ich hinterlassen habe, scheint positiv gewesen zu sein, denn einige Tage später erhalte ich ein Schreiben der Personal- und Sozialabteilung, in dem mir mitgeteilt wird: »Wir freuen uns, daß Sie bald zum Kreise unserer Mitarbeiter gehören, und sind überzeugt, daß sich das Dienstverhältnis zur beiderseitigen Zufriedenheit entwickeln wird.« Den Briefkopf krönt Gerlings Konzernsymbol: ein massives ›G‹, das eine Weltkugel umschlingt, um nicht zu sagen, erdrückt.
In der ersten Zeit werde ich an die Pforte der ›GFK‹ (Gerling-Konzern-Friedrich-Wilhelm-Magdeburger) gesetzt. Zusammen mit zwei Kollegen sitze ich in einer »Loge«, wie die Pforte hier genannt wird. Wir haben den Kunden den Weg zu weisen, zu spät Kommende zu registrieren und interne Hauspost weiterzuleiten. Als Portier oder Bote ist man ein Stück lebendes Inventar des Konzerns. Betritt man ein Büro, um Hauspost zu überbringen, ist man angehalten, nicht anzuklopfen, um Arbeits- oder Gedankengänge nicht zu unterbrechen. In der internen »Dienstanweisung für Pförtner, Boten und Notdienst« ist unter dem Punkt »Allgemeines Verhalten während des Dienstes« vermerkt: »Es ist Aufgabe des Pförtners, alles zu sehen, zu hören und zu wissen, was in seinem Dienstbereich vorgeht. Er ist korrekt, höflich und aufmerksam.«
Die Portiers und Boten haben Zeit, sich so ihre Gedanken zu machen. Kommen sie zusammen, tauschen sie Eindrücke und Erfahrungen aus, im Botenzimmer findet eine Art Informationsbörse statt. Die Firmenleitung scheint das erkannt zu haben, denn eine gemeinsame Kaffeepause, die Boten aus verschiedenen Konzernteilen organisiert hatten, wurde ihnen untersagt. Ein Kollege dazu: »Die wollen mit allen Mitteln verhindern, daß sich Gruppen bilden.« – Schon äußerlich

sind die Boten und Portiers – insgesamt etwa 30 bis 40 – in zwei Klassen eingeteilt. Die Läufer – zu ihnen zähle ich – tragen braune Uniformen, die längergedienten Portiers bekommen – wenn sie sich bewährt haben – eine blaue Uniform und steigen in eine höhere Gehaltsgruppe auf.

Alles im Konzern ist darauf angelegt, Eindruck zu schinden. Der gesamte Baustil, eine neoklassizistisch nachempfundene Trutzburg, eine Art private ›Stadt in der Stadt‹, symbolisiert steingewordene Macht und Größenwahn. Die Angestellten nennen diese ›Neue Reichskanzlei‹ auch ›Palazzo protzo‹.

Dort, wo am meisten gearbeitet wird, wo Menschen auf Tuchfühlung zusammensitzen und Akten wälzen, sind die Räume am kleinsten und dürftigsten ausgestattet. Da, wo nur residiert und repräsentiert wird, sind »Arbeitsräume« wie Tanzsäle, haben Empfangshallen, wo sich allenfalls zweimal im Monat etwas abspielt, größere Ausmaße als die »Großraumbüros« der Angestellten.

Unsere Portiersloge in ›GFK‹ ist in der Weite des Entrees so placiert, daß der Kunde, der vom Eingang her kommt, in der Vehemenz seiner möglichen Beschwerdegründe erst mal gedämpft und durch die weihevolle Umgebung vom Beschwerdeführer womöglich zum Bittsteller umgestimmt wird. Der Baustil hat eindeutig sakralen Charakter. Wie die Tempel heidnischer Zeit auch nicht darauf ausgerichtet waren, den Menschen, die sie errichtet, eine Heimstätte und Zuflucht zu bieten, sondern ausschließlich dazu da waren, den Götzen zu dienen und zu opfern, hat sich Gerling hier seine private Opferstätte errichtet, auf daß die von ihm Abhängigen ihm und dem Götzen Umsatz huldigen. Der mit schwarzem Marmor verkleidete lange Korridor, der zu Gerlings Residenz führt, ist rechts und links mit Messingschalen bestückt, aus denen wie aus Opferschalen mattes elektrisches Licht sickert. Neben dem Eingang zu seinem Allerheiligsten ist ein holzgeschnitzter lebensgroßer Löwe postiert, der in ›Metro-Goldwyn-Meyer‹-Manier furchteinflößend sein Maul aufreißt.

»Hervorragende Innenausstattung hält sich an die Meßmarke von Smoking und Cocktailkleid, muß aber Frack und große Robe ebenso einrechnen wie bei bescheideneren Gelegenheiten den Straßenanzug...
An die Stelle weltlicher und geistlicher Fürsten ist die moderne Feudalität aus Industrie und Geldwert getreten...
Das Büro eines Aktuars ist nicht das Büro eines Prokuristen, die Portiersloge nicht das Vorzimmer eines Direktors, aber die erste Besuchskarte des Hauses.«
(Gerlings Haus- und Hofdichter Wolf von Niebelschütz in dem von Gerlings Frau Irene, geb. Uhrmacher finanzierten Bildband »Interieurs«... Gerlings Frau will ihrem Hofdichter nicht nachstehen und zeichnet unter dem Pseudonym ›Irene von Tibus‹ für die ›Innenarchitektur‹. Irene Gerling, alias Uhrmacher, alias von Tibus ist Leiterin der »Baukunst«, einer Architektur-, Kunst- und Inneneinrichtungsfirma, deren Hauptkunde wiederum der Gerling-Versicherungskonzern ist, den sie mit sämtlichem Mobiliar und zu guten Preisen ausstattet, auf daß alles in der Familie bleibt.)

Sosehr unsere Portiersloge den Gästen des Hauses Respekt – oder den jüngeren auch nur ein spöttisches Lächeln – abnötigen mag, an die dahinter bis zu 11 Stunden ihren Dienst Machenden haben die Architekten und großen Eindruckschinder dabei nicht gedacht. Im Winter, berichten die Kollegen, wenn der Wind die gläsernen Eingangstüren aufbläst, fängt sich der Wind in ihrer Loge und wirbelt ihnen kalt die Beine hoch, so daß sie von ständigen Erkältungen und in einem Fall von Rheumatismus geplagt sind. Zum Ausgleich verlangt Gerling, und mit ihm einige Vorstandsdirektoren, daß man

bei ihrem Herannahen zur Eingangstür springt und diese entsprechend ehrerbietig und demonstrativ sichtbar aufreißt. Neben Gerling legt darauf zum Beispiel sein Personaldirektor Marschall gesteigerten Wert, ein ansonst rüstiger Fünfziger mit aufrechtem Gang, der selten etwas in den Händen hält und durch die Konzernhallen streift wie ein Großwildjäger, der lange nichts mehr vor seine Flinte bekommen hat.
Es ist ein altbekanntes und von denen, die oben sind, immer wieder verbreitetes Märchen, daß die gesellschaftliche Hierarchie aufgrund von mehr Fleiß, Wissen und Können folgerichtig gewachsen sei. Diejenigen, die durch ihre Abstammung, durch familiäre oder gesellschaftliche Beziehungen auf die hohen Posten gehievt worden sind, nähren diese Legende ständig, einerseits um ihre Unersetzbarkeit und Einzigartigkeit vor sich und anderen unter Beweis zu stellen, andererseits, um die, auf deren Kosten und auf deren Rücken sie ihre Vorrangstellung bauen und halten, in um so gesicherterer Selbstverleugnung und Bescheidenheit bei der Stange halten zu können. Einige der Gerling-Vorstandsdirektoren sind wahre Galionsfiguren. Ererbte finanzielle Mitgift, genügend Gerissenheit, immer auf den eigenen Vorteil bedacht, ein borniert-blasiertes Gehabe verschaffen ihnen Macht und Amt, das zu verwalten und abzuschöpfen, was andere produktiv für sie erarbeiten. Ein Portier berichtet, wie ihm etwas zum Nachteil ausgelegt wurde, was ihm eigentlich hätte zum Vorteil gereichen müssen. Der Portier ist seit 15 Jahren bei Gerling. Er macht diesen Job, der eindeutig unter seinen intellektuellen Möglichkeiten liegt, weil er aus einer kinderreichen Familie stammt und sein Vater nach dem Krieg nicht die finanziellen Mittel hatte, ihn auf eine Schule zu schicken. Mit 4 Jahren bereits konnte er Schach spielen. In seiner Freizeit löst er mathematische und technische Probleme, denen sich mancher gelernte Diplom-Ingenieur nicht gewachsen sieht.

Der Abteilungsleiter des Rechenzentrums bei Gerling wurde auf sein besonderes Können aufmerksam, unterhielt sich häufig mit ihm und machte ihm schließlich das Angebot, ihn nach einer mehrmonatigen Umschulung in seine Abteilung zu übernehmen. Voraussetzung war allerdings, daß der Personaldirektor dieser ›Beförderung‹ zustimmte. Der ließ ihn zu sich kommen, blätterte lange in seiner Personalakte und hielt ihm dann vor: ihm mangele es wohl an der rechten Einstellung dem Hause gegenüber. Wie er feststelle, sei er bis heute nicht Mitglied der ›Gerling-Versorgungskasse‹, obwohl doch die »Betriebsordnung« in § 2 ausdrücklich festlege, daß jeder »Festangestellte gehalten ist, seine Mitgliedschaft in jedem Fall« zu beantragen. Der Portier wies darauf hin, aus gutem Grund habe er sich bisher geweigert, der »Versorgungskasse« beizutreten, denn er habe sich die Mühe gemacht, einmal nachzurechnen, worin die Vor- und Nachteile dieser internen Hausversicherung für die über 8000 Beschäftigten des Konzerns lägen. Er sei zu dem Resultat gekommen, daß sich normale Kunden, die eine Lebensversicherung bei Gerling abschlössen, in wesentlichen Vertragspunkten besser stünden als die eigenen ›Mitarbeiter‹, denen 5 % vom Gehalt für die ›Versorgungskasse‹ einbehalten würden. Im Nichterlebensfall, und der sei laut Statistik zu 30 Prozent gegeben, erhalte seine Frau nur 50 % der Versicherungssumme im Gegensatz zum normalen Kunden, dem 100 % zustünden, und bei Unfalltod erhalte der Erbberechtigte des Versicherten gar das 4fache der Summe, die hier den Hinterbliebenen des ›Mitarbeiters‹ gezahlt würde. Darüber hinaus sähe er auch nicht ein, daß er Gerling auf diese Weise ein überaus zinsgünstiges Darlehen gewähre, denn sollte er vorzeitig aus dem Konzern ausscheiden, erhielte er auf seine eingezahlten Beiträge nur 4 % Zinsen, obwohl der Zinssatz bei so langfristig festgelegten Geldern doch inzwischen um die 8 % ausmache. Er für seine Person ziehe es vor, diesen Betrag monatlich nicht in die ›Versorgungskasse‹, sondern in eine private Lebensversicherung einzuzahlen.

Der Personaldirektor schien aus der Beschlagenheit des Portiers seine Schlüsse gezogen zu haben. Er verweigerte ihm kategorisch die in Aussicht gestellte qualifiziertere Tätigkeit im Rechenzentrum und erteilte ihm zum Schluß sogar noch ein Lob: so einen intelligenten und rechenbegabten Portier fände er so schnell nicht wieder, er sei an der Pforte, an der er säße, einfach unersetzbar.

Hinzuzufügen ist, daß jener Personaldirektor Marschall geschäftsführendes Vorstandsmitglied ist und sich auch in anderen Fällen mit gleicher Umsicht und Entschiedenheit für die Belange des ›Personals‹ einsetzen dürfte.

Ein ehemaliges Betriebsratsmitglied berichtet, wie es der Einschaltung des Betriebsrats bedurfte, um die Entlassung eines langgedienten Portiers zu verhindern. Der Portier hatte in der Eile und Aufregung vergessen, seine Zigarre aus der Hand zu legen, als er Gerlings Frau den Wagenschlag aufhielt. Dieses unerhörten Verhaltens wegen sollte er entlassen werden. Der Betriebsrat konnte durch Intervention erreichen, daß die Entlassung in eine Strafversetzung umgewandelt wurde. Der Bote wurde ins Rechenzentrum versetzt, in einen sehr abgedichteten Konzernbereich, wo ihn weder die »Gnädige Frau« noch sonst ein hoher Gast jemals wieder zu Gesicht bekommen würde.

Einen anderen Fall erzählt man sich im Konzern, der zeigt, wie jemand, der – aufgefordert, die Wahrheit zu sagen – gefeuert wird.

Ein zum Konzern gehörender Innenarchitekt wurde anläßlich eines Rundgangs von Gerling gefragt, ›welcher Idiot denn die Schmierereien an einer bestimmten Wand veranlaßt hätte?‹ Gemeint waren einige farbige Probeanstriche, die die Raumwirkung bestimmter Farben testen sollten. Der Innenarchitekt antwortete wahrheitsgemäß: »Ihre Gattin, Herr

Dr. Gerling.« – Der Frevler wurde auf der Stelle aus dem Konzern verbannt, allerdings unter Zahlung einer entsprechenden Abfindungssumme, da man es auf einen Arbeitsgerichtsprozeß nicht unbedingt ankommen lassen wollte.

Die folgende Geschichte zeigt, wie die Boten darauf ausgerichtet sind, mit den Augen ihres Herrn zu sehen. Als die Stelle eines Juristen für den Vorstand ausgeschrieben war, meldeten sich zahlreiche Bewerber. Gerling nahm sie einzeln in Augenschein, und bevor er selbst seine Entscheidung getroffen hatte, waren sich die Boten einig, auf wen seine Wahl fallen würde. Ohne mit dem Betreffenden, dem heutigen Vorstandsdirektor Kossmann, gesprochen und ohne ihn etwa einem besonderen Eignungstest unterworfen zu haben, entnahmen sie lediglich seinem Gehabe und Auftreten, daß auf ihn die Wahl Gerlings fallen würde. Sie behielten recht.

Zu meinem ersten Sondereinsatz kommt es anläßlich der »Umweltschutztagung«, die Gerling mit entsprechendem Pomp und Getöse veranstaltet. Etwa 150 Gäste aus Industrie und Ministerien sind geladen, um sich u. a. eine Ansprache Gerlings und einen Vortrag Peter von Zahns zu Gemüte zu führen. Die »Jahrhunderthalle«, die Kantine des gemeinen Volks, wurde festlich geschmückt, auf den Straßen sichern Polizeibeamte – auf den Schultern silberne Beförderungsverzierungen – die bis auf die Bürgersteige heranrauschenden Limousinen der hohen Gäste ab. Überall Fahnen mit dem weltverschlingenden ›G‹ drauf. Ich vermute, Gerling wittert auf dem Umweltschutzsektor einen neuen Versicherungsmarkt und will sich durch so eine Veranstaltung früh genug den Vorsprung vor seinen Konkurrenten sichern.

Autos von normalen Sterblichen werden von Polizeioffizieren zum Weiterfahren genötigt. – Eine Aufregung entsteht, als die ersten Gäste nahen und an der Auffahrt zum Innenhof noch das an eine Mauer gelehnte Fahrrad einer Putzfrau zu sehen ist, das hier wirklich keinen stört. Ein verstörter Vorge-

setzter beauftragt mich, das Fahrrad, das mit einer Kette abgeschlossen ist, zu schultern und augenblicklich in den Tiefkeller zu schaffen. Nachdem ich nicht umhin gekommen bin, es hinunterzutragen, nennt der Vorgesetzte den Grund für seine Aufregung: »Wenn das der Dr. Gerling gesehen hätte, hätte es einen Riesenkrach gegeben.« – Gerling muß eine Art Allergie gegen Fahrräder haben, vielleicht weil sie ihn an die Zeit erinnern, als er im ersten Nachkriegsjahr selber noch mit Baskenmütze und Fahrrad täglich im Konzern erschien. (Es gibt sogar eine Extra-Dienstanweisung im »Kreuzdienstplan«, die vorsieht, daß beim Eintreffen Gerlings das Geschäftsrad beiseite gestellt werden muß: »Ab 11.00 Uhr wird das Fahrrad durch den eingeteilten Boten der Leichtbauten bis zum Eintreffen von H. Dr. Gerling beiseite gestellt und von dem jeweiligen Boten, der beim Eintreffen von H. Dr. Gerling Kreuzdienst versieht, wieder hingestellt...«)
Meine Aufgabe auf der ›Umweltschutzkonferenz‹ ist es, die hohen Gäste während der Pausen auf die Toiletten zu führen und sie so zu verteilen, daß sie sich nicht ins Gehege kommen. Ich muß feststellen, sie tun sich schwer beim Verrichten so selbstverständlicher Geschäfte. Sie zieren sich, als ich sie auffordere, doch bitteschön auch die Damentoiletten mitzubenutzen. Als Putzfrauen erscheinen, um die Toiletten zu säubern, sage ich ihnen nicht, daß sie gerade mit Unternehmern und Managern besetzt sind. So werden die Toiletten zu einer überraschenden Begegnungsstätte.
Ein Botenkollege von mir, der täglich von außerhalb mit dem Zug zum Dienst fährt und seit 4.30 Uhr auf den Beinen ist, bekommt die Aufgabe übertragen, nachts um 2.30 Uhr die letzten besoffenen Gäste in ihre Wagen zu schaffen. Er selbst schläft ein paar Stunden im Konzern, um dann Punkt 6.00 Uhr wieder seinen Dienst anzutreten. Mit der Zeit lerne ich andere Kollegen näher kennen.
Ein anderer Bote, verheiratet, 2 Kinder, genehmigt sich nur

dreimal im Jahr Fleisch: jeweils, wenn Gerling Vorstandssitzungen hat, dann gibt es für die Boten, die Überstunden machen, Gutscheine, die sie in den Gaststätten und Metzgereien der Umgebung einlösen können.
Nach einigen Wochen werde ich zur Poststelle versetzt; ich erhalte eine braune Uniform; nach und nach soll ich durch alle Abteilungen durch. Dreimal täglich ziehe ich mit einem Wägelchen los, teile Post aus und kassiere welche ein, dazwischen noch kleinere Touren nach Bedarf. Zur »Tour 2«, die ich mache, gehören auch einige Vorstandsdirektoren und Gerling selbst. Viele an ihn gerichtete Briefe sind mit »vertraulich« oder »streng vertraulich« adressiert. Daß einer soviel zu verbergen hat! Wenn jemand nicht so ehrlich wäre, es würde kaum auffallen, wenn er solche Briefe, statt auszuteilen, mitgehen ließe.
Je dicker die Teppiche werden, je größer die Empfangszimmer, je unübersehbarer die Statussymbole, um so schemenhafter, fader und ihrer Umgebung angepaßter werden in der Regel die Sekretärinnen.
Einige sind bereits so von der Vornehmheit ihrer Umgebung durchtränkt, daß sie kaum aufblicken, wenn ich ihnen die Post überbringe, überhaupt nicht oder nur widerwillig den Gruß eines Boten erwidern. – Ein Kollege stellt einmal fest: »Wenn sie als Sekretärinnen in die Chefetagen neu hinkommen, benehmen sie sich meist noch unbefangen und normal und sind sich auch nicht zu schade, einen zu grüßen oder sich sogar mit einem zu unterhalten. Sehr bald aber färbt das Klima hier auf sie ab, und sie dünken sich etwas Besseres.«
Auffallend ist, daß in den meisten Vorstandsetagen zwar ausgiebig repräsentiert, jedoch offensichtlich um so weniger gearbeitet wird.
Ich merke es, wenn ich in so ein Vorstandsbüro komme – der Duft feinen Kognaks schwebt im Raum. Für uns kann

Trinken von Alkohol im Dienst Entlassung bedeuten. Und wenn gerade keiner anwesend ist, dann mache ich mir schon mal die Mühe und schaue mir die Durchschläge der täglichen Post in der Ablage an. Ein Direktor, Vorsitzender der reaktionären Studentenverbindung »Corps Markomannia«, wikkelt sein Mäzenatentum ausgiebigst von hier aus ab, schickt Geldspenden fürs Treiben seiner Schützlinge oder ermuntert sie »mit treuen Markomannengrüßen«: »Ich hoffe, daß die Keilarbeit von Euch ebenso intensiv wie in den letzten Semestern betrieben wird und wünsche Euch vollen Erfolg.«

Ein Vorstandsmitglied frönt während seiner Arbeitszeit ausgiebigst seinem Kunsthobby, korrespondiert wegen Ausstellungsbesuchen in der ganzen Welt herum, wogegen an und für sich nichts einzuwenden ist, nur, wenn man überlegt, daß so ein Vorstandsmitglied an die 100000 Mark und mehr jährlich einsteckt, sollte man doch mit dem Vorurteil endlich mal aufräumen, daß das mit wirklicher Arbeitsleistung zu motivieren ist, und sollte die Arbeitsbedingungen und Verdienstmöglichkeiten derer dazu in Relation setzen, auf deren Kosten solche Summen »verdient« werden.

In der Korrespondenz eines Gerling-Vorstandsmitgliedes an einen Fabrikanten findet sich folgendes Bekenntnis, das offizielle Verlautbarungen der Unternehmer Lügen straft: »... Erfreulich ist die weiterhin anhaltende Steigerung der Umsätze und, was ja noch wichtiger ist, der prozentual niedrigere Lohnkostenzuwachs.«

Vieles an ausgehender Post ist an die Filialen in befreundeten Diktaturen gerichtet: an die Zweigstellen Südafrikas, Spaniens und Portugals.

Am 24.4.73 ist es meine Aufgabe, eine Kiste Champagner versandfertig zu machen, die Gerling dem Finanzminister a. D. Alex Möller anläßlich seines Geburtstags übersendet. ›Geschenke erhalten die Freundschaft‹, oder, was nach dem Abdanken des früheren Finanzministers eher zutreffen mag,

auch bei Konzernherren von der Größenordnung Gerlings regen sich menschliche Gefühle wie Dankbarkeit.
Es liegt in der Natur der Sache, daß Gerling Kontakt zu Politikern hält, von denen die einen voll auf seiner Linie liegen, die anderen sich von so einer Freundschaft schmeicheln lassen oder sich sonstige Vorteile davon versprechen, wenn sie mehr oder weniger heimlich Kontakt zu ihm halten.
Mit Adenauer war Gerling schon in jungen Jahren gut befreundet, sein Verwaltungshochhaus wurde früher intern »Adenauer-Haus« genannt. Der derzeitige Innenminister Genscher verkehrt bei Gerling, und mit Strauß unternahm er eine unauffällige Reise nach Schweden, dessen Generalkonsul er im übrigen ist, was er sich was kosten läßt.
Obwohl sein Baustil eher ein Bekenntnis zum Dritten Reich darstellt und unbefangene Besucher des Konzerns oft nicht glauben wollen, daß dieses Bekenntnis erst nach dem Krieg freiwillig als steinernes Symbol gesetzt wurde, tendiert Gerling aus wohlüberlegten Gründen heute eher zu neutralen Staaten wie Schweden und zur Schweiz. Zur Zeit der Kubakrise, als ein Weltkrieg auszubrechen drohte, zog es Gerling vor, kurzfristig einen Urlaub mit Familie in Schweden zu verbringen.
In Allensbach am Bodensee unterhält er einen feudalen Nebenwohnsitz mit Booten und Wassergaragen. In knapp 20minütiger Bootsfahrt kann er, falls er es eilig haben sollte, das rettende Schweizer Ufer erreichen. Dort hätte er dann theoretisch die Möglichkeit, sich mit dem Nötigsten in sein Schweizer Domizil nach Mannenbach/Bodensee ins Exil zurückzuziehen, falls er nicht dort schon reichlich vorgesorgt hat, worauf ein mit »persönlich, streng vertraulich« deklarierter Briefwechsel mit einem Schweizer Anwaltskollektiv schließen läßt.
Während meiner zweimonatigen Botenexistenz im Gerling-Konzern habe ich Gerling persönlich nicht einmal zu Gesicht

bekommen. Eine Putzfrau, die seinen Korridor sauberhält und dafür sorgt, daß täglich ein Strauß frischer Blumen auf seinem Schreibtisch steht – obwohl er in der Regel nur alle 14 Tage einmal diesen Saal betritt –, sagt: »Ich arbeite jetzt drei Jahre hier, gesehen habe ich den Dr. Gerling noch nie. Wenn er sich mal hierhinbegibt, ruft sein Butler vorher bei seinem Leibportier an. Dann wird der Aufzug nach unten gestellt und für ihn freigehalten. Gänge werden gesperrt, so daß nur ja kein gewöhnlich Sterblicher seinen Weg kreuzt. Auf keinen Fall jemand wie wir in Putz- und Arbeitskluft, das könnte ja sein Auge beleidigen. Wir müssen dann augenblicklich das Feld räumen, selbst wenn wir mitten in der Arbeit sind.« – »Vielleicht ist er längst tot«, sage ich, »und er hat testamentarisch verfügt, daß man so tut, als ob er noch am Leben sei, weil er wohl gern unsterblich ist.« – »Das haben wir uns auch schon überlegt«, geht sie darauf ein, »weil auf seinem Schreibtisch immer alles unverändert liegt. Die goldenen Kugelschreiber auf den Millimeter genauso geordnet nebeneinander, als ob da vor zehn Jahren zuletzt mit geschrieben worden sei...«

Das gesamte 14. Stockwerk im Hochhaus steht seit Jahren samt Mobiliar ungenutzt da, weil er seine frühere Residenz dort hatte. (Wo Gott selbst einst residierte, darf kein normaler Sterblicher mehr seinen Fuß hinsetzen.)

Das riesige ungenutzte 14. Stockwerk mit seinem schönen Ausblick über Köln und den gemütlichen Clubsesseln ließe sich hervorragend als Aufenthaltsraum für die 200 Lehrlinge des Gerling-Konzerns umfunktionieren und damit einem sinnvollen Zweck zuführen, denn dem Gerling-Nachwuchs steht bisher nur ein schäbiger kahler Raum als Pausenaufenthaltsraum zur Verfügung, in dem allenfalls 20 Personen Platz finden. Auch für die Boten wäre es eine angemessenere Aufenthaltsstätte als das Verlies, worin wir von der Poststelle uns aufzuhalten haben, um auf Klingelzeichen hin unsere Boten-

gänge zu machen. Das Verlies, knapp 4 qm Bewegungsfläche, dient acht Personen als Aufenthalt; wenn alle versammelt sind, finden zwei keinen Sitzplatz. Ein Schwimmbad mit Sauna ließe sich im brachliegenden 14. Stockwerk errichten oder auch ein Kindergarten für die Kinder der weiblichen Gerling-Angestellten, die immerhin 60 Prozent der Belegschaft ausmachen.
So vieles ließe sich im gesamten Konzern machen, wenn die Wünsche und Forderungen der hier bis zur Hälfte ihres wachen Lebens verbringenden Angestellten verwirklicht würden und nicht einzig das Austoben eines Machtbesessenen und seiner ihm hörigen Clique sich manifestierte.
»Niemals in dieser Stadt sonst ist die Macht des Kapitals durch architektonische Mittel derart betont zur Schau gestellt worden«, ist das Urteil eines Kölner Architekten.
Jedoch Gerling reicht's noch nicht. Er ist dabei, sein Imperium wesentlich zu erweitern, um dort, wo bisher Menschen zu günstigen Mieten noch einigermaßen menschlich in einem organisch gewachsenen Stadtteil wohnen konnten, Bürobauten zu errichten. Mitte der 60er Jahre begann der Gerling-Konzern gezielt Grundstücke und Häuser in der unmittelbaren Umgebung seiner Verwaltungsgebäude aufzukaufen. Gerling erhöhte in den aufgekauften Häusern zum Teil die Mieten und ließ keine Reparaturen und Renovierungen durchführen. Sobald er es geschafft hatte, die alteingesessenen Mieter aus den Wohnungen zu vertreiben, quartierte er ausländische Arbeiter dort ein, aus deren Notlage sich bekanntlich noch mehr Kapital schlagen läßt.
Eine alte Frau, Hausbesitzerin und Mitbewohnerin eines Wohnhauses an der Friesenstraße, das sich innerhalb des 43 000 Quadratmeter großen Zugriffsgebietes von Gerling befand, erinnert sich: »Ich wollte zuerst nicht verkaufen. Da suchte mich ein Beauftragter vom Gerling-Konzern auf und machte mich auf folgende Weise kirre: er gab an, wenn ich

jetzt nicht an Gerling verkaufte, müßte ich ohnehin in zwei Jahren da raus. Die Stadt wolle nämlich die Straße verbreitern, das sei schon beschlossene Sache, und da würde mein Haus zwangsweise abgerissen. Und von der Stadt bekäme ich dann nur die Hälfte des Preises wie jetzt von Gerling. Da hab ich mich plattschlagen lassen und verkauft.«

An einigen Stellen errichtete Gerling auch Neubauten mit Wohnungen für eigene Angestellte der geplanten neuen Bürostadt. – Nachdem Gerling fast die Hälfte des ganzen Gebiets in seine Hand bekommen hatte, erfuhr plötzlich auch, angeblich erst Mai 71, die Stadtverwaltung von Gerlings Plänen. Statt einzuschreiten und zu retten, was noch zu retten war, ließ man Gerling weitgehend freie Hand.

Seit einem Jahr läßt sich Gerling immer seltener im Konzern blicken. Ein Portier glaubt den Grund hierfür zu wissen: »Je reicher, mächtiger und älter er wird, um so mehr steigt die Angst in ihm, daß es ihm eines Tages mal an den Kragen gehen könnte. Seit auf das Bürofenster der Häuserverwaltung mal 5 gezielte Schüsse abgegeben wurden und er wohl annahm, daß er gemeint wäre, erledigt er, soweit es geht, alles von zu Hause aus. Er hat sich sein Privatgrundstück von Experten des Verteidigungsministeriums eindringsicher abschirmen lassen, und im Konzern ist ein Tunnel geplant, über den er unterirdisch direkt bis unter sein Büro gelangen kann. Solang der nicht fertiggestellt ist, wird er uns hier wohl nur noch selten beehren.«

Ich persönlich vermute, daß es nicht erst der Schüsse auf die Häuserverwaltung bedurfte, um bei Gerling Symptome, die, oberflächlich betrachtet, Verfolgungswahncharakter haben, hervorzurufen.

Es sind scheinbar nebensächlichere Verhaltensweisen, die, würden sie sich bei einem Boten oder einfachen Angestellten des Hauses bemerkbar machen, womöglich zur klinischen Behandlung führten. Ihm als Wirtschafts-Potentaten werden sie als eigenwillige Note, allenfalls Marotte abgenommen. Gerlings Kontakt- und Berührungsangst ist offensichtlich. Sie ist so stark, daß er sich nicht nur vor Menschen abschirmt, auch von Dingen, ja sogar von der Luft fühlt er sich bedroht. Seine Fahrer erzählen sich, nach unterschiedlichen Erklärungen suchend, Geschichten, wie sich ihr Chef zuweilen im heißesten Sommer durch die Gegend chauffieren läßt. Er selbst sitzt hinten, im Anzug und eine Wolldecke über den Knien. Der Fahrer, schwitzend, in voller Montur, ist angehalten, sich weder die Fahrermütze abzusetzen noch die Krawatte zu lockern, und streng ist es ihm untersagt, die Fenster auch nur einen Spalt weit zu öffnen.

Herr K. war von Stuttgart nach Köln umgezogen, weil sich seinen Söhnen in Köln eine günstigere Ausbildungsmöglichkeit bot. Er bewarb sich im Gerling-Konzern als Bote und wurde »mit Kußhand genommen« und bald darauf als Butler in Gerlings Privatresidenz überstellt, denn ein ausgezeichnetes Zeugnis seines früheren Arbeitgebers ließ ihn für diese Vertrauensstellung bestens geeignet erscheinen.

Herr K. berichtet: »Ich war 2½ Jahre bei ihm als Butler in Marienburg, bediente ihn und seine Familie und seine Gäste, in Livree und mit weißen Handschuhen. Außerdem war meine Aufgabe, das Silber zu pflegen. Er hat Silber- und Goldbestecke für 60 Personen. Ich arbeitete von morgens 9 bis abends 9 Uhr, samstags und sonntags, hatte überhaupt kein Privatleben mehr, aber ich verdiente gut, durch die Überstunden an die 2000 Mark.

Ich wurde eigentlich nie richtig warm dort, es war immer eine drückende Atmosphäre. Der Dr. Gerling hat so eine Art von oben herab und eine tötende Ironie. Gleich zu Anfang machte mich sein Chefdiener, der Säckler, der 38 Jahre bei ihm war, darauf aufmerksam: ›Schau ihn um Gottes willen nicht an, wenn du servierst, dann wird er wild.‹ Er ist ein sehr schwieriger Mensch, und wer sich nicht auf seine Launen einzustellen verstand, hatte nichts zu lachen. Wenn er aus dem Konzern kam – sein Kommen wurde mir telefonisch angekündigt –, ich stand sprungbereit an der Auffahrt, nahm Haltung an, riß ihm die Wagentür auf, meinen Diener gemacht, grüßte ›Guten Abend, Herr Dr.‹, wenn keine Antwort kam, wußte ich schon, schlechte Laune und konnte mich auf was gefaßt machen.

Er war sehr penibel mit dem Decken. Obwohl ich's schon mit dem Metermaß genommen habe, den Abstand der Bestecke zueinander und genau abgemessen vom Besteck bis zur Tischdecke und die Bügelfalte genau unter der Lampe. Das Blumenarrangement mußte auf dem Tisch genau in der Mitte exakt unter der Lampe stehen. Das hat vier Füße gehabt, zwei Füße mußten genau auf der Bügelfalte stehen. Die Blumen mußten strahlenförmig wiederum so ausgerichtet werden, daß sie genau mit den Linien des Leuchters übereinstimmten. Er hat da ein Auge für gehabt, es unwahrscheinlich genau genommen. Wenn da was nicht total im Lot lag, hat er es nachher ärgerlich korrigiert. Ich hab mich nachher sogar in den Stuhl gesetzt, wo der Chef saß, und hab das ausprobiert, mich in ihn hineinversetzt, mit seinen Augen kritisch den Blick schweifen lassen, was er auszusetzen haben könnte, und das dann noch korrigiert. Er hat seinen festen Platz gehabt, wollte immer auf demselben Stuhl sitzen, wir haben ihn unauffällig gezinkt, weil er merkte, wenn es nicht der gleiche war.

Er hat mich sehr selten direkt angesprochen und wenn, hat er meist sehr leise gesprochen, so nebenbei und durch mich hindurch, und dann war ich manchmal nicht darauf gefaßt, daß er mich angesprochen hat, und hab ihm vielleicht keine Antwort gegeben. Und dann sagte die Chefin, die ›Gnädige Frau‹, Sie verstehen meinen Mann nicht...

Und all solche Sachen, das hat einen dann immer nervöser gemacht, ich bin immer scheuer geworden...

Ich mußte ihm in der Garderobe immer in den Mantel helfen. Er hatte 20 Anzüge und 6 Mäntel, je nach Wetterlage.
Er hat sich, mit dem Rücken zu mir, hingestellt und die Arme immer so steif runterhängen lassen. Ich bin ja sehr klein und er ist ziemlich groß. Er hat sich nie zu mir runtergebückt. Ich mußte mich strecken und anstrengen, um seinen Mantel bis über die Schultern zu bekommen.
Die Herrschaften lagen im Garten im Liegestuhl am Swimming-pool, als das Telefon läutete und der Prof. Breker (der mit ihnen per Du ist) die ›Gnädige Frau‹ sprechen wollte. Ich bin rausgelaufen und sagte: ›Gnädige Frau, Telefon für Sie.‹ Da wurde mir vom Dr. Gerling mit Nachdruck gesagt, ich solle in Zukunft, wenn sie im Garten wären, nicht hinauskommen, sondern bei Telefonaten die Hupe betätigen, dann wüßten sie Bescheid. Nun, ich nehm mir das zu Herzen, und als einige Zeit später an einem Sonntag die Gnädige Frau aus der Schweiz anruft und will ihren Gatten sprechen, dachte ich, gut, dann hupst du eben. Ich betätige also die Hupe, gibt so einen röhrenden Laut wie ein Nebelhorn. Dr. Gerling saß mit auswärtigen Gästen im Garten. Da raste der auf mich zu und hat mich derartig angeschrien, daß ich dachte, jetzt fliege ich raus... ›Haun Sie ab, laufen Sie‹, hat er gebrüllt, ich wußte gar nicht, was überhaupt los war, was mit mir geschah. Ich hab ihn nur gefragt, was denn los sei, und er schrie nur noch lauter ›haun Sie ab, Sie sollen laufen‹, und ich bin dann stehengeblieben und dann schrie er noch mal, ›Sie sollen verschwinden‹, und dann bin ich gelaufen... Es muß ihn plötzlich gestört haben, daß ich gehupt habe, und dabei hatte er's doch extra angeordnet.
Ich bin zwei Jahre da draußen gewesen, als ich Schwierigkeiten mit den Bandscheiben bekam und der Arzt sagte, ich müsse in Kur gehen. Vielleicht mochte das daher kommen, ich bin ja etwas klein, und die Platten, die ich aufservierte, wogen 20 Pfund, und wenn man sich auf Schritt und Tritt

belauert fühlt, verkrampft man sich. – Man war damit einverstanden, daß ich in Kur ginge, man käme schon zurecht. Ich war dann vier Wochen in Kur, kam zurück, und sie taten so, als ob sie sich freuten, obwohl da alles schon beschlossene Sache war. Und sogar der Dr. fragte, ob es mir bekommen sei und ob ich denn auch keine Schmerzen mehr hätte. Ich hatte mich direkt gefreut, daß er mich einmal angesprochen hatte, denn es war äußerst selten, daß er mich einmal so ansprach. Ich war kaum vierzehn Tage wieder da, da taucht morgens ein Neuer auf, um sich vorzustellen, es war ein Jüngerer, ich habe gleich spitz gekriegt, daß er an meiner Stelle anfangen sollte. Er war vorher Stewart bei der Lufthansa, und Gerling hatte ihn da kennengelernt. Mir wurde nichts gesagt, und es gingen noch mal acht Tage vorüber. Und eines Nachmittags, als ich die Chefin gerade bedient hatte, hat sie mir das so nett beigebracht. ›Ich nehme Sie zu mir in die Baukunst‹, hat sie gesagt, ›die gehört ja mir, da haben Sie es gut, da empfangen Sie nur meine Gäste, und Sie machen die kleine Bar, und das Gehalt ist genau dasselbe.‹ – Da habe ich gedacht, vielleicht ist es gut so, dann bin ich erlöst. Die nächste Woche habe ich gleich angefangen, und dann kam die große Enttäuschung: es war alles nicht so, wie die ›Gnädige Frau‹ mir das so nett beigebracht hatte. Da ging es los, schwere Pakete, Kisten und Kästen auspacken, dreckige Arbeit im Lager, obwohl sie mir ausdrücklich gesagt hatte, ich hätte mit dem Lager nichts zu tun. Ich mußte meine schwarze Kluft, weißes Hemd und Krawatte ablegen, weil ich mich zu schmutzig bei der Arbeit machte. Ich wurde so eine Art Mädchen für alles, und es war auch körperlich eine schwere Arbeit. Diese Unzufriedenheit und Enttäuschung hat mich kaputtgemacht, so daß ich schon wieder zur Kur mußte, es waren noch keine zwei Jahre her seit der letzten. Ich kam von der Kur zurück, und dann kam die große Enttäuschung. Meine Frau hatte mich während der Kur schon angerufen, da wäre ein Brief gekommen von Gerling und darin stand, daß, wenn ich zurückkäme, ich mich nicht mehr in der ›Baukunst‹ melden solle, sondern im Personalbüro. Ich hin, und da erfuhr ich, daß ich schon wieder degradiert worden war. Ich sollte wieder als einfacher Bote anfangen. Ich sage, was! – Ich hätte mir einen Vertrag geben lassen müssen, bevor ich von Marienburg wegging, aber ich hatte immer alles auf Treu und Glauben gemacht. Auf das Botenangebot habe ich gesagt ›nein‹ – ich hätte ja viel weniger verdient.

Ich habe versucht, bei der ›Gnädigen Frau‹ vorzusprechen, aber sie empfing mich nicht, es hieß, sie sei nicht da, obwohl ihr Wagen draußen vor der ›Baukunst‹ stand.

Dann schließlich bot mir der Personalchef an, mich ins Archiv zu stecken, als Aktenverteiler, mit viel weniger Verdienst, für 960 Mark. Ich stand vor der Frage ›entweder – oder‹, und ich habe zugestimmt. Ich habe schließlich Familie, und es mußte weitergehen.

Ich mußte mich von den Büroleuten herumkommandieren lassen, das waren ungefähr 1000 Akten, die ich am Tag zu bearbeiten und an 30–40 verschiedene Sachbearbeiter weiterzuleiten hatte. Zum Einarbeiten ließ man mir erst gar keine Zeit. Immer wurde sofort etwas bemängelt. Die wollten mich los sein, ich war zuviel in Kur gewesen und machte auf sie einen kranken Eindruck, obwohl, es war ja nicht böswillig von mir gewesen.

Dann hab ich gedacht, jetzt hau ich ab, jetzt habe ich vom Gerling endgültig die Schnauze voll. Ich ließ mir die Papiere geben, und dann passierte, was ich als das stärkste Stück empfinde: meine wichtigste Zeit, die 2½ Jahre als Butler im Privathaushalt von Gerling, wurden mir auf meinem Zeugnis einfach unterschlagen. Das, was mir für eine neue Stellenbewerbung wahrscheinlich weitergeholfen hätte, wurde einfach verleugnet, so als hätte es mich da nie gegeben.

Ich habe auf dem Personalbüro reklamiert, dem Herrn Graef

gesagt, ich bin mit dem Zeugnis nicht zufrieden. Er: Ja, aber warum denn nicht. Ich: Da geht nur die ›Baukunst‹ draus hervor, aber die Marienburg läßt man einfach unter den Tisch fallen. Er: Aber wie sollen wir denn von hier aus wissen, was Sie da alles so gemacht haben. Ich: Dann sind Sie so freundlich und rufen Sie dort an und erkundigen sich. – Ich habe das Zeugnis dort gelassen. Ein paar Tage später schickten sie mir es wieder mit einem Begleitschreiben, daß das Zeugnis ordnungsgemäß ausgestellt sei, daß sämtliche Tätigkeiten von mir aufgeführt seien. – Ich muß mich jetzt fragen, ob ich da wirklich gearbeitet habe, oder ob ich das alles nur geträumt habe! – Was sie nicht wahrhaben wollen, weil es für sie unangenehm werden könnte, machen sie durch so ein Schriftstück einfach ungeschehen.«

Durch die Unterschlagung der für sein Weiterkommen wichtigen Tätigkeit – Butler im Privathaushalt Gerlings – ist es K. nicht gelungen, irgendwo anders wieder eine Butlerstelle zu bekommen. Im Moment arbeitet er als Chauffeur. –

Während meiner Botentätigkeit gelingt es mir hin und wieder, Einblick in »vertrauliche« oder »streng vertrauliche« Geschäftsvorgänge zu nehmen. Man hat mit der Zeit heraus, wo sich die entsprechenden Ablagen befinden. In der Regel werden mit derartigem Vermerk versehene Geschäftsschreiben auf Kosten und hinter dem Rücken der Angestellten gewechselt, und sie haben nur selten die Möglichkeit, gegen darin enthaltene Unterstellungen vorzugehen.

Ein inzwischen pensionierter ehemaliger Betriebsratsvorsitzender erinnert sich an seine Gerling-Zeit: »So was stell man sich mal vor, der hatte Sorgen. Im Winter residierte er damals oben im Turm, im Sommer saß er unten. Und seitdem drüben ›Friedrich Wilhelm‹ fertig ist, hat er die ganze erste Etage, in einer Höhe, die fast zwei Stockwerke einnimmt, damit er die Weite des ›unendlichen Raums‹ um sich spürt. Die Neonlichter in seinem Bürosaal sind immer halb unter Strom, der drückt auf einen Knopf, kein Flackern, schon sind die Lampen an. Der kann doch nicht einen Moment warten, wo denken Sie hin! Die Riesenvorhänge, ein Druck auf den Knopf und sie gehen zurück. Das ist psychologisch alles sehr raffiniert gedacht. Wer zu ihm vorgelassen wird, der wird erst mal ganz klein, bis er ihm gegenübersitzt vor seinem majestätischen Schreibtisch. Ich hab öfter welche erlebt, die nach einer Audienz bei ihm kurz vor dem Herzinfarkt waren, die hat er zur Sau gemacht, der war da nicht zimperlich drin. Ich habe erlebt, wie er einem seiner Direktoren Aktenstöße vor die Füße geschmissen hat, als er in entsprechender Wut war, und der Trottel hat sich vor ihm gebückt und sie wieder aufgesammelt.«

Der Lehrling Kurt F. bewarb sich auf folgende Anzeige hin bei Gerling:

»Es hat sich herumgesprochen, daß eine Ausbildung im Gerling-Konzern besonders gründlich, fortschrittlich und vielseitig ist... Zusätzlicher betriebsinterner Unterricht vermittelt zusätzliches Wissen – und damit die berühmte ›Nasenlänge voraus‹, die wichtige Positionen erschließt.«

Kurt F. berichtet: »Die Ausbildung ist keinen Deut besser als anderswo, allenfalls der Dünkel ist größer. Mit ›Nasenlänge voraus‹ ist wohl gemeint, daß einige, dem Feudalstil Gerlings angepaßt, meinen, Grund zu haben, ihre Nase besonders hoch tragen zu müssen. Als ich hier anfing, war ich anfangs so schockiert, ich wollte nach zwei Tagen wieder aufhören, ich hatte schon bei einer anderen Versicherung auf dem Personalbüro vorgesprochen. Das hat mich ungemein hier beengt, ich wollte mittags raus, so wie ich das gewohnt war, wollte ein bißchen an die frische Luft und mir auch mal eine Apfelsine, einen Apfel kaufen, wenn es schlechtes Essen gab, aber man darf ja hier effektiv nicht raus. Ich mußte von Pontius zu Pilatus laufen, um einen Passierschein zu bekommen. Man mußte sich schon außerordentliche Gründe ausdenken, und wenn man zweimal hintereinander kam, dann wurde gesagt, das geht aber nicht, das können Sie hier doch nicht machen, das ist hier im Hause nicht üblich.«

Rita F., ebenfalls Lehrling und ehemalige Jugendvertreterin: »Gerling, als typisch patriarchalisches Unternehmen, versucht, Mädchen, die an einer Ausbildung interessiert sind, in schlechtere Positionen hinzudrängen als junge Männer. Ich weiß es von mir und anderen Kolleginnen, daß beim Einstellungsgespräch versucht wurde, den Mädchen den Lehrberuf des Versicherungskaufmanns auszureden und ihnen eingeredet wurde, ›Stenokontoristin‹, ein Anlernberuf, sei viel besser. Viele ließen sich umstimmen, ohne zu wissen, daß sie später weniger Aufstiegschancen haben und außerdem noch für weitgehend die gleiche Arbeit weniger Geld bekommen. Ungerecht ist auch, daß bei Einstellungsentscheidungen die Zeugnisnoten der jungen Männer kaum eine Rolle spielen, die Mädchen dagegen ihren Ausbildungsvertrag als Versicherungskaufmann anscheinend nur bekommen, wenn sie in den Hauptfächern wie Deutsch und Rechnen nicht schlechter als ›Zwei‹ stehen ...«

Es ist mir bei Gerling in den verschiedensten Abteilungen immer wieder aufgefallen, daß es Lehrlinge und jüngere Angestellte untereinander beim »Sie« bewenden ließen und damit ihre Möglichkeiten abschwächten, Vorgesetzten gegenüber als geschlossene Gruppe aufzutreten, die sich nicht auseinanderdividieren läßt.

Ein etwa 40jähriger Angestellter: »Wenn die Leute in einem Raum allzugut harmonieren und eine geschlossene Gruppe bilden sollten, dann wird umgesetzt. In jedem Raum ist so eine Art Vertrauensmann der Geschäftsleitung. Natürlich weiß man in der Regel, wer das ist, man sieht sich vor, aber dadurch kommt Solidarität gar nicht erst auf. Dann die Konkurrenz, die untereinander ganz systematisch entfacht wird durch unterschiedliche Bezahlung für gleiche Arbeit. Und bei jeder Gehaltserhöhung bekamen wir die Mitteilung, daß wir über die Höhe des Gehalts Stillschweigen zu bewahren hätten. Jeder kommt sich dem andern womöglich etwas bevorzugter vor, und wenn du es genau untersuchst, sind alle beschissen. Wir sind zu neunt, und bei uns schwankt die Gehaltsgruppe zwischen 3 und 6. In vielen Fällen sind die Unterschiede durch Altersgründe bedingt, aber sehr häufig nicht. Bei uns hat der älteste Kollege die Gehaltsgruppe 4, aber die Zuträgerin zur Geschäftsleitung, die erst 24 ist, hat Gehaltsgruppe 5. Es liegt immerhin ungefähr 180 Mark Unterschied zwischen einer Gehaltsgruppe.«

Ein Gewerkschaftsfunktionär: »Der Gerling hat seinen Konzern so verschachtelt, daß es nach außen hin jeweils für sich autonome selbständige Gesellschaften sind. Keine Gesellschaft hat über 500 Mann Belegschaft. Wächst eine Gesellschaft über 500 Mann hinaus, gründet er entweder eine neue Gesellschaft oder überstellt die Leute formal, das heißt buchungstechnisch, einer anderen Gesellschaft, die noch unter der 500-Mann-Grenze liegt. So kommt es, daß Leute im gleichen Konzernteil, ja im gleichen Raum die gleiche Arbeit machen, aber der eine sein Gehalt von einer anderen Gesellschaft bezieht und bei der Betriebsratswahl sich für einen Kandidaten der anderen Gesellschaft entscheiden muß, obwohl er ihn womöglich überhaupt nicht kennt.

Der Grund dafür ist darin zu suchen, daß die Grenze der Familiengesellschaften bei 500 Beschäftigten liegt. Wenn sie darüber liegen, dürfen Arbeitnehmervertreter in den Aufsichtsrat gewählt werden, und zwar ein Drittel der Aufsichtsratsmitglieder wären dann Arbeitnehmervertreter. Gerling ist der einzige im Versicherungsbereich, der diesen Trick anwendet. Obwohl er dadurch wahrscheinlich durch die verschiedenen Verwaltungsapparate größere Kosten hat, dürfte er die gern in Kauf nehmen, um ›Herr im eigenen Haus‹ zu bleiben. Die Jugendvertretungen sind nun hingegangen und haben gesagt, auf der einen Seite besteht der Gerling immer darauf, daß jede Gesellschaft rechtlich selbständig sei, andererseits muß er dann auch für jede Gesellschaft einen eigenen Pausenraum zur Verfügung stellen, denn der einzige zentrale faßt nicht mal ein Zehntel der Jugendlichen, und um in den kurzen Pausen dahin zu gelangen, liegt er für viele viel zu weit weg. – Bisher hat er ihnen das nicht zugestanden, da pocht er plötzlich auf die Gesamtkonzernbelange. Der dreht und wendet die Gesetze halt so, wie sie ihm am meisten Nutzen bringen.«

Nach zweimonatiger Portier- und Botenexistenz im Gerling-Konzern –, und nachdem ich Ostersamstag und Ostersonntag jeweils von 7.00–18.00 Uhr im »Notdienst« den Konzern vor eventuellen Eindringlingen zu schützen hatte – tue ich etwas ganz Banales und Selbstverständliches, womit ich allerdings die heftigsten Reaktionen auslöse...

(Die Empfindlichkeit und Verletzbarkeit eines scheinbar unangreifbaren autoritären Machtgefüges ist meist größer, als man auf Anhieb vermuten mag. Winzige Angriffe, an neuralgischen Punkten überraschend angesetzt, können Widersprüche, Überfälligkeit und Fragwürdigkeit eingefahrener Herrschaftsstrukturen allen sichtbar und überdeutlich werden lassen. Repräsentanten, »honorige« Vorstandsdirektoren als treue Verwalter ihres Herrn, sind überaus diskret und beinah schamhaft darauf bedacht, sich den Blicken derer zu entziehen, die von ihren Entscheidungen abhängig sind und auf deren Arbeitsproduktivität sie ihre Vorrangstellung gründen.

Hier gilt es, sie aus der Reserve hervorzulocken, sie zum Reagieren und Sprechen zu bringen, sie zu zwingen, Farbe zu bekennen: um so die von ihnen aufgestellten Umgangsformen und Spielregeln, die dem zur Gewohnheit gewordenen Unrecht lediglich den vertrauten Rahmen geben, zu demaskieren. Hierbei kann sich Ironie als Waffe in der Hand der

Unterdrückten als ätzende und gezielte Sprengkraft entwikkeln. Und wenn sich damit auch die Herrschenden, ihre Kapitalverwalter und Erfüllungsgehilfen noch nicht aus ihren Bastionen vertreiben lassen, so sitzen sie jedoch fortan weniger sicher und selbstherrlich in ihren Sesseln.
Aufgestöbert bei ihrem Unter-sich-Sein, reagieren sie verunsichert, geben sich Blößen, geraten so ein erstes Stück weit ins Blickfeld und unter die Kontrolle der ihnen Ausgelieferten.)
Ein Ausdruck für die Klassenstruktur im Gerling-Konzern ist das nach Rang und Stellung gestaffelte Kantinenessen. Dem ›gemeinen Volk‹ ist der ›Jahrhundertsaal‹ vorbehalten, ein eindrucksvoll und pompös gestalteter Eßsaal, in dem, durch die Expansion des Konzerns bedingt, die Tische immer enger gerückt wurden. Wenn man sich im Gedränge einen freien Platz sucht, muß man schon darauf achten, daß man seine Suppe nicht einem Kollegen in den Nacken schüttet. Hier muß man sich selbst bedienen, bis zu zehn Minuten in der Schlange stehen, bis einem das Essen zugeteilt wird.
Bevollmächtigte und Prokuristen haben ihre eigenen Speiseräume im Souterrain, ein Gartenkasino ist für sie reserviert. Die Vorstandsdirektoren wiederum haben ihren gesonderten exklusiv-feudalen Speisetrakt. Sie dinieren an festlich gedeckten Tischen, lassen sich erlesene Gerichte servieren.
Zu ihnen geselle ich mich während der Mittagspause in meiner Botenuniform, um es mir einmal richtig schmecken zu lassen. Ich trete ins Kasino ein, ein gutes Dutzend Gerling-Bosse sitzt an mehreren Tischen verteilt. Es ist reichlich Platz hier, meine Kollegen von der Poststelle würden es sich hier auch noch bequem machen können, ohne daß die Herren zusammenrücken müßten. Ich steuere auf den Tisch am Kopfende des Saals zu. Ich habe etwas Herzklopfen, denn einige der Herren blicken schon auf; es muß schon etwas Außerordentliches geschehen sein, wenn ein Bote sie hier in ihrem

intimen Speisebereich aufsucht. Jedoch kein Telegramm oder eiliges Fernschreiben, mit dem ich dienen könnte. Statt dessen setzte ich mich zu drei Direktoren an den Tisch. »Mahlzeit«, sagte ich. Der jüngere von ihnen, in Gedanken versunken, erwidert meinen Tischgruß noch, erschrickt jedoch, als er die beunruhigt bis entsetzt dreinschauenden Gesichter seiner Tischnachbarn entdeckt. Die Gespräche an den umliegenden Tischen geraten ins Stocken, zuvor schwirrten noch Zahlen im Raum, angeregtes bis hektisches Plaudern; jetzt heißt's für die Herren ›Haltung bewahren‹, nur ja nicht ihr Gesicht verlieren, sich auch außergewöhnlichen Situationen gewachsen zeigen. Einige nehmen das Gespräch, leise und dezent, wieder auf, nicht ohne mir dabei verstohlen lauernde Blicke zuzuwerfen. Ich nehme an, auf die abgeklärteren und würdigeren unter ihnen wirkt mein Eindringen so, als ob die neue Zeit angebrochen sei, jetzt ist es soweit, jetzt brechen die Dämme auf, jetzt strömt das Volk an unsere Tische und Tröge. Keiner wagt, aufzustehen, um mich des Saales zu verweisen, dafür hat man seine Leute. Ein befrackter jüngerer Kellner, von ihnen herbeizitiert, ist dazu ausersehen, die alte Ordnung wieder herzustellen. Auch er diskret, nur ja jedes Aufsehen vermeiden. Außerdem: man kann ja nie wissen! Handelt es sich hier um einen harmlosen naiven Deppen, der das in letzter Zeit zunehmende Gerede über ›Demokratie‹, ›Qualität des Lebens‹ und so allzu wörtlich genommen hat und auf seine Art in die Tat umsetzen möchte, oder hat man es hier am Ende mit einem gemeingefährlichen Irren zu tun, den ein unbedachtes Wort oder allzu abruptes Vorgehen zum Amoklaufen reizen könnte!? Jedenfalls, man läßt mich jetzt nicht mehr aus den Augen, gebannt starrt jetzt alles auf mich.

Der jüngere Kellner beugt sich an mein Ohr, und bevor er mir etwas zuflüstert, sage ich laut und vernehmbar, auf den Teller meines neben mir sitzenden Direktors zeigend: »Das sieht aber lecker aus. Bringen Sie mir das auch, und ebenso Champagner bitte.« – Der junge Kellner, mit gedämpfter Stimme und fast flehend: »Sie sind falsch hier, hier ist nur für Direktoren gedeckt...« – »Ich bin genau richtig hier«, unterbreche ich ihn, »bringen Sie mir jetzt das Menü, so lange Pause hab ich nicht.« – Der junge Kellner scheint immer noch zu glauben, ich hätte mich am Ende nur in der Tür vertan. »Bestimmt, glauben Sie mir, Sie sind falsch hier, bitte kommen Sie mit, ich zeige Ihnen...« Als ich ihn nur verständnislos ansehe: »Kommen Sie mit mir in die Küche...« – Jetzt halte ich es doch für erforderlich, deutlicher zu werden, um nicht zu Mißverständnissen Anlaß zu geben. Auf die Direktoren zeigend sage ich: »Was soll das denn. Die werden doch auch bedient. Sind die denn was Besseres!« – Der Kellner gibt auf, mit einer Geste wie ›ich habe meine Pflicht getan, ich bin mit meinem Latein am Ende‹ wendet er sich an die Direktoren und entfernt sich.

Nun gut, man weigert sich, mich zu bedienen. Ich habe vorgesorgt. Aus einem Butterbrotpaket, das ich neben meinen Stuhl gelegt habe, packe ich meine Ration aus. Knäckebrot, mit Schinken belegt, einen Apfel. Als ich ein mitgebrachtes Messer in die Hand nehme, um den Apfel zu schälen, gespannte, beunruhigte Wachsamkeit bei den Direktoren. Aber ich fange mit dem Messer wirklich an, meinen Apfel zu schälen. Ich stelle ein mitgebrachtes Schnapsglas auf den Tisch. Inzwischen sind einige Minuten vergangen. Die Direktoren, darum bemüht, ihr Gesicht zu wahren, halten die Stellung. Am Anfang war ich ziemlich aufgeregt und nervös. In Anbetracht der ablehnenden Haltung einer Gruppe, die einen als einzelnen ungebetenen Gast so feindselig empfängt, ist es gar nicht so einfach, cool und unbefangen zu bleiben. Jedoch, je irritierter und nervöser die Herren des Vorstandes werden, um so gelassener und ruhiger werde ich. Außer Atem spurtet Herr Klein ins Kasino. Mit federnden Schritten, den anwesenden Direktoren mit leichter Verbeugung zugrüßend, nähert er sich meinem Platz. Herr Klein, ein ehemaliger Kriminalbeamter, ist mein Vorgesetzter. Er ist für die Portiers und Boten zuständig und für die Werksicherheit. Es tut mir leid, ihn jetzt in diese Schwierigkeit und Verlegenheit zu bringen, denn Herr Klein war eigentlich immer ein verständnisvoller Vorgesetzter, der seine Leute nicht schikanierte, sondern ihre Sorgen und Probleme ernst nahm. Herr Klein ist mit einem Miniaturfunksprechgerät ausgestattet, das fortwährend aufgeregt piepst und über das er Anweisungen empfängt, während er auf mich einredet.

Ich habe ihm den freien Stuhl neben mir angeboten, auf dessen vorderer Kante er Balance haltend Platz genommen hat. Er scheint den Anwesenden gegenüber dokumentieren zu wollen, daß es ihm nicht ansteht, es sich hier in einem Sessel der Konzernspitze bequem zu machen, und daß er sich rein aus dienstlichen Gründen zu ihnen auf die gleiche Sitzhöhe begibt, um mich besser ins Auge fassen und um so zwingender hinauskomplimentieren zu können.

Herr Klein versucht's zuerst mit pragmatischen Argumenten, mich zum Aufgeben zu bringen: »Herr G., es ist hier das Vorstandskasino, Sie können sich das Essen hier nicht leisten.« – Ich zücke mein Portemonnaie und antworte: »Ich will es nicht geschenkt haben, ich kann es ja bezahlen.« Klein (besänftigend): »Hier wird auch nichts verkauft, Herr G.... Wir haben doch unsere eigenen Speisesäle, wo ich auch sitze. Sehen Sie mal, wir haben 3000 Angestellte im Konzern, und jeder findet einen Platz zum Essen. Sie haben keinen Anspruch hier, wir haben doch unsere eigenen Essensmarken. Verstehen Sie doch, Herr G., für uns ist das verboten hier. Entschuldigen Sie mal, Herr G., wer hat Sie überhaupt auf die Idee gebracht...?«

Ich antworte: »Da brauchte mich keiner drauf zu bringen, da bin ich ganz von selbst drauf gekommen, das ist doch was

ganz Selbstverständliches, längst überfällig...« Klein: »Also, Herr G., ich bin jetzt 13 Jahre im Konzern, und das habe ich wirklich noch nie...« – Ich: »Aber einer muß ja schließlich mal den Anfang machen.«
Herr Klein wird zusehends nervöser. Mich sanft am Arm fassend und hilfesuchend zu den Direktoren blickend: »Bitte, kommen Sie mit, Herr G., tun Sie mir doch den Gefallen, dann unterhalten wir uns draußen weiter. Tun Sie's doch mir zuliebe. Wir sind doch immer gut miteinander ausgekommen.« Ich (mich nicht vom Platz rührend):
»Ja, aber erst, wenn ich mein Essen bekommen habe. Ich kann ja nicht mit leerem Magen wieder an die Arbeit zurück.«
Klein (ratlos): »Herr G., sind Sie jetzt mal ehrlich, haben Sie heute morgen Alkohol zu sich genommen?«
Ich: »Nein, wieso? Ich bin stocknüchtern.« Ich schütte das mitgebrachte Glas voll Korn und schiebe es Herrn Klein hin: »...Trinken Sie erst mal, Sie können einen Schluck gut vertragen. Kommen Sie, das tut gut, da beruhigen Sie sich.« Klein wehrt erschrocken ab. Darauf nheme ich das Glas und kippe es, ihm zuprostend, runter. Herr Klein gerät außer Fassung: »Das ist ein Entlassungsgrund, Herr G., Sie wissen doch, daß es für uns verboten ist, im Dienst Alkohol zu trinken.« Jetzt halte ich den Zeitpunkt für gekommen, auf die Direktoren zeigend, auf Widersprüche hinzuweisen: »Was soll das denn?« sage ich. »Die trinken doch hier alle ihren Sekt und scheinen nicht befürchten zu müssen, deshalb ihren Job zu verlieren.« Ein Direktor, der soeben sein Glas zum Trinken anhebt, läßt es erschrocken wieder sinken, wohl um mich nicht weiter herauszufordern. Er wirft einem jüngeren Kollegen einen strafenden Blick zu, der sich ein Grinsen nicht verkneifen konnte. Klein nimmt einen letzten Anlauf: »Herr G., Sie sind eingestellt worden bei uns als Bote, Sie können Ihren Dienst dann eben nicht so verrichten, wie das von uns ver-

langt wird. – Sehen Sie mal, die Herren hier, die wollen schließlich auch interne und vertrauliche Dinge besprechen...«

Ich (für alle vernehmbar): »Die haben doch wohl nichts zu verbergen! Warum soll das denn nicht jeder hören können...«

Der Kasinochef, Herr Rüssel, erscheint. Klein springt auf; und um mich erst mal von meinem Sessel, auf dem ich wie angewachsen sitze, hochzubringen, sagt er: »Herr G., darf ich Ihnen den Kasinochef vorstellen, Herrn Rüssel.« – Ich erhebe mich, wie es die Höflichkeit verlangt, reiche ihm die Hand, sage »Angenehm« und setze mich wieder auf meinen Platz. »Können Sie nicht dafür sorgen, daß ich endlich zu meinem Essen komme«, komme ich dem Kasinochef zuvor, »ich hab nämlich nur 40 Minuten Pause und muß gleich wieder die Post austragen, sonst kommt der gesamte Arbeitsablauf im Konzern doch durcheinander, da greift schließlich eins ins andere.« Der Kasinochef steht verdattert da. Ein Vorstandsdirektor gibt ihm und Klein mit einem Wink zu verstehen, daß sie sich entfernen sollen. Man hat wohl begriffen, daß mich die Argumente nicht überzeugen, im Gegenteil zu um so beharrlicherem und hartnäckigerem Verbleiben bewegen; jetzt scheint man's mit der »Leerlaufen-lassen«-Taktik zu versuchen. Die Direktoren an meinem Tisch erheben sich, und grußlos verlassen sie den Raum.

Ich bleibe eine Zeitlang abwartend sitzen. Nichts tut sich. Dann stehe ich auf, gehe in Richtung Ausgang. Erleichterte Blicke der noch Verbliebenen. Ich sage »Mahlzeit«. Dankbar in sich hineinmurmelnd erwidern zwei diesen Gruß. Doch vorm Ausgang mache ich kehrt und gehe auf einen Tisch zu, an dem drei Direktoren sitzen und eine Lagebesprechung durchzuführen scheinen. Ich zeige auf den leerstehenden Sessel und sage: »Sie gestatten, hier ist noch frei?« Entschiedene

Ablehnung des wohl Ranghöchsten am Tisch: »Nein, reserviert, da kommt gleich noch jemand.« – »Aber im Augenblick ist hier jedenfalls noch frei«, sage ich und setze mich, ihnen freundlich zunickend, jedoch bestimmt, auf den leeren Sessel. Und begütigend: »Wenn Ihr Kollege kommt, kann ich ihm ja immer noch Platz machen.« – In die Runde fragend: »Können Sie das verstehen, daß man mich hier einfach nicht bedient? Sie haben doch Ihr Essen auch anstandslos bekommen.« Auf die Speisekarte schauend »*Menü*, Hühnerkraftbrühe mit Einlage oder Orangensaft – Schweinerücken Bäkkerin Art«, Kopf- und Selleriesalat – Herrencreme – Kaffee –« sage ich: »Sind Sie im allgemeinen zufrieden mit dem Essen hier?« – Der Jüngere am Tisch will zu einer Erklärung ansetzen, jedoch die beiden anderen geben ihm ein Zeichen, sich zu erheben, und wortlos räumen die drei das Feld. Sie haben ihre vollen Sektgläser zurückgelassen, und freundlich der Runde der noch Verbliebenen zuprostend, genehmige ich mir den edlen Tropfen. Ich nehme an, daß es Champagner ist, der hier kredenzt wird.

Nun sitze ich wieder allein am Tisch. Nur noch sechs Direktoren sind, der Dinge harrend, die noch kommen mögen, auf ihren Plätzen verblieben. Ihretwegen bleibe ich auch. – Zwei Herren kommen zielstrebig auf meinen Tisch zu. Ein tatendurstig dreinschauender und forsch auftretender Jüngerer und ein in-sich-ruhender, vom-Leid-der-Welt-wissender, jedoch nichts-dagegen-tun-könnender Älterer. Der Jüngere gibt sich so, als ob er mit Handlungsvollmachten ausgestattet sei, der Ältere, als ob er wenig zu sagen hätte.

Der Jüngere stellt sich als Abgesandter der Personaldirektion vor und den Älteren als Mitglied des Betriebsrates. (Wie ich später erfahre, ist dieses Betriebsratsmitglied aus einem ganz anderen Konzernteil und für mich überhaupt nicht zuständig; man hat ihn wohl mitgebracht, weil von ihm kein Widerspruch zu erwarten ist.)

Der Jüngere: »Ich weiß nicht, was Sie veranlaßt hat, sich hier zu placieren?!«

Ich: »Dafür gibt es viele Gründe. Daß ich es nicht tun sollte, dafür gibt's eigentlich keinen. Ein Grund ist z. B., daß mein Arzt mir empfohlen hat, diese Dampfkost im Jahrhundertsaal zu meiden und dieses als Schonkost viel besser geeignete Essen hier zu mir zu nehmen, ich hab nämlich einen nervösen Magen.« Der Jüngere von der Personalabteilung: »Sehen Sie mal, hier hat jeder seinen eigenen Bereich, seinen bestimmten Arbeitsplatz in seinem jeweiligen Büro. Sie können sich ja auch nicht einfach auf einen anderen Arbeitsplatz setzen und sagen, ›die Arbeit hier gefällt mir besser, die mach ich jetzt. Ich will hier sitzen und nicht da.‹«

Betriebsrat: »... einfach sagen, hier die Arbeit paßt mir besser.« Ich: »Aber das ist doch etwas ganz anderes. Das hat mit Einarbeitung, einer gewissen Qualifikation und so zu tun. Aber essen, das kann doch wohl jeder. Um ein Glas Sekt zu trinken, brauch ich doch keine besondere Ausbildung.«

Betriebsrat: »... Das hat doch damit nichts zu tun.«

Personalabteilungs-Mann: »... Von einem Vorstand kann man eben erwarten, wenn er mittags seinen Sekt trinkt, daß ihm das nichts ausmacht... In jedem Unternehmen gibt es gewisse Ordnungsvorstellungen und Unterschiede, die ihren Sinn haben und ihren Zweck erfüllen. Und hier werden Gespräche geführt, die auf höchster Geschäftsebene stattfinden, und da hat man es nicht gern, wenn nebenan irgendwer sitzt.«

Ich: »Ich sagte es eben schon einmal, die beschließen da doch hoffentlich nichts Verbotenes, oder? Außerdem glaub ich, es bekommt dem Vorstand gar nicht gut, wenn er immer unter sich hockt. Wenn die mit normalen Angestellten zusammensäßen, würden die sicher einiges erfahren, was sie noch nicht wissen... Ich dachte, die würden das begrüßen, wenn einer mal den Anfang macht und sie in ihrer Isolation besucht.«

Betriebsrat: »Sehen Sie mal, der Dr. U. hier, der ist Prokurist, der würde es nie wagen, sich hierhinzusetzen, wenn er nicht von seinem Vorstand ausdrücklich eingeladen würde. Das gehört sich nicht. Hier sind Plätze, die sind für bestimmte Leute reserviert und für bestimmte Zwecke und da kann ich nicht einfach hingehen und sagen, so, ich durchbreche diese Ordnung und setz mich mal dabei.«
Personalabteilungs-Mann: »Unterschiede gibt es überall. Das fängt bei der Bezahlung an. Sie leisten Ihre Arbeit, Herr S. leistet seine Arbeit, ich leiste meine Arbeit, warum kriegen wir alle unterschiedliche Bezahlung?«
Ich: »Ja, da fängt die Ungerechtigkeit genauso an. Ich bekomm 746 Mark raus, verheiratet, ein Kind, kämen Sie damit aus?«
Personalabteilungs-Mann: »Dann muß man sich eben einen anderen Beruf aussuchen, wo man mehr bekommt, wenn Ihnen das hier nicht gefällt.«
Ich: »Man tut doch hier immer nach außen so, als sei man so ein soziales Unternehmen...«
Betriebsrat: »Das hat doch mit sozial nichts zu tun. Sie müssen doch kapieren, eine gewisse Repräsentanz muß da sein. Die Ordnung darf nicht durchbrochen werden, wo kämen wir da hin.«
Personalabteilungs-Mann: »Sehen Sie mal, das sind Ordnungsstrukturen und Prinzipien, die sind Jahrhunderte und Jahrtausende alt, die sind gewachsen, die können Sie doch nicht über den Haufen schmeißen. Diese Rangunterschiede, die findet man doch, wenn man bis ins Tierreich zurückgeht. Da frißt erst der männliche Löwe und was der übrigläßt, das kriegt die Löwin mit den Jungen, und dann kommen die Schakale dran, ich will sagen, das ist gewachsen, das ist Natur...«
Ich: »Und da sollen wir die Rolle der Schakale übernehmen. Das würde Ihnen so passen. Soweit ich mich an den Zoologie-

unterricht in der Schule erinnere, stimmt das selbst im Tierreich nicht. Wenn Junge da sind, kommt die Löwin mit denen zuerst dran. – Im Grunde ist's nur konsequent, was Sie da von sich geben. Sie berufen sich auf die Gesetze der freien Wildbahn, nach denen hier ja auch gehandelt wird.«
Personalabteilungs-Mann: »Aber Sie können das mit Ihrer wilden Demonstration hier doch nicht aus den Angeln heben. Da brechen Sie sich das Genick bei. Sehen Sie mal, die Vorstände hier, die haben gar keinen Arbeitsvertrag, die haben einen Vorstandsvertrag, aber das führt zu weit, wenn ich das Ihnen hier...«
Ich: »Na gut, dann soll man uns halt auch so einen Vertrag geben.«
Personalabteilungs-Mann: »Was Sie da wollen, da müssen Sie versuchen, in einer klassenlosen Gesellschaft eine Arbeit zu bekommen, da können Sie lange drauf warten. Da sind Sie bei uns absolut fehl am Platz!«
Ich: »Das glaub ich Ihnen gern. Aber wer weiß, womöglich haben Sie das Glück, so eine Gesellschaft selbst noch zu erleben. Dann werden Sie sich vielleicht hieran erinnern. Dann wird das Ihnen gar nicht mehr so ungeheuerlich befremdlich vorkommen, dann wird sich einiges geändert haben und nicht nur im Kasinoessen. Da werden Sie und Ihre Herren ein paar Einbußen in Kauf zu nehmen haben, dafür wird für unsereinen sich doch sehr viel zum Besseren wenden.«
Wie ein Lauffeuer spricht sich die Kasino-Entweihung und -Besetzung im Konzern herum. Ich habe die Lacher auf meiner Seite, und wenn ein Vorstandsdirektor eine Gruppe von Angestellten passiert, bricht Gelächter aus. Man wagt nicht, mich am gleichen Tag noch zu entlassen. Dann könnte das Gelächter in Empörung und Wut umschlagen. Man schmeist mich noch nicht raus, dafür beobachtet man mich auf Schritt und Tritt.
Aber am nächsten Tag soll ich mich beim Personaldirektor

melden. Ich lasse es mir aber nicht nehmen, vorher noch mal im Allerheiligsten des Dr. Gerling Platz zu nehmen.
Am nächsten Tag warnt mich der Kasinochef davor, die Besetzung vom Vortag zu wiederholen. Diesmal würde man andere Saiten aufziehen. Ich sage ihm, mir sei auch nicht daran gelegen, die ausgesprochene Feindseligkeit, die mir dort entgegengebracht worden sei, sei mir auf den Magen geschlagen. Er solle mir doch diesmal bitte das Essen im Büro von Dr. Gerling selbst servieren. Dort störte ich keinen und würde nicht gestört.
Ich lasse ihn in seiner Verwirrung stehen, und auf Umwegen unter Umgehung seiner Wachen begebe ich mich zur Gerling-Residenz. Einem Pförtner-Kollegen gebe ich unterwegs noch einen Hinweis. »Falls mich jemand suchen sollte, ich bin während der Mittagspause im Büro von Dr. Gerling. Es ist an der Zeit, daß das endlich mal einem sinnvollen Zweck zugeführt wird, da es ständig unbesetzt ist. Die anderen Kollegen von der Poststelle werden nachkommen.«
Gerlings Büro hat saalartigen Umfang. Eine Fläche, wie sie sonst einem Großraumbüro zukommt, und die doppelte Höhe der üblichen Etagen, in denen Angestellte arbeiten. Ein lederbezogener Schreibtisch und Sitzgruppen aus Leder. Auf einer Empore Gerlings Bronzeschädel und der seines Vaters. Auf dem Schreibtisch wieder Gerlings Machtanspruchssymbol, gleich in zweifacher Ausfertigung. Ein Globus, einmal vergoldet, einmal in Kristall. Exakt senkrecht liegend und genau gleichmäßig Seitenabstand haltend sind goldene Füllfederhalter und Kugelschreiber postiert. Dann Gerlings Leitspruch in goldene Buchstaben gestanzt: »FORTES FORTUNA ADJUVET« (Den Starken steht das Glück bei!) Auf einen Zettel, den ich danebenlege, schreibe ich: »Aber nicht mehr lange!« Ein Strauß frischer roter Nelken steht auf seinem Schreibtisch. Eine von den zwei Dutzend erlaube ich

mir abzubrechen und ins Knopfloch meiner Botenuniform zu stecken.
Ich sitze auf seinem Sessel hinter seinem Schreibtisch, als im Laufschritt zwei Bevollmächtigte erscheinen. Ich bin dabei, einen Apfel zu essen. Sie führen mich zu einem Empfangssaal parterre und versuchen, mich über die Motive meines Handelns auszufragen. Der eine bietet mir zu dem Zweck sogar eine Zigarette an.
– Ich reagiere ähnlich wie am Vortag, sage, das sei doch die selbstverständlichste Sache der Welt, und die Kollegen kämen demnächst auch. Sie müßten sich halt damit abfinden, es sei ein ziemliches Umdenken im Gange, und so etwas seien nur die äußeren Zeichen für die beginnende Vergesellschaftung derartiger Konzerne. Man geleitet mich zu dem Raum, wo

meine Einstellung erfolgte. Der Bevollmächtigte sagt, er hätte in letzter Zeit beobachtet, wie sich meine Gesichtszüge verändert hätten, es sei für mich sicher an der Zeit, einmal rundum auszuspannen, am besten einen Arzt zu konsultieren. Jetzt solle ich erst mal nach Hause gehen, ich würde dann von ihnen hören. –

So ist das, wer sich ganz normal in einem abnormen System verhält, wird nicht für voll genommen und selbst für anormal erklärt.

Am nächsten Morgen wird mir durch einen Gerling-Boten die Kündigung überbracht; und zwar an die Adresse, die ich als Deckadresse angegeben hatte.

»Unter Bezugnahme auf den Dienstvertrag«, heißt es da mit vorsichtiger Höflichkeit, »müssen wir Ihnen leider mitteilen, daß wir nicht beabsichtigen, das Dienstverhältnis... fortzusetzen.

Im übrigen nehmen wir Bezug auf das mit unserem Prokuristen H. geführte Gespräch, wonach Sie mit sofortiger Wirkung von der Dienstleistung freigestellt sind...

Mit freundlichen Grüßen
Gerling-Konzern«

PS.: In der örtlichen Boulevard-Zeitung Express erschien am Tag darauf die rührende Geschichte vom »Botenjungen, der einmal mit den Chefs speisen wollte«.

Traum des Bote

Einmal mit den Chefs speisen

Jetzt ist er vom Dienst suspendiert

Von VOLKER NEUSS

exp Köln — Einmal im Leben speisen wie ein Generaldirektor, das war der Traum des Botenjungen Victor V. Bewaffnet mit einem Butterbrotpaket, setzte er sich in den Direktorenspeisesaal seiner Firma und aß seelenruhig seine Mittagsmahlzeit. Niemand konnte ihn von seinem Tisch vertreiben. Da kapitulierten die Manager, die am Nebentisch einen Geburtstag feierten und verließen den Saal. Der Botenjunge wurde vorläufig von seinem Dienst suspendiert.

Höchst erstaunt waren mehrere Gerling-Bosse, als sie in ihrem Speisesaal plötzlich einen livrierten Hausboten vorfanden. Viktor V. bat die Serviererin: „Bringen Sie mir bitte ein Menü. Ich will es nicht geschenkt haben, sondern zahle."

Für den Michael Kohlhaas des Gerling-Konzerns gab es jedoch kein Essen. Da packte er seine mitgebrachte Tüte aus, aß seinen Apfel und trank ein Schnäpschen aus einer mitgebrachten Flasche.

„Wenn die Direktoren hier Alkohol trinken dürfen, kann ich das auch", erklärt er der fassungslosen Serviererin. Am Nebentisch feierten mehrere Direktoren den Geburtstag eines ihrer Kollegen mit Sekt.

Nach und nach verließen die Gerling-Bosse verärgert das Kasino. Der nicht eingeladene Bote blieb hingegen sitzen — bis ein Betriebsrat und ein Personalsachbearbeiter auftauchten.

Am nächsten Tag sollte er ein Gespräch mit dem Leiter der Personalabteilung haben — doch so weit kam es nicht. Viktor V. wollte auch einmal im Zimmer des Firmenchefs, Dr. Hans Gerling, sitzen.

Die Gelegenheit war für ihn günstig — Gerlings Sekretärinnen waren nicht im Chef-Zimmer.

Doch auch hier konnte er nicht lange bleiben.

Vom Gerling-Konzern war keine offizielle Stellungnahme über die Schmonzette zu erfahren. Ein langjähriger Pförtner zu EXPRESS: „Unser ganzes Haus schmunzelt. So etwas haben wir noch nicht erlebt."

EXPRESS

Materialien

Wallraff über Wallraff

(1970)

Wir haben Wallraff befragt und ihn aus seinem Leben erzählen lassen, weil seine Lebensanfangsgeschichte – Kindheit, Schule, Lehre – ganz und gar alltäglich und sehr durchschnittlich ist und deshalb typisch für viele, die ebenso oder ähnlich aufwachsen wie er. Seine Lebens- und Entwicklungsgeschichte ist exemplarisch, möglich für jeden.
Allein durch seine Erlebnisse in der Wirklichkeit und nicht, weil er ein ›Naturtalent‹ oder ein ›genialer Künstler‹ war, ist Wallraff zum Schreiben gekommen. Er erlebte die Wirklichkeit und schrieb seine Erlebnisse und Beobachtungen unverfälscht auf, um sie allen mitzuteilen. Was Wallraff von anderen Reportern und den meisten Schreibern unterscheidet, ist das Staunenkönnen. Wallraff hat nie aufgehört, »Warum« zu fragen. Kinder sind große Warum-Frager. Aber schon in der Schule werden die Warums immer weniger und später hören die meisten Leute dann ganz mit dem Warumfragen auf. Wallraff aber nicht. Er nimmt nichts hin, wie er es vorfindet und es alle hinnehmen, sondern er fragt, warum ist das so und warum kann das nicht anders und besser sein?
Zu wünschen ist, daß immer mehr nicht aufhören mit dem Warumfragen, weil das der erste Schritt zur Beseitigung der Mißstände und der Ungerechtigkeiten in der Welt und zur Veränderung der Gesellschaft ist.

I

Wallraff sagte nein, obwohl man ihn zum ja sagen erzog.

»Ich war damals kaum vorbereitet, und politisch wußte ich noch überhaupt nichts. Es ging mir wie vielen in dieser Situation. Sollte man den Weg der Verweigerung, der damals noch viel fragwürdiger und schwieriger war als heute, wo man organisiert was unternimmt und organisierte Hilfen kriegen kann, gehen oder stillschweigend mitmachen? Es wimmelte damals, ich wurde 1963 eingezogen, von Schwärmern aller Art mit unpolitischen und sektiererischen Motiven. Meine Verweigerung war ein ganz individueller, privater Schritt. Ich wußte, daß ich eingezogen werden würde, wußte aber lange nicht, wie ich darauf reagieren sollte. Habe auch mal daran gedacht, ins Ausland zu gehen, um so um die Bundeswehr rumzukommen, habe dann aber einfach abgewartet und den Antrag als Kriegsdienstverweigerer zu spät gestellt. Eigentlich nicht zu spät, drei Monate vorher. Da gesetzlich eine schnellstmögliche Erledigung vorgeschrieben ist, hätte dem Antrag noch stattgegeben werden müssen. Das wurde aber nicht gemacht. Ich wurde erst mal eingezogen. Ganz folgerichtig, denn die Erfahrung und Statistik zeigten, daß über die Hälfte der Antragsteller ihren Antrag zurückzogen, wenn sie erst mal drei Monate dabei waren und drei Monate Willensbrechung hinter sich hatten.«

Wenn einer nein sagt und trotzdem zur Bundeswehr kommt.

»Es müssen minimale Voraussetzungen einer kritischen Haltung dasein. Mit 15–20 Jahren ist man noch sehr anpassungsfähig. Man nimmt Sachen hin, weil alle sie hinnehmen und weil man denkt, sie müssen so sein, weil sie immer so waren.

Ich komme aus einem sehr bürgerlichen Elternhaus, war also sehr konzentriert auf das Individuelle, das Private. Politik verdirbt den Charakter, Finger davon lassen, so hörte ich von meiner Mutter. Dagegen sah ich die persönlichen Erfahrungen meines Vaters. Er hat sich durch körperliche Schwerstarbeit kaputt gemacht, Lackofen bei Ford, später hat er es zum kleinen Angestellten gebracht und war froh, einen einigermaßen ruhigen Lebensabend zu haben. Erste Anstöße zum kritischen Denken kriegte ich aber auch in der Schule, schon in der Volksschule. Da war ein Lehrer, der nicht gleichförmig anpaßte, der Gespräche provozierte. Es setzte sich im Gymnasium fort. Da las ein Lehrer mit uns Wolfgang Borchert, obwohl Wiechert viel eher hätte drankommen müssen. Und dann kam hinzu, was ich durch Lesen und Hören vom 2. Weltkrieg erfuhr. Die Vernichtungsmaschinerie dieses Krieges und daß Führungskräfte von damals bereits wieder diese Maschinerie in Gang hielten. Das alles war noch sehr gefühlsmäßige Ahnung und nicht bewußt formuliert und längst nicht bis zur bewußten politischen Konsequenz gebracht. Es genügte aber, um mich zu meiner verweigernden Haltung zu bringen.

Auf der Schule war ich Leistungssportler gewesen. Was mich für die Bundeswehr natürlich besonders tauglich und meine Rolle dort schwer festlegbar machte. Der Hauptmann wollte mich in die Rolle des Schlappschwanzes und Drückebergers drängen, der körperlich eine schwache, schlappe Figur ist und deshalb gegen den harten körperlichen Einsatz und Dienst am Vaterland. Als ich dann aber beim Kompaniesportfest eine ausgezeichnete Zeit lief, brach das zusammen. Die Haltung der ›Kameraden‹ mir gegenüber änderte sich, weil sie merkten, daß das Bild, das ihnen der Hauptmann vorgemacht hatte, nicht stimmte, und daß ich andere Gründe für meine Verweigerung haben müßte. Es passierte, daß verschiedene aus der Kompanie mich nach meinen Motiven für das Verweigern befragten und daß sich zwei meiner Verweigerung anschlossen. Das verstärkte natürlich die Unruhe. Damals war dergleichen selten. Heute gibt es in jeder Kompanie einige, die sich solidarisieren. Die zwei wurden sehr schnell unter Druck gesetzt, der eine hatte einen Vater bei der Polizei und man sagte ihm, der würde Schwierigkeiten kriegen, wenn er seine Verweigerung nicht unterließe. Beide gaben klein bei. Mich versuchte man zu isolieren, zum Spinner, zum Sektierer abzustempeln und versuchte, die anderen gegen mich aufzubringen, damit ich nicht weiter ›infizieren‹ könnte. Sie sollten mich anpassen, mich als ›Unruhestifter‹ ausschalten. Obwohl ich nur versuchte, die Meinungsfreiheit zu benutzen, wurde ich als Unruhestifter und Zersetzer beschimpft. Was sich später in den Betrieben als Störung des Betriebsfriedens herausstellte, war hier Wehrkraftzersetzung.«

Warum Wallraff sein Tagebuch geschrieben hat und damit mehr als sein Tagebuch geschrieben hat.

»Ich glaube, wenn ich das nicht gehabt hätte, die Selbstbefreiung durch das Schreiben, dann wäre ich kaputtgegangen. Erst einmal schrieb ich auf, um alles für mich festzuhalten. Gleichzeitig kam aber die Hoffnung dazu, daß dies alles bekannt gemacht werden und nicht auf sich beruhen würde. Zu Beginn war alles nur in der Ich-Form, und ich notierte alles von meinem subjektiven Empfinden her und nur, was mit mir geschah. Allmählich veränderte sich das aber, und ich schrieb auf, was mit den anderen passierte, unabhängig von mir. Ich wurde also zum teilnehmenden Beobachter. Dadurch wurden die Aufzeichnungen dann viel konkreter, faßbarer und glaubwürdiger. Auch die Situation in der Psychiatrischen Abteilung des Bundeswehrlazaretts wäre viel schwieriger und unerträglicher gewesen, wenn ich nicht die Tagebuchaufzeichnungen gemacht hätte.

Und nur deshalb wurde ich schließlich entlassen. Weil ich anfing, Öffentlichkeit herzustellen. Ich sagte dem Bundeswehrarzt, daß ich alles aufschriebe, was um mich herum passierte und mit mir, und daß ich es veröffentlichen würde. Er ließ sich Auszüge aus meinem Tagebuch zeigen, und dann war ich in sehr kurzer Zeit entlassen. Das ist eine starke Notwehrmöglichkeit des Individuums einem Apparat gegenüber: Öffentlichkeit herstellen!«

Versuche, das Schreiben zu stören.

»Ich habe die Blätter mit den Tagen, die fertig aufgeschrieben waren, immer schnell weggeschickt oder Besuchern mitgegeben. Es waren also immer nur Notizen über wenige Tage da. Einmal wurde mein Spind auf Anordnung des Hauptmanns aufgebrochen.«

II

Wie einer in den zur Regel gewordenen kleinbürgerlichen Verhältnissen aufwächst, nicht zufrieden wird und überlegt, was er machen soll.

»Es war alles sehr durchschnittlich, Vorstadt, großer Wohnblock, kleinbürgerliche Umwelt. Die Leute wohnten sehr dicht aufeinander, und jeder wußte von jedem, was er besaß, was er an Eigentum hatte. Dadurch gab es natürlich einen kolossalen Wettbewerb untereinander. Jeder wollte den anderen übertrumpfen und mehr haben als der Nachbar. Es gab eine Spitze, die alles hatte, die sehr viel an Konsumgütern vorweisen konnte, was bei uns nicht der Fall war, da mein Vater durch seine Krankheit, die er sich lange vorher durch seine Schwerstarbeit geholt hatte, als Invalide mit weniger

Lohn beschäftigt war. Deshalb befanden wir uns etwas am Rande dieser Gruppe. Wir hatten zu wenig, um richtig dazu zu gehören. In der Volksschule war ich ein sehr guter Schüler, aber als ich auf das Gymnasium kam, wurde das anders. Da mein Vater ›nur‹ Arbeiter war und nicht studiert hatte, konnte mir zu Hause nicht geholfen werden, wie es meistens notwendig ist, um die Klassenziele zu erreichen. Ich brauchte Nachhilfestunden, die ich aber aus Geldgründen nicht so häufig haben konnte, wie ich sie gebraucht hätte, um nicht sitzenzubleiben. Ich blieb also einmal sitzen und konnte mir ein zweites Mal Sitzenbleiben nicht leisten und ging dann mit der sogenannten Mittleren Reife von der Schule ab. Ich erinnere mich an die Schule, ans Gymnasium, als eine der schlimmsten Zeiten in meiner Entwicklung. Druck und Bevormundung und auch Bevorzugungen. Diese Schule, die in einem Vorort von Köln lag und hauptsächlich von Kindern der ärmeren Gesellschaftsschichten besucht wurde, hatte auch einige Söhne von bevorzugten Leuten, beispielsweise Söhne von Ärzten, Rechtsanwälten, größeren Geschäftsleuten aus der Gegend. Diese Schüler genossen gewisse Vorrechte bei den einzelnen Lehrern, die aus Akademikersolidarität heraus sich mit den Eltern dieser Kinder gut stellen wollten: Sie selbst hatten studiert, die Eltern hatten studiert, zumindest der Vater und deshalb war es nur recht und billig, daß der Sohn auch studierte.

Nach der Schulzeit und der für mich im Grunde gescheiterten Situation stand ich dumm rum und wußte nicht, was ich tun sollte. Irgend etwas mußte ich ja machen, einen Beruf lernen, Geld verdienen – es war der Zwang von zu Hause. Ich wollte einen Beruf, der nicht ganz die übliche Anpassungsforderung stellte, der eine gewisse freie Arbeit und Selbständigkeit ermöglichte und dachte daran, Dekorateur zu werden. Bewarb mich auch in einem Konfektionshaus und stellte mich vor. Wurde dort gleich von einem Chefdekorateur auf meine Eignung geprüft. Eine Leistungsprüfung, was man so kann und weiß, und eine Anpassungsprüfung, ob man auch funktioniert, wie alle funktionieren und denkt, wie man als junger Mensch denken soll. Die Prüfung war eine einzige Katastrophe.

Beispielsweise das ›Stimmungsbild vom Fenster‹ – das war nicht bunt und farbig genug. ›Bißchen trostlos‹ meinte der Prüfer. Es war nicht die Reklamewelt, die man in diesem Alter schon hätte vermittelt kriegen müssen. Das Peter-Stuyvesant-Empfinden fehlte völlig.

Resultat des Versuches: Ich war für den Beruf ungeeignet. Es war damals eine große Erschütterung für mich. Ich sah mich als Versager. Als völlige Niete.

Aus einer gewissen Orientierungslosigkeit heraus und weil ich dachte, der Beruf hätte tatsächlich noch was mit literarischer Vermittlung und geistigem Training zu tun, wurde ich Buchhändler. Merkte dann aber sehr schnell, daß ich als Buchhändler nur Verteiler von Waren war, der Ware ›Buch‹ eben. Ein Verkäufer in einem Buchladen. Mit meinem Chef, Hauptmann der Reserve und mit sehr konservativ-reaktionären Ansichten, kriegte ich sehr schnell Krach. Er hatte mich überhaupt nur genommen, weil ich Leistungssportler war. Stellte ich ein Buch von Sartre ins Schaufenster, schmiß er es sofort wieder raus. Man mußte im Anzug erscheinen, zumindest eine Krawatte umgebunden haben, durfte in keinem Fall im Pullover kommen. Der Mann, der die technische Abteilung leitete und in seiner Pause den ›Spiegel‹ las, bekam das verboten und legte den ›Spiegel‹ auch prompt weg, ohne gegen solche Bevormundung zu protestieren. Wir Lehrlinge solidarisierten uns dann und versuchten bereits offene Formen des Widerstandes. Unsere Versuche waren ziemlich hilflos. Es gab damals noch keine Basis-Gruppen innerhalb des Buchhandels und noch nicht den Anschluß an die Gewerkschaften.

Gleich nach dem Abschluß der Buchhändlerlehre wurde ich dann eingezogen.
Wie gesagt, ich wollte nicht. Aber man sagte mir, wenn ich nicht bis zum angegebenen Zeitpunkt bei meiner Einheit wäre, so gälte ich als fahnenflüchtig und würde strafrechtlich verfolgt werden. Gut, so ging ich mal hin.«

III

Nach den Erfahrungen in Schule, Lehre und Bundeswehr und dem Kennenlernen der Unterdrückung die Erkenntnis, daß die Widersprüche und Schwierigkeiten nicht persönliches Versagen, sondern gesellschaftlich verursacht sind. Wallraff beginnt gesellschaftliche Zusammenhänge zu begreifen.

»Ich hatte einiges erfahren, was ich bis dahin in dieser Konsequenz und Kraßheit doch für unmöglich gehalten hatte und war von dem bloßen Wundern darüber, daß so was nicht nur möglich war, sondern tatkräftig praktiziert wurde, einen Schritt weiter zur Auflehnung gekommen. Noch war ich aber ziemlich unpolitisch, hatte keine Ahnung von der Konstruktion der Gesellschaft, von den sozialen Abhängigkeiten, von den Ausbeutungsvielfältigkeiten des Schwächeren durch den Stärkeren, Mächtigen. Es waren sehr punktuelle Erfahrungen, die mich als Individuum, als Privatperson erschreckten, und die ich aufzeigen wollte, weiterverfolgen. Es war der Impuls da, schreiben zu wollen.
Vor der Bundeswehrzeit war der Wunsch da, individuell zu schreiben, Lyrik zu machen, das zu schreiben, was in der Buchhandlung als Ware verkauft wurde. Da war mal ein Gedicht in einer Anthologie und eins in einer Flugschrift für Lyrik. Es waren sehr gequälte Versuche, sich individuell, allein zu befreien. Ich habe damals vor der Bundeswehrzeit in mei-

nem Tagebuch einen Satz gefunden, den ich eigentlich gar nicht sagen möchte, aber er ist sehr typisch: ›Die Realität entstellt die Dichtung.‹ Die Gedichte damals waren nicht schlecht, es waren etwas expressionistische Schreie dabei... Nach der Bundeswehrzeit ein ganz scharfer Schnitt.
Ich wußte jetzt, daß solche Gedichte nicht stimmten, nicht stark genug waren, daß sie im Gegensatz zu dem standen, was ich als Realität erfahren hatte und daß sie gegen die Wirklichkeit jämmerlich versagten, sich kläglich dagegen ausnahmen.
Deshalb gab es nach der Bundeswehrzeit auch keine Versuche mehr, ›Dichtung‹ zu schreiben wie vorher. Ich wußte jetzt, daß die Schwierigkeiten und Widersprüche nicht persönlich, sondern gesellschaftlich bedingt und deshalb nicht privat, einzelgängerisch zu lösen sind. Dieser Bewußtseinsprozeß kam natürlich nicht von heute auf morgen. Es dauerte. Aber allmählich fing ich an, politisch zu denken.«

Einer sucht die Freiheit außerhalb unserer Gesellschaft und findet sie nicht.

»Es gab noch einen Ausbruch ins Einzelgängerische, meine Trampfahrt durch Skandinavien.
Das war ein privater Versuch der Verweigerung, der Nichtanpassung. Ein halbes Jahr bin ich umhergetrampt, aber nicht mehr ganz planlos. Habe dabei alle Asyle des Nordens abgeklappert. Die Aufzeichnungen darüber waren allerdings nicht verwertbar. Diese Tramperei war natürlich sehr romantisch gedacht von mir. Als ich dann sah, daß ich Wunschvorstellungen und Traumbildern nachjagte und statt dessen nur von der Gesellschaft Ausgespuckte, Ausgestoßene, Abgesprengte vorfand, vereinsamt und alleingelassen und keineswegs die großen Abenteurer der Freiheit, die ich gesucht und mir vorgestellt hatte, war ich um eine wesentliche Erfahrung

klüger. Sie alle wollten nur irgendwie zurück in irgendwelche kleinbürgerlichen Verhältnisse und wieder dazu gehören, wenigstens die unterste Stufe der bürgerlichen Gesellschaft wieder erreichen. Ich kam zurück und wußte wieder nicht, was ich tun sollte. Zurück in den Buchhandel kam nicht infrage, da hätte ich lieber Unterhosen im Warenhaus verkauft.
Aber jetzt war der Wille sehr stark geworden, Dinge aufzuzeigen, die Verhältnisse und die Widersprüche, und gleichzeitig aufzufordern, daß man Verhältnisse verändern kann und muß.
Das alles war mir nicht so bewußt und klar, wie ich jetzt formuliere, sondern geschah noch sehr tastend und fragend.«

Wallraff geht nach Köln ins Autowerk Ford, um zu arbeiten. Er verdient sich Geld zum Leben und verschafft sich ein Bild von der Wirklichkeit, um die Bedingungen zur Veränderung unserer Gesellschaft herauszufinden.

»Ein Freund gab mir den Rat, mich der Wirklichkeit auszusetzen, die verhältnismäßig fremd und unbekannt noch war, nämlich die Industrie- und Arbeitswelt. Und da tat ich das Nächstliegende. Ich mußte arbeiten, ich mußte leben, wollte meiner Mutter etwas Geld geben können und ihr nicht auf der Tasche liegen, da sie seit dem Tode meines Vaters von einer kleinen Rente leben mußte. Ich ging also zu Ford.
Ich hätte mir zwar einen etwas schöneren Job aussuchen können, der weniger dreckig, der weniger abstumpfend gewesen wäre, aber inzwischen hatte ich Bekannte gefunden, die mir von ihrer Situation erzählten, die ich nicht für möglich hielt und die ich kennenlernen wollte.«

Wallraff sieht, daß sich Bundeswehr und Industrie und Industrie und Bundeswehr von Nutzen sind.

»Ich bin sicher, daß ich ohne die Bundeswehr-Erfahrungen den Schritt zu Ford nicht getan hätte. Das ist durchaus zusammenhängend. Ich erinnere mich noch an die große Kompaniebelehrung des Hauptmanns, der uns klar machte, wie wichtig das militärische Führungszeugnis ist. Und uns sagte, daß es eine Reihe großer Industriefirmen gibt, die vor der Einstellung, es betraf allerdings qualifizierte Facharbeiter, sich bei der Bundeswehr erkundigten, welche Einstellung und welche Leistung der Soldat bei der Bundeswehr gezeigt hatte. Es gibt auch ein Buch ›Der verdiente Soldat in der Industrie‹, und ich habe inzwischen viele Einstellungsbögen gesehen, wo genau gefragt wird: Welcher Dienstgrad, welche Beförderungsstufen, wie lange gedient, Berufssoldat und so weiter.«

Von den vorteilhaften Voraussetzungen, die ein Arbeiter auf Zeit den anderen Arbeitern voraus hat, wenn er öffentlich sagen will, was im Betrieb übel ist, und wie er trotzdem den anderen Arbeitern nützen kann.

»Für mich war das eine Sache auf Zeit. Das hat mir ein Kritiker auch zu Recht vorgeworfen: Ich sei nie in der Situation derjenigen gewesen, die in diesen Zuständen ein Leben lang arbeiten müssen, die ihnen völlig ausgeliefert sind und mit dreißig wissen, daß sich in ihrem Leben nichts mehr ändert.

Für die soziale Wahrheit meiner Berichte ist das ein Minus, daß ich doch bloß ein Eindringling war, der jederzeit seinen Kram hinwerfen und abhauen konnte und nicht lebenslang gebunden war wie die anderen Arbeiter. Es hatte andrerseits den Vorteil, daß ich nichts hinnahm, wie ich es vorfand, sondern die Mißstände anprangerte und laut nannte. Ich mußte keine Rücksichten auf meinen Arbeitsplatz nehmen. Ich konnte Krach schlagen, opponieren, mich aufregen, ohne die Folgen fürchten zu müssen. Das war ein wichtiges psychologisches Moment für die Arbeiter, besonders für die jungen. Sie machen sich oft selbst was vor, betrügen sich selbst, indem sie so tun, als seien die Zustände in denen sie arbeiten müssen, so wie sie sind, in Ordnung oder es sei nicht anders zu machen. Sie wollen nicht in die Rolle des Nörglers und Querulanten kommen und dadurch Schwierigkeiten kriegen. Derjenige, der anfängt zu kritisieren, was alle anderen jahrzehntelang ohne Aufmucken hingenommen haben, wird zum Störenfried und zum Feind der anderen erklärt, die selbst nichts mehr ändern können und wollen, weil sie längst abgewrackt sind und müde. Darum gibt es auch verhältnismäßig wenig Protestversuche, und daher kommt letztlich auch die Bereitschaft, alles hinzunehmen. Ich mußte mich dieser Selbstregulation als Arbeiter auf Zeit natürlich nicht unterwerfen.«

IV

Wie die Arbeiter reagieren, wenn einer ihnen nützlich ist.

»Bei Ford konnten meine Artikel in der Gewerkschaftszeitung IG Metall bereits erscheinen. Da bekam ich die Reaktionen der Arbeiter noch am Fließband. Es kamen Arbeiter aus anderen Bandabschnitten ganz spontan zu mir und sagten, daß es gut wäre, daß endlich die Zustände mal aufgezeigt würden. Ich hatte ganz andere Reaktionen erwartet. Ich hatte gedacht, sie würden kommen und sagen: Was kümmert dich das, du siehst das alles viel zu empfindlich. Wir sind das alles lange gewöhnt oder wir haben andere Probleme. Aber sie ka-

men und sagten: Das sind Dinge, die wir nicht sagen können und die endlich mal jemand aufzeigt. Sie sagten nicht: Ja, so ist es und was ist schon dabei, sondern sie empfanden Unbehagen an ihrer Situation und fühlten das von mir stellvertretend für sich ausgesprochen.
Es kam erstmals zu Diskussionen am Arbeitsplatz. Es kamen Leute zu mir, die ich bis dahin nicht kannte. Es gab Gespräche und Kontakte untereinander, die natürlich sofort wieder aufhören, wenn der, der den Mund aufgemacht und protestiert hat, entweder strafversetzt oder rausgeschmissen wird oder freiwillig die Firma wechselt.«

Was man tun kann, um die Arbeiter zu unterstützen, damit sie sich für ihre Rechte einsetzen können, und die Frage nach der Rolle der Gewerkschaften.

»Es ist wichtig für jede Aktion, daß zumindest mit den örtlichen Gewerkschaftsvertretern, dem Betriebsrat und den Vertrauensleuten zusammengearbeitet wird. Hinter ihnen steht bereits eine größere Anzahl von Arbeitern, die dann natürlich eher bereit sind, mitzumachen und zu vertrauen, als wenn jemand völlig betriebsfremd und für sie politisch auch undurchschaubar aus einer anderen sozialen Umwelt da reinplatzt und nun glaubt, aufklären und agitieren zu müssen. Der wird kaum zu Erfolg kommen bei den Arbeitern. Die Gewerkschaftsvertreter und die Zusammenarbeit mit ihnen sind wichtig. Man kann die Funktionäre auch zum Mitmachen zwingen. Es gibt viele Beispiele, wo die bezirkliche Gewerkschaftsvertretung dem Druck von unten nachgeben mußte und mitmachen, um das Gesicht nicht zu verlieren. Umgekehrt wird vom Hauptvorstand oft beklagt, daß er kaum noch Kontakt zur Basis hat. Deshalb unterstützen sie von sich aus Eigeninitiativen der örtlichen Vertreter und schirmen sie ab. Es ist schon vorgekommen, daß der örtliche

Gewerkschaftsvertreter bereits zu Zugeständnissen bereit war, weil er sich mächtigen Konzernleitungen gegenüber befand und sich in der schwächeren Position sah und daß dann die Hauptvorstände ihn schützten und unterstützten und die Konzernleitungen zum Nachgeben zwangen.«

Ford – Ford – Ford – in einem fort.

»Mir war klargeworden, daß ich mit diesen Erfahrungen bei Ford nur einen winzigen Teilausschnitt aus der Industriewelt erlebt hatte und daß ein Beispiel nicht die Struktur eines Systems sichtbar machen könnte. Ich habe mir dann bewußt Firmen ausgesucht, die weit auseinander lagen, um eine breite Streuung zu haben und einen annähernd repräsentativen Querschnitt durch Großbetriebe zu bekommen. Ich ging von Köln und Ford nach München zu Siemens, dann in die Benteler-Werke. Im ganzen war ich in zwei Jahren in fünf verschiedenen Großbetrieben und dann auch in einer Werft und zuletzt in der Thyssen-Hütte Duisburg, wo ich über ein halbes Jahr gearbeitet habe. Damals schrieb ich nicht unter meinem Namen, sondern unter einem Pseudonym und hatte deshalb den Vorteil, daß ich ohne Schwierigkeiten eingestellt wurde, wenn ich mich als Wallraff bewarb, weil man noch nicht wußte, daß der Schreiber und ich identisch waren. Inzwischen gibt's einen Steckbrief von mir in einem Unternehmermitteilungsblatt, dem Unternehmer-Warndienst, und ich werde nicht mehr eingestellt.«

Ob der Zweck die Mittel rechtfertigt und ob jeder Zweck jedes Mittel »heiligt«.

»Ich entschuldige meine Mittel nicht. Ich finde sie notwendig und nicht, um ›heiligen Zwecken‹ damit zu dienen, sondern um unterschlagene Sachverhalte, die in jedermanns

Interesse liegen, damit aufzuzeigen. Und ich finde meine Mittel nur dann gerechtfertigt, wenn sie der schwache einzelne gegenüber den auf seinem Rücken Machtausübenden, den Herrschenden, den Machtapparaten und -institutionen gegenüber benutzt. Es ist nichts weiter als Notwehr. Ich würde solche Methoden – auch in der Position des Schwächeren – nie einem Individuum gegenüber benutzen. Da gibt es andere Möglichkeiten, sich zu wehren. Den Machtapparaten gegenüber nicht.«

Wie die Herrschenden reagieren und versuchen, einen zum Schweigen zu bringen!

»Grobe Mittel wie Zusammenschlagen oder ähnliches benutzen sie bei mir nicht. Das passiert eher bei denen, die nicht bekannt sind und noch nicht die Möglichkeit haben oder wissen, Öffentlichkeit herzustellen. Ich bin nicht mehr so anonym und habe damit einen großen Vorteil gegenüber jedem Arbeiter, den man privat erpressen und unter Druck setzen kann, wenn er an seinem Arbeitsplatz was aufdeckt und wenn das vielleicht nicht so sehr von allgemein öffentlichem Interesse ist. Ganz am Anfang, gleich nachdem ich die Ford-Reportage geschrieben hatte, wurde ich zur politischen Polizei vorgeladen. Da lief ein Ermittlungsverfahren gegen mich, weil man in den Ostblockländern verschiedene von mir geschriebene Artikel nachgedruckt hatte. Ich hatte davon keine Ahnung. Sie wurden auch in Frankreich und Schweden nachgedruckt, wie ich später erfuhr, aber davon sagte der mich damals verhörende Kommissar Klein nichts. Er zeigte mir, was ihm in russisch, jugoslawisch und tschechisch vorlag, und das war bereits Grund genug für den Verdacht des Landesverrates, des publizistischen Landesverrates. Es war ein reiner Einschüchterungsversuch. Ich habe später bei Juristen nachgefragt, man hätte damit nie eine Anklage machen können. Ich hatte keinen

Pfennig Honorar bekommen, hatte überhaupt nichts davon gewußt, daß in diesen Ländern Nachdrucke erschienen waren. Aber man versuchte, mich einzuschüchtern. Als ich jetzt den Literaturpreis von Nordrhein-Westfalen erhielt (Anmerkung: Wallraff gab den Preis öffentlich zurück und das Geld, das nicht mehr zurückgebucht werden konnte, an die Hilfsaktion Vietnam und den Rechtshilfefonds weiter, nachdem der SPD-Ministerpräsident Kühn, bedrängt von Industrie- und CDU-Kreisen, sich bedauernd über Wallraffs mangelnde ›Verwurzelung‹ in der Gesellschaft geäußert hatte.), wurde diese nun Jahre zurückliegende Sache wieder hochgespielt. In vertraulichem Schreiben wurde angefragt: Ist der Staatskanzlei bekannt, daß gegen Wallraff Ermittlungen wegen landesverräterischer Beziehungen laufen? Als nachgebohrt wurde, was das sein sollte, hatte der Verfassungsschutz nichts anderes als die damaligen Veröffentlichungen und das längst abgeschlossene Verfahren vorzuweisen. Ansonsten gibt es natürlich feinere Methoden. Das Telefon wird abgehört, das gehört selbstverständlich dazu. In neuerer Zeit aber funktioniert das etwas raffinierter, indem das Telefon einfach ausgeschaltet wird. Da geht das Telefon dann einen ganzen Tag lang nicht, ausgerechnet immer dann, wenn wir es dringend brauchen, weil irgendwelche Aktionen vorbereitet werden. Der Stördienst, der brav angerollt kommt, kann nichts finden. So was ist jetzt ungefähr sechsmal hintereinander in verschiedenen Abständen passiert. Dann klappt wahrscheinlich irgend etwas mit den Abhörumschaltungen nicht richtig. Ein Fabrikant schickte mir die Steuerfahndung ins Haus. Er hatte genaue Angaben gemacht, wo wann was von mir veröffentlicht worden war. Ein anderer schreibt denunzierende Briefe an die Zeitungen. Man führt von Unternehmerseite Gespräche und erreicht, daß eine von mir gesendete Reportage im Funk nicht noch mal gesendet und an keinen anderen Sender weitergegeben wird.

Andere Unternehmer machen's freundlicher. Es gibt da sehr liebenswürdige Einladungen von Arbeitgeberseite zu inoffiziellen Diskussionen, zu Gesprächen…«

Anmerkungen zu den Industriereportagen

aus: Industriereportagen (1963–1966)
in: G. Wallraff, Befehlsverweigerung: 1984, S. 182–190

Die erste Reaktion auf diese Reportagen war eine Vorladung des Verfassers zur politischen Polizei in Köln. Grund: Die Berichte hatten nicht nur in der inländischen Presse Aufsehen erregt, sondern auch im Ausland. Auszüge erschienen in Frankreich, Schweden usw., aber auch in der DDR, ČSSR, UdSSR und Jugoslawien, meist ohne Wissen des Verfassers. Der Dienststellenleiter ließ ihn wissen, daß hier der Verdacht landesverräterischer Beziehungen vorliege, und verlangte eine schriftliche Erklärung, daß der Autor auch künftighin keine Kontakte zu Ostblockorganen pflegen würde. Als der Verfasser, der damals noch unter Pseudonym veröffentlichte, sich gegen diese Form der Nötigung verwahrte und mit Veröffentlichung drohte, erhielt er innerhalb einer Woche den Bescheid über die Einstellung des Verfahrens.

Die Industrie versuchte, den »neuen sprachlichen Realismus« dieser Reportagen, den *Wirtschaft und Erziehung* am 15. November 1967 eine »scharfe Waffe« nannte, zum Beispiel so zu unterlaufen:

»Gerade die Behandlung wirtschafts- und sozialpolitischer Themen unter dem Rubrum ›Gesellschaftskritik‹ bietet immer wieder Anlaß zu kritischen Stellungnahmen. G. W.s Reportagen aus der industriellen Arbeitswelt sind ein klassisches Beispiel für die unsachgemäße Behandlung des *Sachbereichs Wirtschaft*. Gesellschaftskritische Reportagen ohne Korrektur durch sachliche Information können verhängnisvoll wirken in einer Zeit, in der die Mehrheit der Bevölkerung sorgenvoll nach der weiteren wirtschaftlichen Entwicklung

fragt, und in der die geistigen Schichten sich für den ihnen fremden Lebensbereich Betrieb und Wirtschaft interessieren.«
Das schrieb Günter Triesch, Leiter der Abteilung »Verbände, Parteien, Recht« des Deutschen Industrieinstituts in der Industriellen-Festschrift *Immer auf der Brücke.*
Triesch bezog sich auf eine Sendung des WDR aus den Industriereportagen, die von Arbeitgeberseite attackiert worden war und den Programmbeirat auf den Plan rief. Man beschloß, solche Beiträge, »die einseitig Arbeitnehmerinteressen wahrnehmen«, in Zukunft nicht mehr zuzulassen. Eine weitere Reportagenfolge im Hessischen Rundfunk, die ein außergewöhnliches Hörerecho fand, stieß gleichfalls auf Mißbilligung. Unter der Überschrift *›Klassenkampf im Abendstudio‹* warnte der *Rundfunkspiegel* des Deutschen Industrieinstituts am 28. Juli 1966:
»Seit dem 14. Juli sendet das Abendstudio... in wöchentlichem Abstand im zweiten Frankfurter Hörfunkprogramm in bester Programmzeit um 20 Uhr die vierteilige Reihe *›Die Betriebsreportage‹* v. G. W.«
Hauptargument:
»Der ›Erfahrungsbericht‹ dieses jungen ›Arbeiterliteraten‹ verrät in jeder Zeile eine tiefe Abneigung gegen die Arbeit und eine gesteigerte Empörung gegen einen gesellschaftlichen Zustand...
Es wäre für den Hessischen Rundfunk ein leichtes gewesen, die unwahrscheinlichsten dieser Unglaubwürdigkeiten seines Autors zu prüfen, etwa in Informationsgesprächen mit Betriebsräten und Werksleitungen. Dies wäre sogar redaktionelle Pflicht gewesen, bevor der Rundfunk dazu mißbraucht wurde, solche sozialpolitische Hetze... auszustrahlen.«
Auch auf »Sozialpartner«-Ebene gelang es den Mächtigeren, die Wirkung der Reportagen einzuschränken. Zum Beispiel das Zwei-Millionen-Blatt der IG-Metall, das die Berichte des

Verfassers seit einiger Zeit abdruckte, wurde durch gezielte Beeinflussung davon abgebracht. Der 3. Vorsitzende der IG Metall erhielt ein Schreiben des Duzfreundes aus dem Vorstand der August-Thyssen-Hütte AG Duisburg:
»... konnte ich Dir bereits mündlich kurz über die Unruhe und Empörung, die über die oben genannte Artikelserie im Hamborner Bereich der ATH herrschen, berichten. Ich möchte dies heute schriftlich ergänzen, ohne dabei auf Einzelheiten einzugehen... Die Tendenz der Artikelserie ist absolut negativ und herabsetzend...
Hier werden bis heute anständige Leute in ein Zwielicht gebracht, die es m. E. niemals verdient haben... Wenn zu mir leitende Angestellte kommen, die... mir ihre Zweifel an dem Inhalt eines offiziellen Organs des Vorstandes der IG Metall offenbaren und mich fragen, ob das die wirkliche Meinung des Vorstandes in Frankfurt ist, dann gebe ich die Frage hiermit weiter...
Wie kann man die Dinge aus der Welt schaffen?... Auf keinen Fall möchte ich durch diesen Brief erreichen, daß eine Diskussion über die Artikelserie in *Metall* stattfindet...
Ich wage daher kaum zu hoffen, daß durch meinen persönlichen Brief die Fortsetzungsreihe gestoppt werden kann.«
Er täuschte sich. Sie wurde sofort gestoppt.

Gegen einige Reportagen, die damals noch mit Namensnennungen der jeweiligen Firmen erschienen, wurden einstweilige Verfügungen erlassen, Schadensersatzforderungen und Prozesse angestrengt.
So versuchten etwa die X-Werke *(Im Stahlrohrwerk)* für das Durchbrechen der Informationssperre eine Entschädigung in Höhe von 100000 DM durchzusetzen. Die IG Metall, in dem feudalistisch geführten Betrieb damals nicht geduldet, hatte zusammen mit dem Verfasser vor den Werktoren eine Flugblattaktion durchgeführt, wobei die Reportage verteilt und

weitere Kampfmaßnahmen angekündigt wurden. In Werksnähe war ein Aktionsbüro eingerichtet worden, das fast ein Jahr lang die Arbeiter dieses Schwerpunktbetriebs mobilisierte; so lange, bis ein starker Gegenbetriebsrat im Werk die Interessen der Arbeiterschaft wahrzunehmen wagte.
Die X-Werke erwirkten über das örtliche Gericht eine einstweilige Verfügung gegen den Verfasser, die Zeitschrift *Metall* und den verantwortlichen Chefredakteur »aus dem Gesichtspunkt der Geschäftsschädigung wie auch aus dem Gesichtspunkt der Ehrverletzung heraus«, die untersagte, »die verleumderischen Attacken, die gegen die Antragstellerin geritten würden, um den bestehenden *Betriebsfrieden* zu stören«, fortzusetzen.
Dem Inhaber der X-Werke, der eine maßgebliche Rolle im regionalen Arbeitgeberverband spielt, kam es allem Anschein nach darauf an, den Verfasser wirtschaftlich zu ruinieren. Wurde der »erlittene Schaden« anfangs noch auf 100000 DM bemessen, wuchs er anläßlich eines neuen Antrags bereits ins Unermeßliche.
»Der Umfang des der Klägerin durch die schuldhaften und rechtswidrigen Handlungen der Beklagten entstandenen und noch entstehenden Schadens ist im gegenwärtigen Zeitpunkt noch nicht konkret zu ermitteln. Die Klägerin hat daher ein berechtigtes Interesse i. S. des § 256 ZPO an der alsbaldigen Feststellung der Schadensersatzpflicht der Beklagten.
Der Schaden der Klägerin besteht einmal darin, daß durch die Verbreitung der verleumderischen Behauptungen in Arbeitnehmerkreisen der Eindruck erweckt wird, als ob die Klägerin ein Arbeitgeber sei, der seine Arbeitnehmer ausbeute, terrorisiere und sie nicht einmal vor Unfallgefahren schütze. Es bedarf keines Beweises, daß derartige Behauptungen in einer Zeit der Vollbeschäftigung negative Auswirkungen auf ein Unternehmen zwangsläufig haben müssen. Durch den nachbenannten Zeugen wird unter Beweis ge-

stellt, daß das Angebot der Arbeitskräfte um 50 % zurückgegangen ist.
Beweis: Zeugnis des Personalleiters P., zu laden bei der Klägerin.
Der Schaden der Klägerin besteht weiter darin, daß ihre mit Mühen und Kosten aufgebauten Beziehungen zu Abnehmern im Gebiet der sogenannten DDR gestört sind. Die sowjetzonale Presse und der sowjetzonale Rundfunk haben begehrlich die Veröffentlichungen der Beklagten aufgegriffen und verbreitet. Der Name der Klägerin war seit dem Erscheinen der bösartigen Artikel der Beklagten in der DDR nahezu täglich in der Presse und im Rundfunk. Das hat die Geschäftsverbindungen zwangsläufig empfindlich gestört. Der Klägerin sind zahlreiche Mitteilungen zugegangen, die beinhalten, daß man mit einem solchen Unternehmen, das angeblich nach dem ›Führer-Prinzip‹ regiert werde und bei dem Zustände herrschten, wie sie im einzelnen Gegenstand der Unterlassungsansprüche der Klage sind, keine Geschäftsverbindung mehr aufrechterhalten könne.
Beweis: Zeugnis des Prokuristen J., zu laden bei der Klägerin.
Auch dieser Schaden ist z. Zt. nicht annähernd meßbar.«

In eigener Sache wandte sich der Firmeninhaber mit einem Aushang am Schwarzen Brett an seine »Lieben Mitarbeiter und Mitarbeiterinnen!«
»Nun haben Sie die 3 Nummern der IG Metall-Zeitung mit den famosen Artikeln des Herrn Günter Wallmann erhalten [damaliges Pseudonym des Verfassers]. Die meisten von Ihnen werden sie als das erkannt und eingeschätzt haben, was sie sind und was sie bezwecken: eine auf vielfachen Unwahrheiten und Entstellungen fußende Hetze, um Unruhe in unserem Betrieb zu stiften.
Ich will nicht auf das Niveau dieser Hetzartikel herunterstei-

gen, insbesondere versage ich es mir, auf die mich persönlich betreffenden Gehässigkeiten einzugehen.
Ich will Ihnen nur einige wenige Tatsachen vor Augen führen und bitte Sie, daraus sich selbst ein Urteil zu bilden.
Herr Günter Wallmann, der verantwortlich für die Artikel zeichnet, hat sich unter dem Namen Günter Wallraff, geb. am 1. 10. 1942 in Burscheid, als Arbeitssuchender in unserem Personalbüro gemeldet und ist in der Adjustage unseres Werkes als Hilfsarbeiter tätig gewesen. Halten Sie es für ehrlich und anständig, wenn sich jemand unter falschem Namen in einen Betrieb einschleicht mit dem geheimen Auftrag, Material für eine Hetze gegen Betriebsleitung und Betriebsrat zu sammeln?... In vertrauensvoller Zusammenarbeit mit dem von Ihnen gewählten Betriebsrat sind beachtliche Leistungen in unserem Betrieb Jahr für Jahr unseren Betriebsangehörigen zugeflossen. Das soll auch in Zukunft ohne fremde Einmischung – auch nicht der IG Metall – geschehen.
Mit der über die Grenzen des Landes hinausgetragenen Hetze wird der Erfolg unserer gemeinsamen Arbeit gefährdet. Wollen Sie es hinnehmen, daß damit letzten Endes auch Ihr Verdienst, Ihr Arbeitsplatz gefährdet wird? Und wollen Sie es sich gefallen lassen, daß ein junger Mann, der ohne fachliche Kenntnisse einmal in einen Betrieb hineinriecht, auch Sie, die Sie zum größten Teil schon jahrelang bei uns treu und redlich Ihre Pflicht erfüllen, als dumm und zum Teil verantwortungslos hinstellt und beleidigt.
Geben Sie diesen Störenfrieden die rechte Antwort, indem Sie sie mit Verachtung strafen.
Ich vertraue auf Ihre Einsicht und die weitere verantwortungsbewußte Mitarbeit aller, die guten Willens sind.«

Zwei Arbeiter – H. und M. –, die nicht »guten Willens« waren – sie hatten im Werk für die Gewerkschaft geworben –, wurden von X. fristlos entlassen.

Der Arbeiter S. kam mit einer Verwarnung davon:
»Wie erhielten davon Kenntnis, daß Sie während der Arbeitszeit in der Abtlg. Sitzgestellfertigung versucht haben, andere Kollegen für den Beitritt zur Gewerkschaft zu werben. Es erübrigt sich eigentlich, darauf aufmerksam zu machen, daß diese Haltung unzulässig ist. Für den Fall, daß sich entsprechende Vorkommnisse wiederholen, sehen wir uns gezwungen, Sie zu entlassen. Gez. X.«
Vom Arbeiter T. liegt eine eidesstattliche Erklärung vor:
»Ich erkläre hiermit an Eides Statt, daß mir bei meiner Einstellung bei den X-Werken von dem Personalchef W. die Frage gestellt wurde, ob ich gewerkschaftlich organisiert sei. Ich habe die Frage bejaht, worauf W. mir erklärte, dann könne eine Einstellung im Betrieb nicht erfolgen. Da ich aber auf Arbeit dringend angewiesen war, habe ich gegenüber W. erklärt, dann müsse ich eben aus der Gewerkschaft austreten. Daraufhin bin ich eingestellt worden.«
Der ehemalige Polizist L., der bei X. als Anschreiber angestellt war und die überfüllten Pendlerbusse beanstandet hatte, wurde mit folgender Begründung gekündigt:
»...da es uns unzumutbar ist, einen Arbeitnehmer zu beschäftigen, der durch eine ungerechtfertigte Strafanzeige seinem Arbeitgeber gegenüber grob treuwidrig handelt.«
Wie es um den *Betriebsfrieden* in den X-Werken – auf den sich Unternehmer X. so oft beruft – bestellt ist, geht aus folgender Aktennotiz des Aktionsbüros hervor:
»Meister P. trieb seine Kollegen ständig an. Wenn er einmal selbst mit Hand anlegte, dann ging es von Zeit zu Zeit wild her. Es passierte dann auch häufig, daß Werkzeuge, wie Brechstange, Schaufel und Besen usw. durch die Gegend flogen... Meist fing er an zu treiben und zu schreien. Seine Schlagwörter waren und sind auch heute noch: laß gehen, beeil dich, ich reiße dir den Arsch auf. Sein letzter Schrei ist seit ca. 3 Jahren eine Trillerpfeife. Wenn man P. nicht sieht, kann

man ihn von weither hören. Sein Benehmen ist meist tobend, vor allem dann, wenn ein Ingenieur oder Meister in der Nähe ist.«

Der 17jährige Lehrling H. berichtet, wie es zu seiner Kündigung kam:

»Wie bereits bekannt, bin ich von Meister P. wiederholt getreten worden (mindestens 6mal). Einmal hat er mich ins Gesicht geschlagen. Diese Vorfälle habe ich bei der Industriegewerkschaft Metall gemeldet. Als P. das erfahren hatte, wurde ich von ihm besonders scharf beobachtet. Am 28.7. bin ich dreimal zur Kantine gegangen. Darauf wurde ich von P. angesprochen. Er zitierte mich mit einem Pfiff zu sich. P. sagte mir, ich solle nicht immer in der Gegend umherlaufen und andere Leute von der Arbeit abhalten. Zum Einkaufen von Sprudel und dergleichen ist ein älterer, nicht mehr ganz arbeitsfähiger Kollege zuständig. Diesen habe ich an dem Tag aber nicht einmal zu Gesicht bekommen. Das ist der Grund, warum ich für mich und andere Kollegen zur Kantine ging. Am 29.7. morgens 5.50 Uhr nahm ich pünktlich die Arbeit auf. Wir säuberten Regale und Ersatzteile im Lager, die durch das Hochwasser stark verschlammt waren. Um 9.00 Uhr machten wir unsere Frühstückspause. Nachdem ich mit dem Essen fertig war, spielte ich ein Liedchen auf meiner Mundharmonika. Um 10.30 Uhr spielte ich nochmals ca. 3 Minuten. Um 10.45 Uhr kam P. zu mir und verlangte meine Mundharmonika. Er erklärte, meine Kollegen seien bei ihm gewesen und hätten sich über mich beschwert. Das kann aber nicht stimmen, denn von 10.30–10.45 Uhr waren meine Kollegen alle am Arbeitsplatz. P. nahm mich dann zu Diplom-Ing. H. mit und trug ihm vor, daß ich Mundharmonika gespielt und somit die Leute von der Arbeit abgehalten habe. H. sagte, so gehe es nicht weiter... Er sagte P., er solle diesen Fall Diplom-Ing. S. vortragen. Wir gingen dann zu S. Doch P. wiederholte nur das, was er bereits zu H. gesagt hatte. Die erste Reaktion von S. war, daß er Personalchef P. anrief und ihm sagte, er möge meine Papiere fertig machen. Wörtlich hat S. gesagt: ›Herr P., ich habe hier einen Mann, der taugt nicht für die Arbeit, machen Sie bitte die Papiere fertig.‹ Anschließend sagte mir S., wir müssen das Arbeitsverhältnis kündigen. ›Oder‹, so fragte er dann, ›kündigen Sie selbst?‹ Ich war in diesem Augenblick sehr erregt, weil ich mir keiner Schuld bewußt war. Ich sagte das auch zu S. und fügte hinzu: ›Ich habe doch immer die gleiche Leistung gebracht wie meine Kollegen.‹ Nachdem noch mal die Frage gestellt wurde, ob ich nun kündigen wolle oder nicht, sagte ich ja. Ich hatte die ganze Zeit versucht, auf die Vorwürfe zu antworten, wurde aber überhaupt nicht angehört.«

Der Arbeitgeberverband teilte der IG Metall zu diesem Vorfall lakonisch mit:

»Namens der Geschäftsleitung der X-Werke weisen wir den gegen Herrn P. erhobenen Vorwurf zurück. Es bestand und besteht damit auch keine Veranlassung für Ihre im letzten Satz Ihres Schreibens an die Geschäftsleitung gerichtete Bitte, dafür Sorge zu tragen, daß in Zukunft von Vorgesetzten gegenüber Untergebenen weder Körperverletzungen noch Beleidigungen erfolgen. Im Betrieb unserer Mitgliedsfirma werden Vorgesetzte, die sich gegenüber Untergebenen derartiger Entgleisungen schuldig machen, nicht beschäftigt.«

Damit war der »Betriebsfrieden« wiederhergestellt.

Alles, was den Betriebsfrieden stören könnte, möchte Herr X. verbieten lassen – das zeigt der Bericht eines Gewerkschaftssekretärs über ein Gespräch mit diesem Unternehmer:

»Meinen Hinweis, das Streikrecht sei im Grundgesetz verankert und deshalb legitim, beantwortete Herr X. damit, dann müsse das Grundgesetz eben geändert werden. Streiks dürften nicht durchgeführt werden, da doch Unternehmer und Arbeiter in einem Boot säßen. Seine Belegschaft habe das erkannt, und deshalb bestehe zwischen ihm, dem Betriebsrat

und der Belegschaft ein gutes Verhältnis. Er habe auch jedem Belegschaftsmitglied vor Weihnachten ein diesbezügliches Schreiben ins Haus geschickt.«
In einer »Weihnachtsbotschaft« des Unternehmers X., der sich in einem Kündigungsschreiben an einen Untergebenen einmal selbst als »Brotherr« bezeichnete, hieß es:
»Liebe Mitarbeiter und Mitarbeiterinnen!
Zum bevorstehenden Weihnachtsfest und aus Anlaß des zu Ende gehenden Jahres möchte ich mich auf diesem Wege an Sie und Ihre Familie wenden. Es ist doch recht so und durchaus üblich, nach einem abgeschlossenen Jahr Rückblick zu halten, um aus dem vergangenen zu lernen, die Fehler auszuschalten und sich mit guten Gedanken und Überlegungen für das neue Jahr zu rüsten...
Nachdenklich sollten wir werden, wenn wir feststellen, daß wir heute in der Welt die geringste Arbeitszeit haben. Das deutsche Volk, das früher als eines der fleißigsten und arbeitsamsten in der Welt galt, verfügt heute über die meiste Freizeit. So haben wir im kommenden Jahr 238 Arbeitstage gegenüber 127 Ruhetagen. Das bedeutet, daß noch nicht einmal zwei Arbeitstagen ein Ruhetag gegenübersteht. Ob sich unser Volk auf die Dauer dieses leisten kann, ist eine große Frage besonders dann, wenn man bedenkt, wieviel Not es noch in der übrigen Welt gibt... Wenn Sie bedenken, was alles nach zwei verlorenen Weltkriegen geschaffen worden ist und daß alles das auch in erster Linie dem ständig vorwärtsstrebenden Unternehmertum, unseren Erfindern und Wissenschaftlern zu danken ist, sollten wir bestrebt sein, uns diesen Stand in der Welt zu erhalten. Trotzdem müssen wir leider sehr oft feststellen, daß durch Neid und Mißgunst diese Kreise in Mißkredit gebracht und verleumdet werden.
Nachdem wir uns einen beachtlichen Wohlstand in Deutschland geschaffen haben, sollten wir aber sehen und erkennen, daß es neben den materiellen Dingen auch noch andere gibt

und darauf bedacht sein, daß unsere Seele durch eine zu große egoistische Einstellung und durch einseitiges Wohlstandsdenken nicht zu kurz kommt. Viel zu weit haben uns diese Anschauungen schon vom wahren Christentum entfernt. Wir alle sollten mehr Achtung und Respekt vor der Arbeit des anderen haben und unserem Nachbarn mit mehr Verständnis und Nächstenliebe begegnen, unseren Mitarbeitern und Vorgesetzten mit menschlicher Achtung.
Wenn wir uns alle Mühe geben, dieses zu beherzigen, wird das Zusammenleben im neuen Jahr noch besser sein, und ein tieferes Glück und Zufriedenheit die Menschen erfüllen.
Ihnen und Ihren Familien wünsche ich aufrichtig ein gesegnetes, frohes Weihnachtsfest und – anknüpfend an die vorherigen Gedanken – ein gutes neues Jahr in einer echten Verinnerlichung.«

Das zerstörte Märchen

Max von der Grün über Wallraffs Industrie-Reportagen in: Abendzeitung, Nürnberg, 4. 1. 1967

Dieser Günter Wallraff ist ein Ärgernis. Kein gemachtes, kein manipuliertes. Er ist ein echtes Ärgernis!

Was er in seinem ersten Buch aussagt, war einigen Interessierten zwar schon bekannt, Unternehmern, Gewerkschaftern, ein paar Literaturinteressierten, wenig oder überhaupt nicht Arbeitern, denen diese Reportagen in erster Linie zu lesen empfohlen werden, damit sie endlich einmal sehen, wo sie stehen, wohin sie treiben.

Obwohl diese Reportagen in vielen Zeitungen des In- und Auslandes bereits publiziert wurden, der Rundfunk einige lesen ließ, Wallraff einige Prozesse über sich ergehen lassen mußte (wer muß das nicht, ich habe es selbst erlebt), ist man doch darüber erschreckt, was Wallraff gesammelt hier vorlegt. Ein düsteres Zeitalter tut sich auf, menschliche Erniedrigung, Erniedrigung des Menschen, eingerahmt von Chrom, Glas und Beton, Urlaub in Rimini, und was diesen Wallraff so ärgerlich macht, ist, daß eben alles stimmt, was er sagt. (...)

Mit Empörung gelesen

Als ich Wallraffs Reportagen mit wachsender Empörung und nicht ohne Erschütterung las, kamen mir die Worte eines alten Kumpel wieder in den Sinn, der mir einmal sagte: Was sind wir denn? Ein Haufen Dreck sind wir und die Schippe ist die Börse. Wir werden nicht mehr verfrachtet, nein, wir werden jetzt umgelegt. Vierzig Jahre in einem Betrieb, das ist schlimmer als KZ. Und wenn du nicht wolltest, wie die da oben wollten, ob sie Nazis, vor den Nazis oder nach den Nazis waren, die haben dir das Wollen schon beigebracht. Immerhin hat man Familie, eine betriebsgebundene Wohnung, damit haben sie alle Macht. Nach vierzig Jahren im Betrieb bekommt man in einer Feierstunde eine goldene Uhr. Im KZ bekamen sie, wenn sie überlebten, die Freiheit.

Bittere Worte eines Zecheninvaliden, der nach vierzig Jahren Arbeit unter Tage nicht in die Freiheit entlassen wurde, obwohl er überlebte, nein, in die Silikose, die ihm die wenigen Jahre seines Dahinfristens zum Martyrium macht.

Aber in unseren Werkszeitungen lesen wir von Glanz und Gloria, vom Fortschritt, von Sauberkeit. Manchmal muckt die Gewerkschaft auf, wenn es die Konstellation am bundesdeutschen Christhimmel erforderlich macht.

Es ist beklemmend, wenn man heute von Arbeitern hört – auch und gerade von Gewerkschaftsmitgliedern – was sie über ihre eigene Gewerkschaft zu sagen haben. Die meisten sagen gar nichts, sie winken ab. Wäre der Arbeiter das unbekannte Wesen, heute das, was uns Wallraff so makaber vorführt, wenn die Gewerkschaft an dieser Wohlstandsschraube nicht mitgedreht hätte?

Viele der gewerkschaftlichen Publikationen sind genauso stinklangweilig wie die diversen Werkszeitungen.

An den großartigen Betriebsreportagen Wallraffs – wohl zum ersten Male in dieser komprimierten Form seit Kriegsende auf dem deutschen Buchmarkt – ist etwas auszusetzen, aber das betrifft weniger den Autor als den Verlag. Warum, so frage ich mich, werden Städte und Betriebe mit Buchstaben bezeichnet, mit G. B. XYZ, warum werden diese Ausgebeuteten wohlstandsgemäßer Ausbeuter nicht mit Namen genannt. Der Betrieb ist irgendwo in Deutschland – natürlich, auf dem Mond kann er nicht sein.

Wenn der Verlag das Risiko auf sich nimmt, so etwas zu verlegen, dann muß er nicht ein halbes Risiko eingehen, denn ein halbes ist gar keines – nur Sensationshascherei.
Trotzdem, dieser Wallraff ist ein Ärgernis, darum scheint er mir, ist er nicht hoch genug zu loben, – weniger wird er gelobt werden von professionellen Kritikern, die das Gras bundesdeutscher Literatur wachsen hören.
Wallraff hat über die wirkliche Wirklichkeit in unserem Staat mehr ausgesagt – nüchtern, prägnant, herzbeklemmend, und mit einer Beobachtung, die erschreckt und schreien macht – wie es sämtliche Bestseller der letzten Jahre zusammen genommen nicht vermochten. Was schrieb Richard Dehmel 1913 an Paul Zech?: »Diese Scharwerkerei bringt uns weiter als alle schöngeistige Flitterdichtung.«

Lohn – Arbeitszeit – Arbeitsbedingungen

in: Bücher für die Wirtschaft, Köln, April 1966

Der Autor, 25 Jahre alt und nach Angaben des Verlages nacheinander oder gleichzeitig Buchhändler, Hilfsarbeiter, Arbeiter, Journalist und Schriftsteller, gibt in diesem Buch seine Eindrücke und Erfahrungen wieder, die er als Arbeiter in verschiedenen Unternehmen der Bundesrepublik gesammelt haben will.

Niemand wird bestreiten, daß am Fließband, in Zechen und Stahlwerken und auf Werften teilweise schwere Arbeit geleistet wird, daß im Betriebs- und Arbeitsablauf nicht alles so reibungslos funktioniert, wie es auf Organisationsplänen vorgesehen ist. Die »Reportagen« Wallraffs versuchen aber den Eindruck zu erwecken, als seien die industriellen Unternehmen der Bundesrepublik unzulänglich ausgerüstete und den Menschen zermürbende und zerstörende Gebilde, von Robotern geleitet und verwaltet.

Die Schrift bietet eine Aneinanderreihung von Klischees, von »Beobachtungen«, die bis zur Unkenntlichkeit verzerrt und karikiert wurden, und von teilweise banalen Feststellungen. Der Autor beschreibt nicht den Arbeiter als Menschen, sondern es treten nur Schablonen in Erscheinung. Meister sind prinzipiell herrisch und gehen zur Not über Leichen; die Arbeiter sind stumpf, abgestumpft, ihre Gesichter sind müde, schmerz- oder wutverzerrt; sie lesen gar nicht oder nur die Produkte einer bestimmten Presse.

Wallraffs Buch krankt vor allem daran, daß ihm Bezugsgrundlage und Form fehlen. Es ist kein Roman, keine Arbeiterdichtung, kein journalistischer Situationsbericht, keine soziologische Anlayse und keine nüchtern-sachliche Reportage. Von allem sind Elemente vorhanden, willkürlich gemischt und jäh umspringend. Die »Reportagen« sind emotionsgeladen, darauf abzielend, wieder nur Emotionen zu wecken. Sie gehen an wissenschaftlichen Untersuchungen über die industrielle Produktion und die Situation der Arbeitnehmer in den Betrieben der Bundesrepublik ebenso vorbei wie an der Tatsache, daß der Lebensstandard der Arbeitnehmer in der Bundesrepublik zu den höchsten der Welt zählt.

Man soll ein Buch eines Autors nicht anhand vorangegangener Publikationen beurteilen. Wallraffs »Wir brauchen Dich« fordert einen Rückblick aber geradezu heraus, denn falsche und tendenziöse Berichterstattung mußte ihm schon mehrmals vorgeworfen werden. Im Juni 1967 erschien in der Zeitschrift »pardon« eine »Reportage« des Autors über Werkschutz und Werkselbstschutz. Als sich der aufgewirbelte Staub gelegt hatte, mußte Wallraff dementieren und Irrtümer eingestehen. Seine Informationsquellen waren mehr als dürftig und zudem teilweise auf unlauterem Wege erschlossen. Auch die erforderliche Sachkenntnis zur Bearbeitung des Themas fehlte offensichtlich.

Wallraff sollte sein Verhältnis zu den tatsächlichen Gegebenheiten und Situationen verbessern und sich für eine bestimmte Ausdrucksform entscheiden. Es wäre bedauerlich, wenn hier ein zweifellos vorhandenes journalistisches Talent verschleudert würde.

Kirche und Welt

7.1.1967

Mit H. Günter Wallraff und Wolfgang Körner erwachsen der Gruppe auch zwei beachtenswerte jüngere Prosaautoren. Wallraff, 24 Jahre alt, schreibt aufsehenerregende Industriereportagen aus eigenen Erlebnissen und Beobachtungen. Auch er verbessert sich von Text zu Text, seine Sprache wird knapper, einfacher, wesentlicher. Im Herbst dieses Jahres erschienen im Münchener Verlag Rütten & Loening, München, fünf seiner Reportagen mit dem Titel »Wir brauchen dich. Als Arbeiter in deutschen Industriebetrieben«. Die Titel dieser großangelegten Reportagen: Am Fließband – Auf der Werft – Im Akkord – Im Stahlrohrwerk – »Sinter zwo« – Im Stahlwerk – zeigen klar das Engagement des Autors: Solidarität mit den Menschen.

Wie schmeckt Industriearbeit?

von E. Dehmacher
in: AZ am Sonntag, Wien, 18.12.66

Eigentlich sollte jeder junge Journalist und Schriftsteller das tun, was H. Günter Wallraff getan hat; einmal für einige Zeit – und nicht bloß auf eine Woche oder 14 Tage, sondern so lange, daß es eben schon fast wie etwas Dauerndes schmeckt – in irgendeiner Fabrik, einer Werft, in einem Stahlwerk so arbeiten, wie Hunderttausende und Millionen ihr ganzes Leben lang arbeiten. Und dazu gehört auch, daß man mit dem Geld, das man dabei verdient, sein Quartier bezahlt und Jausenbrote ißt wie jeder andere.

Die Reportagen, die Wallraff auf diese Weise sich wirklich erarbeitet hat, sind nun in einem Buch »Wir brauchen dich. Als Arbeiter in deutschen Industriebetrieben« (Rütten und Loening, München, 156 Seiten, 109,50 S) erschienen. Eines sind diese Reportagen auf keinen Fall: langweilig. Sie lesen sich mindestens so spannend und so lebendig wie die besten Vietnamberichte. Sie sind auch nicht weniger hart – obgleich es dabei um wesentlich kleinere Mißstände geht. Dafür sind es aber Mißstände, die uns unmittelbar auf der Haut brennen sollten, die viele unserer Mitmenschen betreffen, wenn auch gerade in Westdeutschland, wo Wallraff arbeitete, immer mehr und mehr Fremdarbeiter in die Kuliposten der Industrie geschoben werden.

Neuland erforscht

in: Kölner Stadtanzeiger, 21.2.1969

Er ist ein Zwischending der Literatur, der Kölner Hans Günter Wallraff. Er ist Journalist von einer direkten, mitunter dreisten, stets aber entlarvenden Art – er ist auch Schriftsteller von der Sorte, die dem weihrauchhaltigen Bild des Poeten, des Dichters, einiges raubt und sich vor allem durch exakte Beobachtung auszeichnet. Ein Engagierter, ein Linker, sowenig diese Begriffe auch sagen, jemand mit einem sozialen Gewissen, einem Bewußtsein von Ungerechtigkeit und dem Mißbrauch der Macht, der in der Macht immer liegt.
Er machte Schlagzeilen, als er den Förderpreis für Literatur in Nordrhein-Westfalen erhielt, die CDU das im Landtag rügte und Ministerpräsident Kühn eine höchst mißverständliche Auskunft gab: Preisträger würden fortan auf ihre »Verwurzelung in der freiheitlich-demokratischen Grundordnung« überprüft. Wallraff sollte nicht gemeint sein, mußte sich aber betroffen fühlen; der Skandal war da.
Wallraff, Mitglied der Gruppe 61, will den Preis nun in Raten zurückzahlen. All dies ist wichtig genug, kennzeichnet aber nicht den Schriftsteller, der heute abend im »studio dumont« aus seinem neuesten Buch »Fabrik- und andere unerwünschte Reportagen« lesen und darüber diskutieren wird. Die Welt der Arbeit, viel zitiert, die Welt der Arbeiter genauer, ist immer noch unerforschtes Territorium – die Literatur macht gemeinhin Bögen darum. Wallraff hat da Neuland bereist – man darf auf seine Leistung gespannt sein.

Ein unbequemer Aufpasser

von Jürgen P. Wallmann
in: Der Tagesspiegel, 16.11.1969

Zuerst ein Blick zurück: Am 7. November 1968 war dem 1942 in Köln geborenen Günter Wallraff für seine Industriereportagen – gesammelt in dem Band »Wir brauchen dich« (1966) – der mit 6000 DM dotierte Förderpreis für Literatur des Landes Nordrhein-Westfalen verliehen worden. In der Begründung für die Preisverleihung – dieser Text wurde bei der Feier in Düsseldorf auszugsweise von Ministerpräsident Kühn verlesen – heißt es:
»Diese Reportagen, in denen der Autor seine eigenen Erlebnisse und Beobachtungen als Arbeiter in deutschen Industriebetrieben zu Protokoll gibt, erregten Aufsehen, weil Wallraff sich hier zum Sprecher einer sozialen Gruppe macht, die auch in der zeitgenössischen Literatur meist stumm bleibt. In nüchternen, knappen Worten zeichnet Wallraff Bilder aus der Arbeitswelt, und dabei gelingt ihm die dokumentarische Darstellung sowohl technischer Vorgänge als auch sozialer Arbeitsbedingungen. Wallraffs Engagement ist frei von falschem Pathos und ideologischer Voreingenommenheit, sein Blick ist offen für die Realitäten, seine Prosa ist eine Literatur der Fakten, die den Leser betroffen macht. Günter Wallraffs Arbeiten gehören zu den eindrucksvollsten Zeugnissen vom Leben in unserer Zeit und in unserem Land.«
(Dieses ausführliche Zitat sei gestattet, denn die Worte der Preisbegründung decken sich völlig mit der Auffassung des Rezensenten – was kein Wunder ist: sie wurden nämlich seinerzeit vom Unterzeichneten geschrieben, als er noch zu der

dreiköpfigen Jury gehörte, die Wallraff den Preis zuerkannte.)
Das Weitere ist bekannt (oder vielleicht auch schon wieder vergessen): Einige Zeit nach der Preisverleihung wurden Proteste gegen den Preisträger laut, und Ministerpräsident Kühn (SPD) ließ sich von einer CDU-Anfrage im Düsseldorfer Landtag dazu provozieren, Zweifel an Wallraffs »Verwurzelung in unserer freiheitlich-demokratischen Gesellschaft« zu äußern. Daraufhin kam es im Februar 1969 zum Rücktritt von zweien der drei Jurymitglieder (darunter der Rezensent), Heinrich Böll drohte Kühn seinen Rücktritt aus der Jury für den Großen NRW-Kunstpreis an, falls Wallraff nicht umgehend rehabilitiert werde, und Wallraff gab den Preis zurück.
Später wurde der »Fall« dann mehr schlecht als recht beigelegt: der Ministerpräsident und Wallraff hatten eine Aussprache, nach der Kühn zugeben mußte, er würde keine Bedenken wegen der Auszeichnung gehabt haben, wenn er dessen Arbeiten vorher gekannt hätte. Damit hatte Kühn die Affäre, bei der er sich vom parlamentarischen Gegner aufs Glatteis hatte locken lassen, für sich einigermaßen fair beigesetzt. Doch Wallraff wollte den Preis nun nicht mehr haben: ratenweise zahlte er ihn zurück.
Das eben Rekapitulierte ist nicht bloß Vorgeschichte, es bezieht sich auch direkt auf Wallraffs neuen Reportagenband, der in der Reihe »pocket« des Verlages Kiepenheuer & Witsch erschienen ist. Denn hier liegen nun Reportagen vor, die ursprünglich in Zeitschriften erschienen waren und mit denen sich der Autor den Zorn derer zugezogen hatte, die angeblich um das Staatswohl besorgt sind.
Es ist Wallraffs journalistische Methode, nicht von außen an die Dinge heranzugehen, sondern eine Rolle in dem Betrieb zu übernehmen, den er durchschauen will. Wie er früher für Monate als Arbeiter in Industriebetriebe ging und dabei In-

formationen gewann, die ihm, wäre er als Journalist gekommen, mit Sicherheit vorenthalten worden wären, so ging er diesmal etwa als Obdachloser ins Asyl, als Alkoholiker ins Irrenhaus, als Spitzelanwärter zur politischen Polizei. Als angeblicher Fabrikant, der Napalm für Vietnam herstellt, bat er telephonisch prominente Moraltheologen um Stellungnahmen und Hilfe in seinem (simulierten) Gewissenskonflikt – und erhielt zum Teil erschreckende Auskünfte. Das Tollste aber: Er gab sich am Telephon als Mitglied des Bundesinnenministeriums aus, um etwas über die Aufstellung bewaffneter paramilitärischer »Schutztruppen« in Großbetrieben der Bundesrepublik zu erfahren, Truppen, die im »Ernstfall« gegen streikende Arbeiter eingesetzt werden sollten. Und er erfuhr hier mehr, als sich der brave Bundesbürger alpträumen läßt. Wallraffs Reportage deckte verfassungswidrige Bestrebungen auf, sie verhinderte illegale Notstandsvorbereitungen. Dieser Bericht, der viel Staub aufwirbelte, ist in Wallraffs jüngstem Buch enthalten, zusammen mit einem dokumentarischen Anhang, der Wallraffs damalige Behauptungen erhärtet.

Kein Zweifel, nach den geltenden Regeln des Journalismus arbeitet Wallraff unfair: er gibt sich als einer aus, der er nicht ist, er schleicht sich ins Vertrauen der von ihm Verdächtigten ein. Doch – so Gerd Hirschauer in seinem Vorwort –: »Wallraff täuschte, um nicht getäuscht zu werden (und: er arbeitete hart dafür).« Wallraff ist kein Journalist, dem es um Sensationseffekte geht. Er ist stärker »in unserer freiheitlich-demokratischen Gesellschaft« verwurzelt, als es manchem lieb ist, der aus Profitsucht gern ein bißchen an diesen Wurzeln nagt. Ihm geht es – so sagte er in einem Interview – darum, »durch permanente konkrete Hinweise Mißbräuche und reaktionäre Tendenzen in unserem Staat offenkundig zu machen, die die Demokratie unterhöhlen«.

Nun soll Wallraff diesen Monat in Frankfurt am Main der

Prozeß gemacht werden. Der damalige Bundesinnenminister Lücke und die Mannesmann- und Continental-Werke hatten 1967 Strafanzeige gegen Wallraff erstattet – nicht aber wegen übler Nachrede (dann hätte Wallraff Gelegenheit gehabt, vor Gericht den Wahrheitsbeweis für seine Behauptungen anzutreten), sondern wegen »Amtsanmaßung« (er hatte sich ja als ein Mann aus dem Bundesinnenministerium ausgegeben). Nicht ganz ohne Grund hat man von einer möglichen zweiten Auflage des Falles Ossietzky gesprochen und vor einer Wiederholung alter Fehler gewarnt: Soll wieder einmal statt des Verfassungsbrechers der bestraft werden, der die Vorbereitung zum Verfassungsbruch aufdeckte (mit, zugegeben, nicht ganz fairen Mitteln)?

Unerwünschte Reportagen

von Siegfried Schober
in: Süddeutsche Zeitung, 18./19.10.1969

Buchveröffentlichungen solcher Arbeiten wie diese zuerst in Zeitschriften erschienenen sozialpolitischen Reportagen und Berichte müssen immer, so ungern das man auch sagt, problematisch erscheinen, wenn sie nicht bloß als Dokumente der Anstrengung und Leistung eines in diesem Fall so engagierten wie enragierten politischen Mannes angesehen werden wollen, dem entschiedenen Respekt und ernsthafte Sympathie zu versagen schlichtweg lächerlich und böswillig wäre. Es soll auch kein Lippenbekenntnis sein, sich mit Gerd Hirschauers sehr nüchterner und instruktiver Würdigung in seinem Vorwort über Wallraffs Methode und Moral zu solidarisieren und mit der Arbeit dieses Journalisten überhaupt, die eine ebenso selbstverständliche Notwendigkeit wie eine immer noch rare und riskante Leistung darstellt.
Das Schreiben kritischer Sozialreportagen hat hierzulande kaum eine große und wirksame Tradition. Ganz anders in Amerika, wo politische Sozialreporter wie Norman Mailer, Jimmy Breslin, Jack Newfield, Norman Poirier ganz und gar nicht alleine dastehen, sondern nur die Spitzenschreiber in einer vielfältigen und bewegten journalistischen Szene sind. Insofern ist Günter Wallraff immer noch eine bedeutende Ausnahmeerscheinung, und da kann man dann nicht ohne mächtige Skrupel ein paar kritische Einwände gegen sein Buch machen. Wallraff ist alles andere als ein brillanter Schreiber, ist ohne intellektuellen Glanz und ohne jedes Raffinement der Darstellung und Argumentation, und so findet man bei ihm weder aufgespreizte Effekte und Posen noch Ge-

dankengänge und Einsichten, die analytisch und gesellschaftstheoretisch über den jeweiligen Fall und Sachverhalt hinausführen zu allgemeineren Verhältnissen und Zusammenhängen hin.

Gewiß ist es gut und nützlich, einmal ganz faktisch und trokken zu erfahren, wie es in bestimmten partikularen und doch systemtypischen gesellschaftlichen Bereichen zugeht und aussieht, aber die Gefahr dabei ist, daß das Stehenbleiben beim Enthüllen der Tatsachen schließlich verhindert, die politische Tendenz und die gesellschaftliche Ideologie, die in den Zuständen und Vorgängen stecken, zu erkennen und zu verstehen. Es kann geschehen, daß solch ein Blick auf die Gesellschaft aus der Verwirklichung ihrer Mißstände, wie sie ihr in dieser journalistischen und faktischen Weise zuteil wird, nirgends mehr herausführt. Problematisch müssen in dieser Hinsicht besonders jene Reportagen sein, die, wie die über ein Obdachlosenasyl, über einen Aufenthalt als Alkoholiker in einer Heilanstalt, über Arbeitssuche im Revier um Dortmund, über Erfahrungen mit der Berliner Bevölkerung, über Werbung politischer Spitzel, in einer planen Realismusschreibweise verfaßt sind, wo Anekdotisches, Lokalkolorit, menschliche Kuriositäten, Charaktere, individuelle Züge und Besonderheiten, triviale Verhaltensweisen und banale, zufällige Äußerungen allzu sehr in den Vordergrund treten und die Aufmerksamkeit beanspruchen.

Dieser erzählerische, sozialrealistische Reportagestil wird dann leicht vage, erscheint oft so zufällig wie gezwungen, übermäßig von subjektiven Einsichten und einem zu direkten Engagement bestimmt, wo dann schnell jedes Detail zum unkontrollierbaren Indiz für alles und jedes werden kann und am Ende für nichts steht, die Reportage zur bloßen Erzählung wird und die politische Wirkung und Intention verschwimmt und verpufft. Erscheint eine solche Reportage in einer Zeitschrift, dann mag das noch hingehen, weil sie im-

merhin vom Zusammenhang der Zeitschrift und ihrer publizistischen Umgebung noch genügend zusammengehalten, fundiert und korrigiert werden kann, doch in der Isolation eines Buches kann sie fatal und kraftlos wirken. Ohne Beeinträchtigung, darauf sei zumindest hingewiesen, haben die Transformierung überstanden die am Ende des Bandes stehenden Beiträge »Wiederaufnahme einer Verfolgung«, über die Ächtung und Verfolgung eines erfolgreichen jüdischen Obstbauern in Baden-Württemberg, »Napalm? Ja und Amen«, über Stellungnahmen von Klerikern und Theologen zum fingierten Fall einer Lieferung von Napalm an die Amerikaner, und schließlich »Wehe, wenn sie losgelassen!«, Wallraffs berühmte Reportage über Werkschutz und Werkselbstschutz in deutschen Industrieunternehmen, zusammen mit einem Nachtrag gedruckt, der die Reaktion der Öffentlichkeit und der Beschuldigten auf diese Reportage behandelt. Diese Beiträge sind allesamt kompakt, informativ, konsequent und zwingend geschrieben.
Leuten jedenfalls, die die Zeitschrift *konkret*, für die Wallraff jetzt ein Ressort für Sozialreportagen betreut, nicht lesen, muß die Lektüre dieses Buches dringend und dann eben doch uneingeschränkt empfohlen werden. Weil sie es vielleicht nicht glauben wollen, aber hier unabweisbar beschrieben, dokumentiert und bewiesen finden, wie entsetzlich weit die Aushöhlung des Grundgesetzes, die Depravierung des demokratischen Potentials, die »illegalen Maßnahmen reaktionärer Tendenz« (Prof. Kogon in einem Nachwort zu Wallraff) fortgeschritten sind.

Mehr als unerwünscht

Günter Wallraffs Reportagen von Lothar Romain
in: Frankfurter Allgemeine Zeitung, 17.1.70

»Unerwünscht!« waren diese Reportagen von Wallraff in der Tat, wie man es an den zahlreichen heftigen Reaktionen von seiten der jeweils Betroffenen (und nicht nur von ihnen) ersehen konnte. Dieser junge Autor, der nicht nur organisierte Gesellschaftsgruppen wie den Unternehmerverband oder sogar die Kirchen in Harnisch brachte, sondern der auch staatliche Stellen verlegen bis unbeherrscht werden ließ, Günter Wallraff also wagte als Journalist Methoden zu benutzen, die nach gemeinem Konsensus gegen alle Sitte und Anstand verstießen.

Um in die zahlreichen Taburäume einzelner Interessengruppen einzudringen, verdingte er sich nicht nur als Hilfsarbeiter, Spitzel oder Selbstschutzhelfer, sondern betrieb – laut Bundesinnenministerium – sogar Amtsanmaßung, indem er sich z. B. als Ministerialrat ausgab, um die Auskünfte zu erhalten, die man (aus gutem Grund) vorher dem Journalisten verweigert hatte. Die 13 Reportagen Wallraffs, die als Folge in der Zeitschrift »Pardon« erschienen und jetzt in einem Band gesammelt wurden, legitimieren über alle juristischen Bedenken hinweg die Methoden des Autors. An keiner Stelle wird um der Sensation willen gefragt. Es geht nicht um den Skandal, sondern um soziale und politische Vorgänge, die der Öffentlichkeit sonst verschwiegen geblieben wären und die dennoch entscheidend das Bild unserer Gesellschaft und unseres Staates mitbestimmen.

Wallraff kämpft nicht um literarischen Lorbeer. Er sammelt Fakten und reportiert sie ohne jede Emphase, ohne persönliche Eitelkeit. Als Unternehmer etwa, der angeblich einen großen Auftrag zur Herstellung von Napalm bekommen hat, bittet er zahlreiche Geistliche um Rat. Die erschreckende Bilanz: kaum jemand rät ihm von der Annahme des Auftrags ab. Sophistische Bibelauslegung und verdrehte Moraltheologie vermögen auch Unrecht zu rechtfertigen, ja gutzuheißen.

Diese dreizehn Reportagen können nur Beispiele sein für die vielfältig versteckten oder verschleierten Machtüberschreitungen bzw. unsozialen Vorgänge in unserer Gesellschaft, aber sie sind markante journalistische Versuche der Aufklärung. Was in literarischen Gefilden (meistens zu Recht) als Klischee abgewertet wird, gewinnt hier wieder die Qualität unverstellter Wirklichkeit. Und sie erschüttern nicht nur (das wäre eine verinnerlichte Reaktion), sondern sie verhelfen zu Einsichten, denen man keine beschwichtigenden Deutungen entgegenstellen kann.

Achtung: Wallraff was here

von Hans-Albert Walter
in: Die Zeit, 28.11.1969

Unter dem Titel »Wir brauchen dich« veröffentlichte Günter Wallraff vor drei Jahren einen Band mit Industriereportagen. Sie bezeugten eine ungewöhnlich große publizistische Sorgfalt. Wallraff hatte sich nicht auf die üblichen Recherchen beschränkt. Er war für lange Zeit als Arbeiter in verschiedene Betriebe gegangen, um sich der Realität auszusetzen, die er beschreiben wollte. Die Industriereportagen haben Wallraff bekanntgemacht. Nach Max von der Grün ist er der wichtigste Autor der Dortmunder »Gruppe 61«. Einige seiner inzwischen in »pardon« und »konkret« veröffentlichten Arbeiten waren Gegenstand erregter politischer Kontroversen.
In seinem jetzt erschienenen Buch: »13 unerwünschte Reportagen« ist die sogenannte »Arbeitswelt« ein Thema unter vielen. Wallraffs Skala ist entschieden größer geworden. Der Autor zielt ganz deutlich auf eine umfassende publizistische Bestandsaufnahme unserer Gesellschaft. Er beginnt dabei an ihren Rändern, packt scheinbar nur Einzelfälle und periphere Themen an – aus der richtigen Erkenntnis, daß die Beschaffenheit des Außergewöhnlichen vielerlei Rückschlüsse auf das »Normale« ermöglicht.
Die Zustände in einem Hamburger Obdachlosenasyl; das Schicksal eines Halbjuden in seiner württembergischen Heimatgemeinde; die Hand- und Spanndienste, die eine westfälische Baronin von ihren Mietern fordert; die Bedingungen, unter denen Alkoholiker eine Entziehungskur im Irrenhaus absolvieren; die unterschiedlichen Überwachungspraktiken der politischen Polizei bei der APO und der NPD; die Maxi-

men katholischer Militärseelsorger; das Verhalten von Westberlinern gegenüber Studenten im Sommer 1967; die Erkenntnisse, die ein Luftschutz-Lehrgang vermittelt – mit diesen und anderen, im einzelnen grauenvollen bis grotesklächerlichen Fakten fängt Wallraff das soziale Klima unseres Staates ein.

Keineswegs beschreibt er vereinzelte Mißstände, die ohne größere Mühe zu beseitigen wären. Seine Befunde sind symptomatisch. Hinter den Schlagwortfassaden von Sicherheit, Freiheit, Wohlstand und demokratischer Grundordnung entdeckt er eine genau entgegengesetzte Wirklichkeit. An einigen charakteristischen Stellen lüftet er den Tarnschleier des angeblich Wohlgeordneten, der über die Disharmonien unserer Gesellschaft gebreitet wird. Er bringt ein Stück der uns vorenthaltenen Wahrheit ans Licht.

War das alles nicht bekannt? Es war nicht so bekannt, nicht so detailliert, konkret und scharf umrissen, nicht mit allen atmosphärischen Valeurs, mit den Authentizität verbürgenden und Repräsentanz erheischenden, weil allenthalben nachprüfbaren und erkennbaren Einzelheiten. Brecht hat uns wissen lassen, die Wahrheit sei konkret, und es scheint, als habe Wallraff sich aufgemacht, um diese Feststellung erneut zu erhärten.

Die Bedeutung seiner Reportagen liegt nicht nur in ihrem Stoff, sondern ergibt sich aus den Gemeinsamkeiten der jeweils wechselnden Gegenstände. Wallraff macht eine Mentalität sichtbar, er legt Grundmuster des Fühlens und Verhaltens, Denkens und Handelns frei. Verschieden nuanciert und kombiniert, tauchen sie in allen gesellschaftlichen Bereichen auf, die er untersucht hat. Gerade weil die Beispiele soziologisch und geographisch so breit gefächert sind, sind diese Verhaltensmuster und Denkstrukturen repräsentativ.

Man kann sie nur als antidemokratisch bezeichnen. In ihnen manifestieren sich obrigkeitsstaatliche Traditionen ebenso wie genau definierbare, handfeste ökonomische Interessen. Sie dienen der Aufrechterhaltung privilegierter Herrschaft, der Verhinderung von Chancengleichheit und Mündigkeit. Ausbeutung und totalitäres Verhalten, Diskriminierung politischer Minderheiten und das technische wie personelle Übergewicht repressiver Machtapparaturen – Wallraff vermag zu belegen, daß das äußerst wirksame Faktoren in unserem Staate sind. Gewiß treten sie in teilweise verbindlicheren Formen auf, und ihr Vorhandensein wird vielfach verschleiert. An den Tatsachen ändert das nichts.

Charakteristisch sind in diesem Zusammenhang die Schwierigkeiten, die Wallraff bei der Beschaffung seiner Informationen zu überwinden hatte. Sie waren so groß, daß sie zu Belegen und Beweismitteln seiner Untersuchung geworden sind. Der Vernebelungs- und Abschirmungskordon erwies sich als desto dichter und lückenloser, je brisanter die Thematik wurde. Bei scheinbar größter Offenheit erhielt Wallraff mit den herkömmlichen journalistischen Mitteln keine oder – wie sich herausstellen sollte – nur bewußt falsch gegebene Auskünfte. Das bestätigt eine Bemerkung von Günther Anders, wonach »man den heutigen Menschen zur scheinbaren Teilnahme an der Welt einlädt; und zwar um so generöser einlädt, je weniger man ihm Einblicke in die Zusammenhänge der Welt gewährt, je weniger man ihn zu den Hauptentscheidungen ... zuläßt«. Damit ist die Problematik eines jeden Journalisten und Publizisten umschrieben, der sich um Wahrheitsfindung bemüht. Um den wahren Sachverhalten auf die Spur zu kommen, wird er den Täuschungsparavent scheinbarer Publizität unterlaufen müssen, mit dem sich gesellschaftliche Apparaturen und Machtgruppen umgeben.

Genau das hat Günter Wallraff getan. Er hat Tricks benutzt, um an jene Fakten heranzukommen, die er durch »normales« Befragen nicht erfahren konnte. Als angeblich Obdachloser ist er ins Asyl, als angeblicher Alkoholiker in die Irrenanstalt gegangen. Der Baronin Carlowitz hat er sich als präsumtiver Mieter vorgestellt, der politischen Polizei in verschiedenen Bundesländern als Spitzel gegen SDS oder NPD angeboten. Er ist wegen dieser Methode gerügt und angegriffen worden, so vom Deutschen Presserat, der ihm die journalistische Fairneß abgesprochen hat.

Nun hat Wallraff zweifellos seine Gesprächspartner getäuscht. Ebenso unbezweifelbar hat er aber aus einem legitimen öffentlichen Interesse gehandelt. Fatal ist nicht, daß er sich einmal als Ministerialrat im Bundesinnenministerium ausgab. Bestürzend ist vielmehr, daß er erst als »Ministerialrat Kröver« Informationen über einen – damals ungesetzlichen – bewaffneten »Werkselbstschutz« von Industriefirmen erhielt, detaillierte Informationen über eine Institution, deren bloße Existenz zuvor geleugnet worden war, als Wallraff unter seinem richtigen Namen danach gefragt hatte.

Diese und ähnliche Formen journalistischen Recherchierens sind eine direkte Folge der massiven Verdunkelungstendenzen. Sie resultieren beinahe zwangsläufig aus der Tatsache, daß immer größere Bereiche unserer Gesellschaft der allgemeinen Wahrnehmung bewußt und planvoll entzogen werden. Daß solche Methoden schön seien, wird kaum jemand behaupten wollen – auch Wallraff nicht, der ihr Risiko auf sich nahm. Daß sie zur Unterrichtung der Öffentlichkeit nichtsdestoweniger notwendig sind, dürften nur jene bestreiten, deren Tätigkeit auf solche Weise beleuchtet wird.

Es geht dabei nicht um die Person Günter Wallraffs. Es geht um die Frage, wie ein Journalist, der sich als Instrument begründeten öffentlichen Mißtrauens versteht, in einer Geheimhaltungswelt seine Berufsaufgaben wahrnehmen soll. Diese Frage wird überdacht und anders als bisher beantwortet werden müssen. Das setzt allerdings auch erheblich gewandelte Vorstellungen in bezug auf die gesetzliche Funktion von Kritik voraus.

Bezeichnend für tradierte autoritäre Verhaltensweisen ist jedenfalls die Reaktion auf die Veröffentlichung von Wallraffs »Werkselbstschutz«-Reportage. Der damalige Bundesinnenminister Lücke erstattete Anzeige gegen den Autor, nicht etwa wegen Verleumdung oder falscher Berichterstattung, sondern wegen Amtsanmaßung. Der Verdacht liegt nahe, daß auf solche Weise ein unbequemer Kritiker ausgeschaltet und durch das Retirieren auf Formales von einer höchst peinlichen Substanz abgelenkt werden sollte.

Unbequem ist Wallraff um so mehr, als auf ihn kaum eines der gängigen Diffamierungsschematas zutrifft. Der Verfasser dieser dreizehn Berichte ist (angesichts seiner Erfahrungen möchte man fast sagen: erstaunlicherweise) ebensowenig Marxist wie der von »Wir brauchen dich«. Heute wie damals steht er durchaus und sehr bestimmt »auf dem Boden des Grundgesetzes«, beweist freilich, daß andere, die dieses Schlagwort stets im Munde führen, wohl auf etwas anderem Grund stehen. 1966 klangen manche Formulierungen noch so, als habe er den Eindruck, Ungewöhnliches und Regelwidriges zu referieren. Darin ist er nicht mehr ganz der gleiche. Das sagt nichts über Wallraffs Genauigkeit im Beobachten, nichts über seine Sensibilität und Wachheit, seinen Spürsinn und sein Gefühl für die entlarvende Wirkung der Sprache. Diese Fähigkeiten sind eher noch gewachsen.

Vermindert hat sich aber das quasi sachliche Überraschungsmoment. Mit seinen Themen hat sich auch Wallraffs Blickfeld erweitert. Er mag wohl erfahren haben, daß die vermeintliche Ausnahme in vieler Hinsicht die Regel bildet. Zum Glück hat ihn das nicht zur Polemik verleitet. Kühl und sachlich schreibt er auf, was er sieht, seine Formulierungen sind oft lakonisch, er bleibt reserviert, Schlußfolgerungen überläßt er meist dem Leser.

Landeskriminalamt Niedersachsen 43/69

(20. 10. 1969)

Man kann sicherlich sagen, daß WALLRAFF eine besondere Art hat, unseren Staat, der ihm die Möglichkeit gibt, seine Meinung frei zu äußern, anzugreifen, und das nicht nur, weil er »intensiver gelebt« hat, als seine Jahrgangsgenossen. Sein Ziel ist es, Unsicherheit zu schaffen, Vertrauen zu beseitigen und jenen Kräften Vorschub zu leisten, die an die Stelle von Recht, Ordnung und Freiheit die Macht der Straße, Willkür und Anarchie setzen möchten. Diesem Streben gilt über den Rahmen des Büchleins hinaus seine Arbeit, die trotz der Lobeshymnen linksintellektueller Geister nur der Zersetzung der staatlichen Institutionen und der von ihnen gegebenen und vollzogenen Ordnung dienen soll. Sicher ist auch in unserem Staat nicht alles wunderschön und in Ordnung, aber ist die von WALLRAFF angewandte Methode des Korrekturversuchs richtig?

Von der Kulturkritik kaum beachtet

von Jens Hagen
*in: Welt der Arbeit, 8.12.1972**

Wenige Bücher erzielten bei uns in den letzten Jahren eine so nachhaltige Wirkung wie die des 29jährigen Schriftstellers und Journalisten Günter Wallraff. Wirkung bei denen, für die er schreibt und bei denen, gegen die er schreibt!

Auch die Auflagenzahlen von Wallraffs Büchern sind beachtlich, obwohl sie ohne großen Werbeaufwand an die Leser gelangen. Von seinen »13 unerwünschten Reportagen« (pocket-Reihe Kiepenheuer & Witsch) wurden bisher etwa 50000 verkauft. Und seine »Industriereportagen« haben als Rowohlt-Taschenbuch inzwischen sogar eine Auflage von 150000 erreicht!

Über diese beiden Bücher ist viel geschrieben worden. Kaum eine Tageszeitung oder Zeitschrift vergaß es, sie auf ihrer Feuilletonseite zu besprechen.

Und doch: Wallraffs neuestes Buch, »Neue Reportagen, Untersuchungen und Lehrbeispiele« (in der pocket-Reihe des Verlags Kiepenheuer & Witsch erschienen) wurde, obwohl es bereits auf großes Leserinteresse stieß, von der etablierten Kulturkritik kaum beachtet.

Im Ausland ist das teilweise anders: In Schweden zum Beispiel ist Wallraff der meistgelesene deutsche Nachkriegsautor, und selbst die größten Tageszeitungen (zum Beispiel »Dagens Nyheter« und »Expressen«) veröffentlichen seine neuesten Reportagen. Seit etwa fünf Monaten sind die »Neuen Reportagen, Untersuchungen und Lehrbeispiele«

* auch abgedruckt in: Frankfurter Rundschau

bereits auf dem Markt. Welche Reaktionen gab es auf dieses Buch? Wir befragten den Autor.

Günter Wallraff: Die Kritiken, die Besprechungen in den Zeitungen, Zeitschriften, in den Feuilletonspalten sind so gut wie ausgeblieben. Das hat bestimmte Gründe: Nachdem noch das erste Buch, die »13 unerwünschten Reportagen«, in ziemlich großen Aufmachungen hochgejubelt wurde, weil da auch viele Randgebiete der Gesellschaft, viele exotische Bereiche mit originellen Methoden dargestellt wurden – das war noch etwas, wo man sich an der Methode aufhalten und die Inhalte nur nebenbei behandeln konnte –, ist dieses Buch doch eigentlich etwas konsequenter. Es ist zwar auch ein Zwischenbericht, es ist nicht das, worauf meine Arbeit letztlich hinausläuft, aber es bewegt sich mehr zum Zentrum hin: Zustände in Betrieben, Zustände von politischer Justiz, die Situation der neuen industriellen Reservearmee von ausländischen Arbeitern, die Ausbeutung und vor allem, was entscheidend ist, die Situation der Abhängigkeit der Zeitungen und Zeitschriften von ihren Anzeigenkunden. Da sind viele Beispiele und Belege, zum Teil auch Beispiele, die Zeitungen und Zeitschriften betreffen, die sonst so ein Buch womöglich besprochen hätten. Ob das nun »Die Zeit« ist oder »Der Spiegel« oder »Stern«: man will sich da ja nicht so einfach ins eigene Fleisch schneiden. – Allerdings bedeutet das nicht, daß dieses Buch nicht gelesen wird. Die erste Auflage von 15 000 ist inzwischen weg.

Gab es bereits Reaktionen aus der Leserschaft?

Günter Wallraff: Es schreiben mir viele Leser, die Zusatzinformationen haben wollen oder, durch das Buch angeregt, mir Fälle aus ihrem Bereich schicken. Da ist die Resonanz groß; es ist aber eine unterschwellige, langfristige Wirkung.

Sie erleben Ihre Umgebung oft als Arbeiter in und außerhalb von Betrieben. Wie drückt sich das in Ihrer Arbeit aus, in Ihren Berichten?

Günter Wallraff: Ich bin letztlich ja kein Arbeiter, weil ich immer wieder die Möglichkeit habe aufzuhören und weil ich dann Vorrechte, Sonderrechte habe. Ich versuche aber weitgehend, mich den Bedingungen, wie sie für die meisten leider da sind, auszusetzen und von daher einen ganz neuen Blickwinkel zu bekommen. Ich steuere mich bewußt nach unten, um von daher nicht diese Dichterperspektive einzunehmen. Dichterperspektive, das heißt: Darüberschweben in dem schönen Wahn, aus sich selbst heraus etwas schöpfen zu können, für sich fertig zu sein und von daher allgemein verbindliche Sachen verzapfen zu können. Das ist nicht möglich! Ich muß versuchen, eine Art Raster, eine Art Filter zu sein, muß erst mal Erfahrungen mitgeteilt bekommen von denen, die diesen Zuständen selbst tagtäglich ausgesetzt sind, muß die Probleme zumindest streckenweise teilen, so intensiv wie möglich. Ich muß betroffen sein, es muß mich jucken! Montage ist hier ein Mittel, so etwas in den Griff zu kriegen. Ich muß sehr viele Informationen, sehr viele Fakten erst mal filtern...

Für wen schreiben Sie?

Günter Wallraff: Zielgruppe sind natürlich an erster Stelle Arbeiter, von denen ich die Zustände erfahre, deren Probleme ich zeitweilig geteilt habe, denen ich sie jetzt – deutlicher gemacht – versuche mitzuteilen, um sie zu Konsequenzen zu bringen. Wenn ich in Betrieben arbeite, wo meine Berichte in Betriebszeitungen, in Gewerkschaftszeitungen erschienen sind, erlebe ich es oft, wie sie ankommen, erfahre, daß man sie sehr wohl verstanden hat und daß man sagt: Es ist gut, daß auch mal einer von außen sie darstellt, einer der den Blickwinkel vielleicht etwas schärfer auf diese Zustände richtet, weil er sich an diese Zustände nicht gewöhnen mußte. Wenn jemand zehn Jahre diesen Zuständen unterliegt, dann meint er vielleicht, es müsse so sein, er könne nichts mehr ändern. Ja, jedes Sich-dagegen-Wehren wird ihm womöglich als Querulantentum ausgelegt; und er verschiebt seinen

Blickwinkel, er filtert von vornherein sehr viel weg. Wenn ihm diese Zustände nun aber ungebrochen dargestellt werden, ist er vielleicht bereit, diese Sachen nicht mehr hinzunehmen und geschlossen mit anderen dagegen anzugehen. Und darum müßte der Schriftsteller – im neuen Sinne als Wortarbeiter – gleichzeitig die Änderung mit initiieren; er müßte also dafür sorgen, daß es nicht dabei bleibt, daß sein Bericht einmal erschienen ist, sondern versuchen, mit Gruppen zusammenzuarbeiten, die nachher auch die Sache zum Wirken bringen...

Sie wollen also – wie gesagt – aus Ihren Erfahrungen und Erkenntnissen Konsequenzen ziehen. Statt wie bisher als »Einzelkämpfer« wollen Sie so bald wie möglich in einer Gruppe arbeiten.

Günter Wallraff: Es werden Schriftsteller dabei sein und Journalisten, aber auch ein Organisationsmann, damit diese Arbeit im konzentrierten und vervielfältigten Sinne gemacht werden kann... Aber auch diese Gruppe darf nicht autonom sein; sie muß mit den Kräften zusammenarbeiten, die hier gesellschaftsverändernd arbeiten; sie muß auf deren Hilfe angewiesen sein und ihnen Hilfe zukommen lassen.

Können Sie ein Arbeitsprojekt nennen?

Günter Wallraff: Ja, zum Beispiel sich ein Jahr lang ausschließlich der Situation der ausländischen Arbeiter widmen, mit ausländischen Gruppen zusammenarbeiten, dann aber auch Wirkungen, Aktionen mit initiieren... Das ist eine Form eines aktiven Journalismus, wie er bisher eigentlich nicht gemacht wurde, weil ein einzelner dieser Sache nicht gewachsen war.

Eulenspiegeleien, die gefährlich sind

Alfred Schüler in Züricher Weltwoche, 31.10.1973

In Westberlin kauft eine Hausfrau einen Salzstreuer. Und das kleine Haushaltsgerät, in einem Westberliner Zuchthaus montiert, enthält eine Botschaft. In Kleinstschrift stellt ein Häftling seinen »Fall« dar – daß er unrechterweise einsitze wegen Franz Josef Strauß und der Fibag-Affäre. Der Häftling nennt auch den Adressaten, an den seine Flaschenpost im Salzstreuer, auf gut Glück ins große Konsumgütermeer geworfen, sofort weiterzuleiten sei: Günter Wallraff in Köln. Die Botschaft, tatsächlich am Rhein eingetroffen, erweist sich als eine Wahnidee. Ebenso das SOS eines anderen Westberliner Häftlings, daß an ihm mit Laserstrahlen herumexperimentiert werde.

»Ich muß aufpassen, daß ich nicht zu einer Institution werde, die ich nicht bin«, sagt der 31jährige Bestseller-Autor Günter Wallraff. In Zucht- wie Hochhäusern ist Wallraff, ein sozialistischer Eulenspiegel, dem seine Widersacher indes keine Narrenfreiheit zubilligen, mittlerweile so berühmt wie berüchtigt. Hinter Zuchthausgittern wird er als »Rächer der Enterbten«, im Hochhausglitter hingegen als Frankenstein dämonisiert, der Unternehmerblut schlürft, jedenfalls Public-Relations-Zuckerguß böswillig zerkratzt. Von beiden Seiten wird dieser Autor, der sich selbst als »Dokumentaristen«, als »Wirklichkeitssammler« versteht, sozusagen zum Comic-strip-Helden umfunktioniert.

Erschwitzte Reportagen

Kein nachhaltigerer Unternehmerschreck derzeit – so muß man meinen – als die verspätete Einsicht: »Wallraff was here.« Das ist das Markenzeichen des gelernten Buchhändlers. Seine Industriereportagen sind nicht aus dem Archiv oder über eine Pressestelle recherchiert, sondern erschwitzt. Der »Wortarbeiter, der nicht länger die Schutzbezeichnung Künstler tragen will«, mischt sich unter die Handarbeiter, er arbeitete zwei Jahre lang in fünf Betrieben als Industriearbeiter, lebte als Obdachloser in einem Asyl, als Alkoholiker im Irrenhaus, spielte den freiwilligen Helfer in einem Luftschutzlehrgang, mimte einen Spitzel-Eleven bei Verfassungsschutz und Politischer Polizei, testete die katholische Moraltheologie als angeblicher Napalm-Bomben-Hersteller in Gewissensnot, erkundschaftete als fingierter Ministerialrat Kröver, was deutsche Industriebetriebe an bewaffneten Werkschutzeinheiten vorbereiten, kurz, er frischte die ein halbes Jahrhundert alte Methode eines Upton Sinclair auf, der ebenfalls als »muckracker« verteufelt wurde. Damit ist er so verhaßt worden, daß ein Unternehmerwarndienst einen »Steckbrief« über diesen Falscharbeiter erstellt hat. Damit wurde Wallraff so ausgeprägt zum Lehrstückgegner, daß das Duttweiler-Institut am Zürichsee ihn unlängst zu einer »Verunsicherungswoche« für angehende Manager einlud, was er ablehnte, und daß der Vorstand der IBM-Deutschland ihn zur Schulung seiner Führungskräfte heranzog, was Wallraff tatsächlich zweimal vor 12 aufsteigenden IBM-Direktoren mitmachte: »Eine komödienreife Situation«, wie er's sieht. Damit hat er aber auch erreicht, daß über die Erfolge seiner Bücher, die inzwischen in rund 500000 Exemplaren verbreitet sind, zwar im Feuilleton, über die Folgen dieser »Aktionsliteratur mit Sprengkraft« hingegen im politischen Teil berichtet wird. Seine Literatur sei »eine produktive Provokation«: »Das tabuisierte Thema – die Probleme der Mehrheit – ist zum Hauptthema geworden, nicht mehr die Innerlichkeit privilegierter Schichten.«

Grundsätzlich allerdings muß man, als Greenhorn in der Bundesrepublik, schlichtweg den Kopf schütteln über diese nur-deutsche Köpenickiade: Daß ein Autor mit seiner Wortschleuder es schaffen konnte, bundesdeutsche Millionäre und Milliardäre, Prinzipale und Patriarchen so zu reizen, daß sie jede Verhältnismäßigkeit vergaßen, eine eher atavistische Klassenangst bloßlegten, wie wenn die nadelgestreifte Lässigkeit, diese Köpcke-Glasur, die deutsche Manager in Jet-Wartehallen, DB-Speisewagen und Chefetagen zur Schau stellen, eine Tünche wäre, die bei Temperaturanstieg schmilzt und dann das durchschimmert, was der Münchner Polizeipsychologe Sieber die »deutsche primitive Rachegesellschaft« genannt hat.

Das neue Wallraff-Buch *Ihr da oben, wir da unten* (Kiepenheuer & Witsch), nach sechs Wochen bereits im 75. Tausend und bekannter, als es die komplexeren, variationsreicheren *13 unerwünschten Reportagen* nach drei Jahren waren – diese »Betriebsklima-Prüfung« in 13 Unternehmen (Henkel, Flick, Horten, Thurn und Taxis, Fichtel und Sachs) hat einen Konzerngoliath zu einem absurden Hickhack gegen diesen Wortdavid animiert, 66 Seiten in diesem 380-Seiten-Report, 66 Seiten über den Kölner Assekuranz-Konzern Gerling, bei dem Wallraff zwei Monate lang als unerkannter Bote gearbeitet hatte und dessen vormerkantilistischen Führungsstil er aus der Pförtnerloge beobachtete und in der gewiß schiefen Personalperspektive rapportierte, haben diese deutsche Milliardeneiche in eine Erregung gegen diesen roten Fliegenpilz gesteigert, die nachdenklich stimmen muß.

Sprecher der Analphabeten

Bei einem privaten Abendessen im Gerling-Hochhaus gerieten sich vor wenigen Wochen Konzernchef Dr. Hans Gerling, Genscher-Freund, und Mildred Scheel, Außenminister-Gattin, so ruppig noch vor der Suppe in die Wolle – wegen eines *Monitor*-Berichtes über das Wallraff-Buch –, daß die übrigen Gäste sprachlos blieben. Der Gerling-Konzern heuerte und honorierte einen Spitzel, der in der Wallraff-Wohnung das erweiterte Gerling-Kapitel vor der Veröffentlichung fotografierte, ein unveröffentlichtes Manuskript, das auch die Konzernvergangenheit darstellt, als Gerling in der Nachkriegszeit mit Baskenmütze ins Geschäft radelte. Dieser Spitzel hat jetzt, Konzerngast auf den Kanarischen Inseln, ausgepackt. Dort soll er nicht nur den Besuch des Konzernsprechers Dieter Rolfes, sondern auch den eines begleitenden Herrn Scholz erhalten haben, der sich als Verfassungsschutzmitglied vorstellte. Zuvor waren bei Wallraff zwei Herren aus Berlin erschienen, die anboten, über den Verfassungsschutz den Aufenthaltsort des Spitzels ausfindig zu machen, falls das mit Informationen über Wallraffs Rußland-Reise entgolten werde.

Ferner, Zufall oder nicht: Der Wallraff-Verlag Kiepenheuer & Witsch, der alle Versicherungen just mit Gerling abgeschlossen hatte, wurde kürzlich mit erhöhten Prämienforderungen konfrontiert. Zufall oder nicht: Das Kölner Privatbankhaus des Ivan D. Herstatt, eine Gerling-Geldbank, verkürzte dem Wallraff-Verlag kürzlich die Laufzeit der Kredite. Weiter: Als Wallraff in einem teuren französischen Restaurant in Köln aß, raunten, räusperten und rechteten schließlich Manager am Nebentisch lauthals durchs Lokal: »Der Sprecher der Analphabeten!« Die Frau eines deutschen Krösus (und Wallraff-»Opfers«) sagte zu mir, mit einer verbilligten Perspektive zu 1938: »Das ist die ›Kristallnacht‹ der deutschen Unternehmer.« Ähnlich, wie nach einer Sprachregelung, schrieb Fürst

Waldburg zu Zeil und Trauchburg, Riesengrundbesitzer und anderes Wallraff-»Opfer«, an Kiepenheuer & Witsch, daß er sich an die Nazizeiten erinnert fühle, in denen mit Wallraff-Methoden »Juden und Zigeuner« verfolgt wurden.
(...)
Ein anderes Wallraff-»Opfer« sagte mir: »Ich kann den Namen Wallraff nicht mehr hören« – als ob der Leibhaftige neuerdings in Köln-Ehrenfeld säße –, und gab mir ein Dossier, welches das Kölner Unternehmer-»Institut der Wirtschaft« auf 25 hektographierten Seiten über den Autor anonym zusammengestellt hat. Darin wird die »Partisanentaktik« angeprangert: »Bei den Wallraffschen Veröffentlichungen handelt es sich um üble sozialpolitische Hetze, um Klassenkampf-Machwerke.« Dann wird einfach befunden: »Für die von ihm verbreiteten Unternehmens- und Industriebilder fehlt in der Bundesrepublik Deutschland jedes Original.«
Richtig, alle seine olympischen Originale hat Wallraff nur in der verzerrenden Parterre-Perspektive, nie »eyeball-to-eyeball« porträtieren können. Auch Gerling hatte er vor der Veröffentlichung um ein Gespräch gebeten, »weil ich ihn so, ohne Begegnung, in seiner Persönlichkeit nicht in den Griff kriegte, und wenn ich ihn getroffen hätte, dann wäre ich ihm vielleicht gerechter geworden«. Aber, auch dieser Brief wurde nie beantwortet.
Eine Konfrontation hatte es nur mit einem Konzernlenker gegeben, mit dem 66jährigen Melitta-Boß Horst Bentz in Minden, 8900 Beschäftigte und 740 Millionen Umsatz. Dort war das Inkognito des Melitta-»Hilfsarbeiters« gelüftet worden – Bentz: »Sie haben nicht nur Freunde!« –, und die Arbeitsbedingungen hatten sich danach zusehends verbessert. Schließlich saßen sie sich gegenüber: Bentz mit Anwalt, Wallraff mit einem Zeugen, jeder ein Kassettentonbandgerät der gleichen Marke, die Mikrofone wie zum Duell gekreuzt.
In diesem Gespräch legte Wallraff einige Informationen über

Melitta-Geschäftspraktiken auf den Cheftisch, gegen die, falls sie veröffentlicht werden würden, Alleinherrscher Bentz einen Millionenprozeß androhte. Und Wallraff veröffentlichte sie nicht, weil er damit seine Informanten gefährdet hätte. Max von der Grün, Arbeiterautor und Nestor der Dortmunder *Gruppe 61*, hatte Wallraff, dem Prominentesten im *Werkkreis Literatur der Arbeitswelt*, einem radikalen Ableger der Dortmunder Gruppe, vorgeworfen, daß er andere Leute über die Klinge springen lasse, rücksichtslos mit amerikanischen Methoden einer Story nachjage. Wallraff indes beteuert, daß seine Reportagen noch nie jemanden den Arbeitsplatz gekostet hätten – daß er, wie im Melitta-Fall, auf Veröffentlichung verzichtet, wenn ein Informant gefährdet wird. Darin, daß er sich einen Rausschmiß aus einem Unternehmen leisten könne, während ein anonymer Arbeiter dieses Risiko nicht eingehen könne, sieht er eine Differenz seiner härteren Literatur zur fiktiveren, kollektiveren *Werkkreis*-Literatur, deren Programm er mitformuliert hatte.

»Industrie-Literatur«

Von Arbeitern – und nicht mehr nur von Studenten und Intellektuellen – erhält Wallraff die meisten Zuschriften, die stärkste Resonanz. Arbeiter kommen heutzutage spontan auf diesen Streiter zu: »Du, brauchst du nicht wieder mal falsche Arbeitspapiere? Hier ist meine Lohnsteuerkarte.« Angestellte seien weniger solidarisch oder gesprächig. Trotzdem hatte er im Gerling-Konzern »Spitzel bis in die höhere Ebene«, und als er nach seiner Botenzeit mit einer Kleinanzeige im *Kölner Stadtanzeiger* – die *Kölnische Rundschau* hatte diese Anzeige abgelehnt – weiteres Material von Gerling-Angestellten suchte, meldeten sich 35 Gerling-Bedienstete, von denen 15 brauchbares Material beisteuerten.

Was kann diese »Industrie-Literatur«, die sich von der »Literaten-Literatur« abheben will, die Zielgruppe der Arbeitnehmer anpeilt, die wirken will – was kann sie erreichen? In den Paderborner »Benteler Werken« wurde ein Betriebsrat organisiert, nachdem klar war: »Wallraff was here.« Aber beim Lebens- und Rückversicherer Gerling? »Willkürmaßnahmen, die an der Tagesordnung waren, werden nicht mehr möglich sein. Die Poststellenleute, meine früheren Kollegen, haben eine Zulage von 100 DM erhalten. Vielleicht rette ich sogar leitende Angestellte vor einem Herzinfarkt, seit sie wissen: so ein Konzern ist nicht so mächtig, wie man glaubt. Banale Mittel reichen aus, ihn zu erschüttern.«
Die finanziellen Erfolge des neuen Bestsellers ermöglichen ihm eine unverzettelte Arbeitsspanne von drei Jahren, in denen er zwei größere Projekte anpacken will. Seine Andeutungen darüber sind vage, »um nicht schlafende Hunde zu wekken«. Wallraff erlernt in einem Intensivkurs eine bestimmte Fremdsprache, um dann über ein Jahr hin als Fremdarbeiter zu leben. Und er wird gleichzeitig in einen Bereich eindringen, der ähnlich abgeschirmt sein soll wie die Bundeswehr.

Der Hungrigen Speisung

Methodisch hat er sogar brisantere Projekte. »Ich stelle mir einen Schlüsselroman vor«, sagte er im vergangenen Juli vor den »Werkkreis«-Autoren in Nürnberg, »ähnlich wie der ›Pate‹, nur weniger psychologisierend, als Gangsterboß etwa Schleyer von Daimler-Benz, ausgehend von seiner SS-Zeit bis zu seinen jetzigen Praktiken im Unternehmerlager. Ich glaube, da ließen sich mehr Krimihöhepunkte herauskristallisieren als in manchem fiktivem Gangsterroman.«
Kurz, »Ironie ist noch immer eine starke Waffe... diese Ironie kann verunsichern, Respektlosigkeit hervorrufen, Mäch-

tige zu selbstentlarvenden unbedachten Reaktionen provozieren«. Einen geschärften Sinn für Ironie muß man diesem Spaßvogel zubilligen: Als er während seiner Gerling-Zeit ein schwedisches Fernsehteam am hellichten Tage in die leere 14. Chefetage schleuste – Gerling ist auch schwedischer Generalkonsul –, da lenkte er den Kollegen in der Pförtnerloge mit einem Starfighter-Test ab: die Augen mit einem Schal verbunden, mühte sich dieser treue Gerling-Bedienstete mit beiden Händen gleichzeitig ab, das Wort »Gerling-Konzern« zu schreiben. Unterdes entwischten die TV-Leute in die Etage des Hausherrn, um dort den Schalk Wallraff respektlos auf dem Cheftisch zu filmen.

Mit einer Prise Ironie, mit einem Schuß Contenance könnten schließlich jene Gerling-Manager endlich Trost finden, die es nicht verwinden können, daß Wallraff sich in seiner Botenuniform ins Direktionskasino mischte, dort Platz nahm, »ein Zeichen setzte«, Verköstigung erbat, aber natürlich nicht erhielt – den Trost, daß es dem Wallraff-Verleger Dr. Neven DuMont auf der Frankfurter Buchmesse im Grunde noch schlimmer ergangen ist als ihnen: Als Kiepenheuer & Witsch im feinen »Hessischen Hof« einen Verlegerempfang gab, bei dem mehr aufgetafelt worden war, als verzehrt werden konnte, da holte Günter Wallraff, der es »bedrückend fand, mit so einem Buch in diesem Rahmen aufgeputscht zu werden«, nolens volens vom Frankfurter Hauptbahnhof ein rundes Dutzend Hungriger zur intensiveren »Nutzung des teuren Essens« im »Hessischen Hof«. Verleger Neven empfand das nicht als weitere Provokation seines Hausautors. Nein, er zahlte die halbe Zeche der hungrigen Bahnhofsgäste. Die andere Hälfte bestritt Günter Wallraff – mehr hilfloser Idealist als systemzerstörender Dogmatiker, einer, der auszieht, immer wieder, das Fürchten zu lehren, aber nicht fassen kann, daß die Welt nicht so ist, wie sie nun mal sein sollte.

Dichtung als Waffe im Klassenkampf, am Beispiel Günter Wallraff

*Eine Dokumentation des Instituts der deutschen Wirtschaft**

Der »Industrie- und Arbeiterdichter« Günter Wallraff genießt in der Bundesrepublik einen breiten publizistischen Aktionsradius. Bei Wallraff haben wir es nicht mit einem Dichter der industriellen Arbeitswelt zu tun, vielmehr hat er eine Form der Darstellung entwickelt, die zwischen Journalismus und Dichtung zum Instrument handfester Agitation geworden ist. Die Wirklichkeit der Arbeitswelt spielt hierbei eine geringe Rolle. Was Wallraff beschreibt, ist eine Scheinwelt, weil stereotyp alle Konflikte entsprechend der marxistischen Analyse auf den Grundwiderspruch von gesellschaftlicher Produktion und privater Aneignung zurückgeführt werden. Es ist nicht davon die Rede, was die Menschen von Grund auf bewegt, sondern alle Konflikte werden als innerbetriebliche Reibungen, Auseinandersetzungen mit der Werksleitung oder den Gewerkschaftsbossen, als Erscheinungen der kapitalistischen Korruption und des Leistungszwangs beschrieben. Ziel Wallraffs ist es, bei den Arbeitern und Angestellten ein Klassenbewußtsein zu erwecken, das letztlich zur Überwindung des gesellschaftlichen Systems führen soll.

* *Dichtung als Waffe im Klassenkampf* ist eine 25seitige Broschüre, die das Kölner »Institut der deutschen Wirtschaft«, der Schäferhund der deutschen Unternehmer, nach Wallraffs Gerling-Aktion veröffentlicht hat. Ursprünglich nur für den Hausgebrauch bestimmt, flatterte die Drucksache schon kurz nach Erscheinen auf die Schreibtische von Journalisten, Unternehmern, Funktionären. Die Broschüre kann über das Institut der deutschen Wirtschaft bezogen werden; kostenlos. Nachstehend einige Zitate aus der Drucksache, und im Anschluß ein Kommentar dazu von Hans Otto Eglau, dem Wirtschaftsredakteur der Hamburger Wochenzeitung *Die Zeit*.

Wallraff stößt selbst bei eher konservativen Zeitungen und Zeitschriften auf Resonanz; seinen Veröffentlichungen wird breiter Raum gewidmet. Die *Deutsche Zeitung / Christ und Welt* berichtet über Wallraff, auch der *arbeitgeber*, das offizielle Organ der Bundesvereinigung Deutscher Arbeitgeberverbände, brachte im Jahr 1968 einen Beitrag von Wallraff. Die *Frankfurter Allgemeine Zeitung* billigte in einer Rezension der *13 unerwünschten Reportagen* sogar Wallraffs unorthodoxe Methoden der Informationsbeschaffung: »Die 13 Reportagen Wallraffs legitimieren über alle juristischen Bedenken hinweg die Methoden des Autors... Diese 13 Reportagen können nur Beispiele sein für die vielfältig versteckten oder verschleierten Machtüberschreitungen bzw. unsozialen Vorgänge in unserer Gesellschaft, aber sie sind markante journalistische Versuche der Aufklärung.«

(...)

Zur Verfolgung der Intellektuellen in der Sowjetunion bezieht Wallraff einen klaren Standpunkt... Für Wallraff stehen die verfolgten sowjetischen Schriftsteller »rechten Kräften« im Westen zu nahe. Meinungsfreiheit gilt also nicht für jeden. Wallraff berichtet (nach seiner Rückkehr vom sowjetischen Schriftsteller-Kongreß in Alma Ata):

»Es haben mir viele der systemkritischen sowjetischen Schriftsteller immer wieder gesagt, daß die Mehrzahl der genannten Dissidenten geistig einem Franz Josef Strauß näherstehen als einer gemäßigten Sozialdemokratie.«

Die in westlichen Ländern geführte Diskussion zugunsten der sowjetischen Schriftsteller wird offensichtlich von Wallraff keine Unterstützung erfahren, denn im gleichen Interview sagt er aus, daß es nur zu bedauerlich sei, daß zur Zeit im Westen falsche Fronten hergestellt würden, daß hierzulande reaktionäre Kräfte die augenblickliche Situation in der Sowjetunion ausnützten und über die Entspannungspolitik herfielen.

(...)
Die vorliegende Dokumentation zeigt: Wallraffs zweifelhafte sozialpolitische Reportagen sollen als Instrument des Klassenkampfes eingesetzt werden. Kennzeichnend für die von Wallraff nach seinen »Recherchen« beschriebenen Betriebe ist ein gemeinsamer sozialer Standard, wie ihn nur die geübtesten Klassenkampfideologen ersinnen können. Bei den Wallraffschen Veröffentlichungen handelt es sich um so üble sozialpolitische Hetze, um Klassenkampf-Machwerke, die den Titel »Industriereportagen« nicht verdienen. Für die von ihm verbreiteten Unternehmens- und Industriebilder fehlt in der Bundesrepublik Deutschland jedes Original.
Auf schärfste Ablehnung müssen die von Wallraff verwendeten Methoden der Informationsbeschaffung stoßen. Wallraff bedient sich unter anderem fingierter Amtsbezeichnungen, des Anstellungsbetruges und Vertrauensbruchs und rechtfertigt sich damit, daß er sich in Notwehr befinde. Er nimmt für sich in Anspruch, die Gesetze zu überschreiten, wenn er dies für notwendig halte. Wo die allgemeine Rechtssicherheit bliebe, wenn dieses Recht jeder für sich in Anspruch nähme, liegt auf der Hand. Wallraffs Standpunkt führt in der Konsequenz dazu, daß der Zweck jedes Mittel heiligt und damit jedes Verantwortungsgefühl verlorengeht.

Der Spion, der als Bote kam

von Hans Otto Eglau
in: »Die Zeit«, 26. 10. 1973

Zehn Jahre lang ärgerte Günter Wallraff Konzerngewaltige, Bischöfe und Behördenchefs bis aufs Blut... Mit einem tolldreisten Coup krönte er kürzlich seine ungewöhnliche Recherchen-Praxis. Unter falschem Namen ließ er sich in der Hauptverwaltung des Kölner Versicherungskonzerns Gerling als livrierter Bote anstellen. Durch gezielte Provokation rüttelte er an den überkommenen Privilegien der Gerlingschen Führungskaste und machte durch ein »Happening« im luxuriösen Chefzimmer von Konsul Hans Gerling die »feudalherrliche Stellung« (Wallraff) des Versicherungsunternehmens lächerlich.
Hatte sich die Industrie bislang damit begnügt, mit dem Versand eines Wallraff-Steckbriefes arglose Personalchefs in die Lage zu versetzen, den als einfachen Stellungssuchenden getarnten Reporter zu entlarven, reagierten nach der in den Massenmedien genüßlich kolportieren Gerling-Groteske die Herren der Industrie unerwartet heftig. In einer umfangreichen Studie mit dem Titel *Dichtung als Waffe im Klassenkampf* disqualifizierte das Sprachrohr der Arbeitgeber, das »Institut der Deutschen Wirtschaft«, Wallraffs Veröffentlichungen als »sozialpolitische Hetze« und »Klassenkampf-Machwerke« und den Autor... als kommunistischen Psychopathen.
(...)
Nach der Gerling-Köpenickiade hielt Günther Triesch, Leiter der Abteilung I (Unternehmerische Politik) im »Institut der Deutschen Wirtschaft«, die Zeit für gekommen, der Wespe im Genick deutscher Unternehmer den Garaus zu machen. Aber

anstelle einer sachlichen Entgegnung auf Wallraffs Kritik an verstaubter Untertanengesinnung und menschenunwürdigen Arbeitsmethoden gab Triesch bei seinem Fachreferenten Breitsprecher etwas anderes in Auftrag: eine Dokumentation, die den Schriftsteller zu einem psychiatrischen Fall abstempeln sollte. Den Beleg für seine »Krankschreibung« fand Breitsprecher in einer vom Autor selbst wiederholt erzählten Episode. Gegen seinen (mit Gewissensgründen motivierten) Widerstand zum Wehrdienst eingezogen, weigerte sich Rekrut Wallraff 1963 mehrere Monate lang, eine Waffe in die Hand zu nehmen. »Ich mußte«, so erzählt der Autor, »dafür mit einem Stock in der Hand zehn Meter hinter den anderen hermarschieren. Ich habe dann einfach ein Blumensträußchen an den Stock gesteckt und bin für mein Verhalten schließlich in die psychiatrische Anstalt eines Bundeswehrlazaretts eingewiesen worden.« Die Diagnose der Ärzte – »Abnorme Persönlichkeit – verwendungsunfähig auf Dauer« – ist (ohne Schilderung der näheren Umstände des Falls) lapidar in die Reihe biographischer Daten eingereiht. Abteilungsleiter Triesch treuherzig: »Man darf den Mann doch noch zitieren.«
(...)
Anhand sorgfältig ausgesuchter Wallraff-Zitate gelingt es Autor Breitsprecher, Einzelkämpfer Wallraff in die ganz linke Ecke zu verbannen. So zitiert er beispielsweise aus einem Zeitungsinterview die Feststellung des Autors, wonach verfolgte sowjetische Schriftsteller »rechten Kräften« im Westen zu nahe stünden; von seinem in demselben Interview enthaltenen engagierten Protest gegen die Verfolgung sowjetischer Literaten findet der Leser indes kein Wort. Wallraff selbst sieht sich als »Sozialist, nicht als Anhänger einer dogmatischen Ideologie«.

Günter Wallraff: Nachbetrachtungen

Tonbandprotokoll

Die Industriereportagen erschienen zum ersten Mal 1966 in dem damals noch existierenden Verlag Rütten und Loening in einer Auflage von 2000. Dabei war es für mich schon eine große Ermutigung, daß die Reportagen überhaupt als Buch veröffentlicht wurden, nachdem sie bis dahin zunächst nur vereinzelt hier und da in der Gewerkschaftspresse abgedruckt worden waren. Ich habe damals von meinem Honorar nicht leben können und mußte letztlich von dem, was ich damals, als die Industriereportagen entstanden, als Arbeiter in der Fabrik verdiente, auch meinen Lebensunterhalt bestreiten. Daß es überhaupt zu einem Buch kam, war für mich selbst überraschend. Ich hatte das dem Kollegen Yaak Karsunke zu verdanken, den ich bei einer Lesung der Gruppe 61 kennenlernte.
In der Zeit gab es im Rahmen der Gruppe 61 eine Veranstaltung, an der ein älterer Schriftsteller teilnahm – Armin T. Wegner. Er hatte im »Dritten Reich« einen offenen Brief an Hitler geschrieben, in dem er reklamierte, daß er nicht zu den verbannten Dichtern gehörte, daß da wohl ein Mißverständnis vorliegen müßte. Er hatte bewußt provoziert – und das während der NS-Zeit! Und auf diesen Brief an Hitler hin kam er ins KZ. Er selbst sagte, für einen Schriftsteller sei das der anständigste Ort gewesen.
Wegner, von dem übrigens jetzt, nach seinem Tod, wieder einige Bücher vorliegen, hatte damals den Literaturpreis der Stadt Dortmund erhalten und lernte mich bei der Gruppe 61 kennen, als ich dort 1965 erstmals meine Texte öffentlich las. Wegner fand sofort einen Zugang zu meinen Arbeiten. Nach

der Lesung kam er zu mir und ermutigte mich sehr. Er glaubte, meine Reportagen müßten einiges bewegen können. Und er riet mir, mich nicht durch irgendwelche Kulturkritiker, die mir möglicherweise den ›literarischen‹ Rang absprechen würden, vom Schreiben abhalten zu lassen. Er lud mich nach Italien ein, wo er völlig zurückgezogen in einer Mühle auf Stromboli lebte. Ich hatte damals nicht das Geld, zu ihm zu fahren.
Bald gab es erste Reaktionen, erste Wirkungen. Und zwar in kleineren Zeitschriften wie z. B. den »Werkheften für katholische Laien«, einer linkskatholischen Zeitschrift. Es hat lange gedauert, bis sich die Reportagen herumsprachen und es zu einem größeren Echo kam.
Wenn ich jedoch bis heute immer wieder zu meinen Ursprüngen zurückkehre – für GANZ UNTEN war ich jetzt z. B. schon zum zweiten Mal bei Thyssen (s. S. 73), vor über 20 Jahren habe ich dort ein halbes Jahr als Deutscher gearbeitet –, dann hat das auch damit zu tun, daß ich dort angefangen und meine Identität gewonnen habe.
Vor der Zeit bei Thyssen lag die Zeit bei der Bundeswehr, als ich noch sehr weltabgewandt war und Lyrik geschrieben habe. Die Außenwelt habe ich damals gar nicht so wahrgenommen, ich erinnere mich an ein Zitat aus meinem Tagebuch: »Die Realität entstellt die Dichtung.« Und dann bin ich in diese Willensbrechungsmaschinerie, die Bundeswehr, hineingeraten und bin gezwungen worden, mich mit der Realität auseinanderzusetzen. Es war eine Wirlichkeit, die ich bis dahin nicht für möglich gehalten hatte. Mir verging erst einmal Hören und Sehen. Was ich da an Willkür, Machtmißbrauch und Schinderei durch einen Apparat erlebte, hat mir die Augen geöffnet und mich so durcheinandergerüttelt, daß ich einfach nicht mehr so schreiben konnte wie bis dahin und mein bisheriges Schreiben als recht jenseitig empfand. Dieses schockartige Erwachen kommt auch in einem Gedicht zum Ausdruck, das in der Zeit entstand:

Ich träumte
das Leben
sei ein Traum
und wachte auf davon
und da war das Leben
gar kein Traum
und da schlief ich
nie wieder ein

Für mich war die Bundeswehr wirklich eine Schule: eine andere allerdings, als es »die Schule der Nation« sein wollte. Und da habe ich angefangen, Tagebuch zu schreiben, auch um das überhaupt durchzustehen. Um mich nicht mürbe machen zu lassen und letztlich aufzugeben, begann ich, Widerstandsformen zu entwickeln – Formen, die übrigens später in der Studentenbewegung populär wurden: Clownerien, Happenings, Zersetzung, Destruktion. Es waren Formen der subversiven Verweigerung, die mir meine Möglichkeiten ließen...

Das war meine erste, gewissermaßen unfreiwillige Rolle. Wenn die Rekruten morgens zu den Gewehrständen flitzten, staken überall oben Feldblumen drin, Gänseblümchen z. B.! Das war lange vor der Portugiesischen Revolution, als die Blume, die rote Nelke, die Friedfertigkeit des Militärs symbolisierte. Alle wußten, daß ich dahinter steckte, aber sie konnten es nicht beweisen.

Ich hatte damals allerdings nicht damit gerechnet, das Bundeswehrtagebuch veröffentlichen zu können. Kontakte hatte ich noch nicht, und ich hatte es zunächst einmal auch nur für mich selbst geschrieben. Dann habe ich es Heinrich Böll zugeschickt, und der hat mich sofort ermutigt, nicht aufzugeben und durchzuhalten. Er hat später in seinem BRIEF AN EINEN JUNGEN NICHTKATHOLIKEN darauf reagiert.

Die Beziehung zu Böll hat mir sehr geholfen, die Zeit bei der Bundeswehr durchzustehen. Heute kann ich so gelassen darüber reden, aber damals hatte mich die Situation total verstört. Die Auseinandersetzungen gingen schließlich bis hin zu physischer Gewalt, es gab Gruppenkeile. Auch andere bekamen Ausgangssperre, solange sie mich nicht zur Räson gebracht hatten. So sollte sich die Situation von selbst regulieren. Einer in der Truppe war schon wegen Körperverletzung vorbestraft. Der bekam vom Kompaniechef die Order, mich zusammenzuschlagen, und er machte es besonders gründlich.

Dabei habe ich angefangen, mich durch meine Aktionen selbst zu behaupten, und ich habe alles aufgeschrieben. Die Truppenführung merkte das schließlich, auch, daß ich Kontakte nach draußen hatte. Unter einem Vorwand brachen sie meinen Spind auf und konfiszierten meine Sachen. Sie versuchten, mir Schwierigkeiten wegen »Wehrkraftzersetzung« zu machen. Als sie feststellten, daß ich nicht locker ließ, wurde ich in die neurologisch-psychiatrische Abteilung des Bundeswehrlazaretts in Koblenz eingeliefert und mit dem Etikett »abnorme Persönlichkeit – verwendungsunfähig auf Dauer für Frieden und Krieg« wieder in die Freiheit entlassen.

Damit hatte die Behörde einen Kriegsdienstverweigerer weniger in der Statistik, und darauf legte man damals sehr großen Wert. Mir war es allerdings darauf angekommen, als Kriegsdienstverweigerer anerkannt zu werden. Ich wollte Zivildienst machen. Mit Tauglichkeitsgrad 6 gehörte ich statt dessen zu den Lahmen, Blinden, Tauben oder Geisteskranken, die nicht das Recht haben, zur Bundeswehr zu gehen oder Zivildienst zu leisten.

Als meine Tagebuchaufzeichnungen gefunden worden waren, hieß es, man würde es nicht als Verstoß gegen die guten Sitten betrachten, den »Patienten« – das war ich – »vom weiteren Wehrdienst zu befreien, wenn er sich mit der Auflage einverstanden erkläre, Veröffentlichungen gegen die Bundeswehr zu unterlassen«. Ich ließ mich natürlich nicht darauf ein, und dann kam ich nach zehn Monaten auch so wieder raus.

Von da an begann die eigentliche Form meiner journalistisch-literarischen Arbeit.
In den Buchhändlerberuf, den ich gelernt hatte, bin ich nicht mehr zurückgekehrt, denn der erschien mir inzwischen einigermaßen unwirklich. Ich bin erst einmal durch Skandinavien getrampt, durch Obdachlosenasyle. Auch da habe ich Tagebuch geführt, und es gab Begegnungen, die lange nachwirkten. Meine Aufzeichnungen hielt ich aber nicht für veröffentlichungsreif. Ich bin dann viel später noch einmal an einzelne Orte zurückgekehrt, mit dem Ziel, darüber zu schreiben (s. ASYL OHNE RÜCKFAHRKARTE, S. 160).
Als »Autor« im öffentlichen Sinne gab es mich damals eigentlich noch gar nicht. Unter heutigen Bedingungen habe ich immer wieder sehr stark das Bedürfnis, so unbekannt und anonym wie zu jener Zeit zu sein. Man erlebt dann alles existentieller, aus einer ganz anderen Sicht. Wenn man bekannt ist und ›dazugehört‹, verschiebt sich alles.
Die Rückkehr zu meinen Ursprüngen – wie für GANZ UNTEN – brauche ich immer wieder. Ich bin dann in einer ganz anderen Weise aufgeschreckt und sensibilisiert. Nach dem freiwilligen Schritt in eine neue Welt, die oft ein Schock ist, entdecke ich ein anderes Leben. Ohne diesen direkten Zugang zur Wirklichkeit würde ich wahrscheinlich den Antrieb zu schreiben verlieren. Oder ich würde nur noch für mich selbst weiterschreiben. Das könnte eine Zeitlang sogar interessant sein, aber bewegen würde das sicher nichts mehr.
Meine frühen Reportagen habe ich noch unter Pseudonym geschrieben, weil ich zu dieser Zeit noch unter meinem echten Namen eingestellt wurde und keine falschen Ausweispapiere brauchte. Mein Pseudonym war übrigens »Wallmann«. Bei den Benteler Werken gab es daher einmal einen Anschlag am Schwarzen Brett: Sehen Sie die Schändlichkeit dieses Vorgehens! Der Mann, der in Wirklichkeit Wallmann heißt, hat sich unter dem Namen Wallraff bei uns eingeschlichen!

Auf diese Weise fand man also auch damals schon immer einen Dreh, sich beim Vordergründigen aufzuhalten, um von den Inhalten abzulenken. Und dazu kam diese geheuchelte, vorgespielte Entrüstung, um die Tatsachen nicht an sich herankommen zu lassen. Das ist eine sehr deutsche Eigenschaft. Vogel verhielt sich jetzt im Zusammenhang mit GANZ UNTEN nicht anders, als die kriminellen Tatsachen an die Öffentlichkeit gelangten. Als Auszüge im »Spiegel« veröffentlicht wurden und Vogel über seinen Anwalt informiert war, ging er hocherhobenen Hauptes und mit ausgestrecktem Zeigefinger auf ein Fernsehteam zu und gab als erste Stellungnahme ab: »Wallraff ist **der** Verbrecher, er hat sogar eine falsche Lohnsteuerkarte benutzt!«
Das ist das Rechtsbewußtsein in diesem Staat! Dieses biedermännische, kleinkarierte und vordergründige »Law-and-order«-Denken hat letztlich auch den Faschismus so fest in der Gesellschaft installiert. Und später in der Bundesrepublik hieß es dann bei Filbinger und anderen: Was damals Recht war, kann heute nicht Unrecht sein!
Auch früher gelang es immer wieder, mich bei meiner Arbeit als ›Rechtsbrecher‹ hinzustellen, und es ist verflucht schwer, unter solchen Umständen auf die eigentlichen Menschenrechtsverstöße zu sprechen zu kommen! Jemand, der ein Kind retten will, das in einem Fluß zu ertrinken droht, muß »Hausfriedensbruch« begehen, weil er einen eingezäunten Garten, der zu einer Villa gehört, durchqueren muß, um zum Fluß zu gelangen, und man hält ihn auf und argumentiert: »Privatgelände! Betreten verboten!«
Bei Brecht in den FLÜCHTLINGSGESPRÄCHEN heißt es: »Der Paß ist der edelste Teil von einem Menschen.« Speziell das Paßgesetz übrigens, auf das man sich immer bezieht, um meine Arbeitsmethode zu kriminalisieren, stammt aus dem »Dritten Reich«. Deutsche stellten damals hier und da Juden und politisch Verfolgten ihre Ausweise zur Verfügung, um

ihnen die Emigration und damit ein Überleben zu ermöglichen. Gegen einen solchen »Ausweispapiermißbrauch« entstand daraufhin das Gesetz. In anderen Ländern gibt es das gar nicht, nicht einmal in den USA.
Bei uns wird »Ausweispapiermißbrauch« immer wieder angezeigt. Kurt Ziesel, Straußvertrauter und früher NS-Schriftsteller, heute Geschäftsführer der Deutschland-Stiftung, hat auch bei meinem neuen Buch wieder Anzeige erstattet. Er ist jetzt damit bei den Gerichten nicht mehr weitergekommen, aber früher hat er damit meine Arbeit zu behindern und zu kriminalisieren versucht.* Ich habe erst angefangen, unter einem anderen Namen zu arbeiten und mir hier und da auch Ausweispapiere zu besorgen, als mein richtiger Name schon zu bekannt war und in den Personalbüros der Firmen sog. »Wallraff-Steckbriefe« kursierten. Ohne »Ausweispapiermißbrauch« und ohne die Übernahme einer fremden Rolle wäre es mir nicht mehr möglich gewesen, die bestehenden Informationssperren zu überwinden und dort die Öffentlichkeit herzustellen, wo sonst allenfalls Hofberichterstatter Zutritt haben. Über meine Arbeitsmethode hat das Bundesver-

* Ziesel brachte einst in Österreich seine Köchin durch Denunziation zur »Aburteilung« vor das »Sondergericht«, weil sie als seine Gutsbedienstete mehrfach gewagt hatte, unter anderem Dinge zu sagen wie: »Ihr Deutschen, schaut's daß hinauskommt's! Wir haben euch nicht gebraucht. Es kommt auch noch mal ein anderer Tag.« Ziesel: »Es ist notwendig, daß die Heimat rücksichtslos gegen solche gesinnungslosen Elemente einschreitet... sie hat eine Gesinnung verraten, die reif fürs KZ ist.«
Das Oberlandesgericht München bestätigt in einem Urteil vom 28.4.75 diese Tatsachen-Behauptung über Ziesel mit »dem klarstellenden Zusatz«, daß er den »Antrag auf Aburteilung durch das Sondergericht nicht allein auf *eine* Äußerung dieses oder ähnlichen Inhalts gestützt habe, sondern daß er die erwähnte Äußerung im Zusammenhang mit angeblichen weiteren ähnlichen *deutschfeindlichen* Äußerungen und Verhaltensweisen der Köchin, durch die er sich angeblich in seinem *Haus- und Hoffrieden* beeinträchtigt gesehen habe, zum Gegenstand seines Antrages auf Verurteilung durch das Sondergericht gemacht habe«, was alles nur noch schlimmer macht.

fassungsgericht – übrigens auf Antrag des Springer-Konzerns – 1983 entschieden. Nach seinem Urteil ist mir meine Art zu arbeiten weiterhin erlaubt, wenn »etwas darauf hindeutet, daß es sich um Mißstände von erheblichem Gewicht handelt, an deren Aufdeckung ein überragendes öffentliches Interesse besteht«.

Der Karlsruher Richterspruch enthielt allerdings auch eine Einschränkung: Mir ging und geht es weniger darum, sogenannte Skandale aufzudecken. Skandalös ist in Wirklichkeit der menschenverachtende Alltag hinter den Fabrikmauern, z. B. die Nicht-Einhaltung gesetzlicher Bestimmungen, die Gesundheit und Leben der Arbeiter schützen sollen. Daß solche Tatsachen öffentlicher Kontrolle entzogen sind, legitimiert meine Arbeitsmethode. Die Rolle, die mir den Zugang zu diesen abgeschirmten Bereichen ermöglicht, ist immer auch ein Schritt in eine fremde Umgebung. Ich setze mich einer neuen Situation aus, erlebe sie gerade dadurch bewußter, daß eine Spannung besteht zwischen der angenommenen und meiner eigenen Identität.

Am Fließband bei Ford (s. S. 18) habe ich noch unter meinem Namen Günter Wallraff gearbeitet, mit der normalen Lohnsteuerkarte. Dort hatte schon mein Vater jahrzehntelang gearbeitet und sich seine Gesundheit ruiniert. In den ersten Gewerkschaftszeitungen, in denen ich schrieb, habe ich die Betriebe noch namentlich erwähnt. Später beim Verlag Rütten und Loening ging das nicht mehr. Dieser kleine Verlag, dem ohnehin das Wasser bis zum Halse stand und der schließlich vom Bertelsmannkonzern geschluckt wurde, hätte nicht gewagt, das zu bringen.

Einzelne Passagen in meinen damaligen Reportagen sind durchaus auch aus einer sarkastischen oder satirischen Grundstimmung heraus entstanden. Und ich glaube, daß diese Richtung meiner Arbeiten von Lesern sehr genau erkannt und nachvollzogen wird, besonders von Jugendlichen. Einmal, weil es mir – trotz Unternehmer-Steckbriefe z. B. – immer wieder gelang, mich in die verbotenen Bezirke der Gesellschaft einzuschleichen. Die Verkleidungen, die ich mir dazu einfallen lassen mußte, haben für sie nichts Anstößiges. Sie regen ihre Phantasie an, die Lust am Abenteuer. Dann sind Eulenspiegeleien drin, weshalb manchmal sogar Kinder die Bücher lesen, einzelne Kapitel sogar in Einzelfällen schon von Neunjährigen. Sie entdecken da die Stellen, an denen mir der Eulenspiegel über die Schultern schaut und dort, wo es scheinbar unerträglich wird, sagt: »Komm, gib's ihnen zurück! Zeig's ihnen! Nimm nicht alles hin!«

In der satirischen Grundhaltung liegt für mich überhaupt die Möglichkeit, sehr vieles auszuhalten. Ich spiele ja keine Märtyrerrolle, es ist eher das Gegenteil. Ich zeige doch, wie man sich als absolut Schwächerer scheinbar Allmächtigen gegenüber zur Wehr setzt und sich auch behaupten kann. Das hat die Literaturkritik durchweg nicht erkannt, sie ist bei uns zu feierlich, zu weihevoll. Darum ist eine gesellschaftlich engagierte Art von Literatur und auch von Film bei uns so dünn gesät.

Allerdings hängt es vom Thema ab, ob eine satirische Grundhaltung möglich ist. Bei einer zermürbenden Fließbandarbeit wird einem der Witz ausgetrieben, da ist kein Platz für eine phantasievolle Form des Sich-Wehrens. Auch bei Thyssen an meinem Arbeitsplatz vor zwei Jahren (GANZ UNTEN) war das so. Danach dann als Chauffeur und Leibwächter gelang mir das wieder. Da konnte ich auch schon einmal einige Stunden im Auto sitzen und warten und mir Gedanken machen. Als Malocher auf der Werft, wo einem bei Kälte die Hände fast erfrieren, verliert man seine Souveränität. Wenn man aber als Gerling-Bote (s. S. 190) in einer Uniform, in der man sich wie ein dressierter Affe vorkommt, mit seinem Wägelchen von Abteilung zu Abteilung geht, dann sieht man diese ganze Scheinwelt und diesen hochgemotzten Rotz. Da kann man reflektieren und wird auch nicht mit der Stoppuhr in einzelne mechanische Bewegungsabläufe zerlegt, wie im Akkord oder am Fließband. Man kann sich zwischendurch auch mal mit Kollegen unterhalten.

In einer Fabrikkantine dagegen ist das schwieriger. Man muß lange anstehen, bis man seinen Fraß hingeklatscht bekommt. Der Kopf hängt einem halb überm Tisch, und danach muß man wieder ganz wach sein. Da wird einem alles ausgetrieben.

Bei meinen ersten Rollen war ich nur in der Wahl der jeweiligen Rolle frei. Danach wurde ich sehr schnell ihr Opfer, reagierte oft nur. Als Gerling-Bote konnte ich erstmals die Rolle selbst aktiver gestalten. So setzte ich mich in meiner Boten-Livree zu den Vorstandsdirektoren ins Kasino und bestellte das gleiche Essen wie sie – unter einem menschlicheren Gesichtspunkt eigentlich etwas Selbstverständliches. Aber im Hinblick auf die feudalen Verhältnisse, wie sie der Konzernherr gewahrt wissen wollte, hatte ich einen Affront begangen, der die anwesenden Direktoren verunsicherte. Das sprach sich wie ein Lauffeuer in der Firma herum.

Die Aktion, auch als Provokation, war eine »Inszenierung der Wirklichkeit«, eine Methode also, die gewöhnlich der Literatur vorbehalten ist. Dabei wird dann nicht nur autoritätsfixiertes, obrigkeitsstaatliches Denken, sondern auch die Trennung von Literatur und Wirklichkeit unterlaufen. Kritiker, die mich immer als »Sachbuchautor« hinstellen, übersehen das oder kommen mit juristischen Argumenten, wenn ich eine Regelverletzung begangen und mich über die Arbeitsteilung zwischen Literatur und Journalismus hinweggesetzt habe. Für viele meiner Arbeiten haben sich denn auch eher Anwaltskanzleien und Gerichte zuständig gefühlt als Rezensenten.

In meinen früheren Texten, die hier zum Teil versammelt sind, steht in erster Linie passiv Erlebtes. Das, was zufällig mit mir passierte, hielt ich fest. Ich befand mich natürlich in einer anderen Situation als meine Kollegen, die dort mit ihrer ganzen Existenz verwurzelt waren. Sie konnten Ereignisse, z. B. das

Erscheinen eines Zeitnehmers, besser einschätzen und damit umgehen als ich mit meinen begrenzten Erfahrungen. Wie ich mich in solchen Fällen am besten zu verhalten hatte, lernte ich erst durch sie.

Zu dem, was ich erlebte, schrieb ich manchmal auf einem Klo auf einen Fetzen Papier nur flüchtige Stichworte auf. Mit solchen Gedächtnisstützen mußte ich dann hinterher die Situation wieder rekonstruieren. Später gab es dann ganz andere technische Möglichkeiten, z. B. Tonbandaufnahmen oder, wie für GANZ UNTEN, die Videotechnik.

Als die Industriereportagen entstanden, herrschten in den Betrieben noch andere Verhältnisse als heute, vor allem eine viel größere Lähmung. Von Klassenbewußtsein konnte keine Rede sein. Der Faschismus wirkte da – auch beim Militär – so stark nach, daß man nur bei einigen älteren Arbeitern, die oft noch im Widerstand gewesen waren, einen kritischen Geist, ein kritisches Bewußtsein finden konnte. Die meisten waren geprägt von der Zeit des Kalten Krieges, von der Adenauer-Ära, in der auch in der Arbeiterschaft Anpassung die verbreitete Haltung war. In den Familien stellten die Frauen das bewahrende Element dar. Wenn man dort hinkam, war es in der Regel so, daß sie warnten: Du verlierst deinen Job! – gerade dann, wenn der Mann reden wollte. Die Frauen hatten allerdings auch ein Gespür dafür, weil sie alles doppelt ausbaden mußten, wenn das Haushaltsgeld hinten und vorne nicht reichte.

Heute ist das ganz anders. In jedem Betrieb, in der kleinsten Klitsche stößt man auf kritisches Bewußtsein, auf kritisches Potential. Da hat durchaus eine Entwicklung stattgefunden, auch wenn sie sich nicht immer in der politischen Wirklichkeit durchsetzt. Wo man auch hinkommt: Die Menschen erzählen. Man muß sie natürlich auf den Punkt fragen. In dieser Hinsicht gibt es in meinen späteren Reportagen auch mehr Widerstandspotential.

Trotzdem haben sich die Probleme, auf die ich bei meiner Arbeit gestoßen bin, nicht grundlegend geändert. Zwar werden heutzutage mehr Konflikte ausgetragen und vieles wird nicht mehr hingenommen. Aber in manchen Bereichen sind die Zustände auch schlimmer geworden. Dabei würde ich gern sagen können, daß das, was ich geschrieben habe, heute überholt ist. Ich wünsche mir, daß meine Arbeiten irgendwann nur noch als historische Relikte für eine Zeit dastehen, die überwunden ist.

Leider ist die Tendenz zur Zeit eher entgegengesetzt. Bei Thyssen, wo ich vor zwanzig Jahren gearbeitet habe (s. S. 73), galten damals noch zahlreiche gewerkschaftlich erkämpfte Rechte. Es gab ärztliche Untersuchungen, eine normale Pausenzeitregelung, normale Arbeitszeit und Milchrationen in den Staubbereichen sowie hier und da wenigstens Staubmasken. In den Kolonnen, die heute in den entsprechenden Bereichen eingesetzt sind, überwiegen die Leiharbeiter, die diese Rechte überhaupt nicht haben. Diese Leiharbeiter sind überwiegend Ausländer, aber auch Deutsche, die lange arbeitslos waren.

Sicherlich hat sich die Industriewelt insgesamt verändert. Die Löhne sind höher, zumindest für die Stammarbeiter. Aber die vielgelobte Modernisierung, die Einführung neuer Techniken, die immer mit Massenentlassungen verbunden war, wird dazu benutzt, die Arbeiterschaft mehr und mehr zu spalten: in diejenigen, die noch feste Arbeitsplätze haben, und diejenigen, die nur noch über Zeitverträge arbeiten können. Die werden je nach Bedarf hin- und hergeschoben. Der Trend geht immer mehr in diese Richtung. Was sich letztlich als ein Rückfall in frühkapitalistische Verhältnisse ausnimmt, wird dann von der jetzigen Regierung als »Flexibilisierung der Wirtschaft« politisch gefördert.

Meine heutige Identität hat sich über die verschiedenen Stadien meiner Arbeit in den letzten Jahrzehnten entwickelt. Bevor ich mich für meine Reportagen so unmittelbar auf die gesellschaftliche Wirklichkeit eingelassen habe, gab es mich fast gar nicht! Ich hatte ein extrem unterentwickeltes Selbstbewußtsein, das ging bis zur Identitätslosigkeit. Etwa im Sinne von Rimbauds Satz: »Ich ist ein Anderer.« Ich würde sagen: »Ich ist das Durchgehen durch viele andere.« Indem man sich nicht auf die eigene Zufälligkeit verläßt, bildet sich eher eine eigene Persönlichkeit.

Die verschiedenen früheren Reportagen und andere Arbeiten, die in diesem Band zusammengestellt sind, haben mittlerweile ihre eigene Geschichte. Ich werde darauf immer wieder angesprochen, gerade von Gewerkschaftern, Ärzten, Sozialarbeitern usw. Häufig sind sie über eine Schullektüre das erste Mal darauf gestoßen oder haben die Texte in ihrer Jugend von sich aus gelesen. Viele sind aufgestört worden, als sie so von Dingen erfuhren, von denen sie vorher, in ihrem sozialen Zusammenhang, nichts wußten. Nach der Lektüre haben sie angefangen, sich selbst anders zu verhalten, ihre Umgebung kritisch zu hinterfragen. An einer solchen Wirkung läßt sich zeigen, daß Literatur Menschen verändern kann. Auch bei mir haben Bücher – z. B. Wolfgang Borcherts ›Draußen vor der Tür‹, oder Heinrich Böll, Brecht, Tucholsky, B. Travens ›Das Totenschiff‹ oder Romane von Jack London – vieles ausgelöst und so zu meiner Art Engagement beigetragen. Das Märchen, Literatur genüge sich selbst, ist widerlegt.

Einige der jüngeren Leser haben die Kraft gefunden, sich gegen eine scheinbare Übermacht zu stemmen, die regional bestimmt oder vom Elternhaus vorgegeben war. Davon berichten Zuschriften und Briefe, die mich immer wieder erreichen. Sie kommen aus allen möglichen Bereichen. Häufig geht es um die Berufswahl. Jemand, der vom Elternhaus für eine vordergründige Karriere vorgesehen war, erzählt, daß er einen sozialen Beruf gewählt hat, um das Leben und andere Lebensbereiche selbst kennenzulernen. Immer wieder erlebe ich, daß meine Arbeit in den Gewerkschaften von den Funktionären zum Anlaß genommen wird, sich basisorientierter zu verhalten und erst gar kein Funktionärsgehabe zu entwickeln. Junge Leute ließen sich als Jugendsprecher in Betrieben aufstellen, in denen die Gewerkschaft nicht geduldet war, und standen das durch, auch auf Dauer, obwohl sie sich damit große Schwierigkeiten einhandelten.

All das zu sehen, ist wichtig. Denn es gibt auch genügend Gründe für ein eher pessimistisches Bild. Die großen Erwartungen früherer Jahre erscheinen nicht mehr erfüllbar. Wenn man sehr jung ist, meint man natürlich, man erlebt noch eine grundlegende Veränderung. Man hofft auf Demokratisierung, die eine Gesellschaft durchgehend neu gestaltet, die Hierarchie von oben nach unten beseitigt, und darauf, daß die Entfremdung der Arbeit aufzuheben sei. Wenn man dann älter wird, merkt man, daß sich bisher da nichts Grundsätzliches tut! Zumindest wird bewußt, daß man es nicht mehr erlebt. Solche Einsichten sind bitter. Aber es kommt bei mir auch immer wieder die Entscheidung weiterzumachen. Vor allen Dingen, wenn ich mich über mich selbst hinaus definieren kann – im Hinblick auf Nachkommen im weitesten Sinne, die die Arbeit aufnehmen und fortführen. Das ist eine Möglichkeit, Depression und Resignation zu überwinden.

Quellennachweis

Mein Tagebuch aus der Bundeswehr, *aus: G. Wallraff, Befehlsverweigerung, 1984, S. 19–24*

Am Fließband – Im Akkord – Im Stahlrohrwerk – »Sinter zwo« – im Stahlwerk, *aus: Industriereportagen (1963–1966), in: G. Wallraff, Befehlsverweigerung, 1984, S. 68–181*

Die Judenehrung von Paderborn, *aus: G. Wallraff, Enthüllungen, 1985, S. 133–145*

Die Bob-Hansen-Story, *aus: G. Wallraff, Enthüllungen, 1985, S. 271–282*

Asyl ohne Rückfahrkarte – Als Alkoholiker im Irrenhaus, *aus: 13 unerwünschte Reportagen, in: G. Wallraff, Bericht vom Mittelpunkt der Welt, 1984, S. 10–34*

Gerling Konzern, *aus: B. Engelmann, G. Wallraff, Ihr da oben – wir da unten, 1973, S. 211–258 (gekürzt)*

KIEPENHEUER & WITSCH

GÜNTER WALLRAFF
GANZ UNTEN.

Wallraff war wieder da.
Diesmal »ganz unten«. Da, wo es vom Arbeitsmarkt zum Sklavenmarkt nur ein Schritt ist, wo Arbeit tödlich werden kann und der Mensch aufhört, Mitmensch zu sein.
Zwei Jahre lang war Wallraff Ali Levent: u.a. als Hilfskraft bei McDonalds, bekehrungs- und integrationswilliger Moslem bei Pfarrern, Versuchskaninchen beim Medikamentenversuch, Illegaler auf einer Großbaustelle, Arbeiter bei einer Kolonne von Leiharbeitern bei Thyssen. Mit der List seiner Rolle provozierte er die oft makabre und bis ins Absurde gesteigerte Entmenschlichung gegenüber dem, der nicht dazugehört, erfuhr er den Alptraum einer Arbeit, die den Menschen buchstäblich »verheizt« im Dienste des Profits.
Daß sich in den Grauzonen unserer Arbeitswelt ein Rückfall ins frühkapitalistische System vollzieht – seit der »Wende« aggressiver denn je – Wallraff belegt es, durch das radikale Einbringen seiner Person, mit erschütternder Deutlichkeit.

Günter Wallraff
Neue Reportagen, Untersuchungen und Lehrbeispiele
Neuausgabe

KiWi 96

In seiner mittlerweile klassischen Reportagensammlung *Neue Reportagen, Untersuchungen und Lehrbeispiele* aus dem Jahre 1972 finden sich bereits alle Themen, die Günter Wallraff auch in den folgenden Jahren in seinen Büchern so nachdrücklich in das Bewußtsein der Öffentlichkeit gebracht hat: Niedriglohnausbeutung (hier von Frauen bei Heimarbeit), die Lebenssituation der sogenannten »Gastarbeiter« und auch schon die Manipulationsmaschine BILD-Zeitung. Ein Autor, der sich treu geblieben ist.

Günter Wallraff
Der Aufmacher

Der Mann, der bei BILD Hans Esser war
KiWi 2

Günter Wallraff, der sich die Aufgabe gestellt hat, dunkle nicht öffentliche Bereiche unserer Gesellschaft öffentlich und durchschaubar zu machen, ist ein Autor, der bei der Wahrheitssuche und Realitätsforschung seine ganze Existenz ins Spiel bringt, um ganz nah an die Dinge heranzukommen. Von einem solchen schon legendär gewordenen Alleingang handelt sein Buch *Der Aufmacher. Der Mann, der bei BILD Hans Esser war.*

Günter Wallraff
Zeugen der Anklage

Die ›Bild‹-beschreibung wird fortgesetzt
KiWi 17

Der Aufmacher, Günter Wallraffs Bestseller über seine Erlebnisse als Springer-Redakteur, war erst der Anfang. Jetzt enthüllt »der Mann, der bei BILD Hans Esser war«, die Struktur und journalistische Praxis eines Meinungskonzerns, dem weder Gesetz noch Moral Grenzen setzen. Wallraff entdeckte Protokolle über illegale Recherchiermethoden und unglaubliche Redaktionsbesprechungen. Er berichtet über die Opfer der BILD-Zeitung und läßt Zeugen zu Wort kommen, die über jahrelange Erfahrungen in diesem Blatt verfügen.

Günter Wallraff
Bild-Störung

Ein Handbuch
KiWi 77

Für *Bild-Störung* trug der Autor eine Fülle von Material über die Arbeitsmethoden der BILD-Redaktion und die Politik des Springer-Konzerns zusammen, Dokumente, Analysen und Selbsterfahrungsberichte. BILD-Redakteure berichten als Insider von ihrer Arbeit, Opfer der Verleumdung und Beleidigungen kommen selbst zu Wort und stellen ihren Fall dar. Als Hilfe zur Selbsthilfe enthält der Band eine Reihe von Beispielen, in denen sich Betroffene mittels des Presserechts erfolgreich gegen den Springer-Konzern wehren konnten.

Günter Wallraff
Befehlsverweigerung

Die Bundeswehr- und Industriereportagen
KiWi 66

Günter Wallraff
Bericht vom Mittelpunkt der Welt

Die Reportagen
KiWi 67

In einer neuen Ausgabe legt der Verlag die Reportagen Günter Wallraffs mit bisher unveröffentlichten Arbeiten vor, die vor seinen BILD-Bänden entstanden sind und seinen Ruf als Autor engagierter Sozialreportagen begründet haben.
Neben den Bundeswehrtagebüchern enthält der erste Band die Sammlungen »Industriereportagen« und »Neue Reportagen«, der zweite die »13 unerwünschten Reportagen«, darüber hinaus eine Reihe bisher überhaupt noch nicht in Buchform veröffentlichter Texte.
Dem ersten Band ist ein neues Vorwort des Autors vorangestellt, in dem sich dieser mit dem letztinstanzlichen Urteil des Bundesverfassungsgerichts über seine Arbeit als Reporter bei der BILD-Zeitung auseinandersetzt.